浙江产业转型升级

困境与对策

杜平 著

中国社会科学出版社

图书在版编目（CIP）数据

浙江产业转型升级：困境与对策 / 杜平著 . —北京：中国社会科学
出版社，2015.6
ISBN 978 - 7 - 5161 - 6415 - 0

Ⅰ.①浙…　Ⅱ.①杜…　Ⅲ.①产业结构升级 - 研究 - 浙江省
Ⅳ.①F127.55

中国版本图书馆 CIP 数据核字（2015）第 146920 号

出 版 人　赵剑英
责任编辑　宫京蕾
责任校对　王　斐
责任印制　何　艳

出　　　版　中国社会科学出版社
社　　　址　北京鼓楼西大街甲 158 号
邮　　　编　100720
网　　　址　http：//www.csspw.cn
发 行 部　010 - 84083685
门 市 部　010 - 84029450
经　　　销　新华书店及其他书店

印刷装订　北京市兴怀印刷厂
版　　　次　2015 年 6 月第 1 版
印　　　次　2015 年 6 月第 1 次印刷

开　　　本　710×1000　1/16
印　　　张　16.25
插　　　页　2
字　　　数　242 千字
定　　　价　59.00 元

目　录

第三编　台韩经验及启示

第四编　县市样本观察

绪　言

进入 21 世纪第二个十年的浙江，"刘易斯拐点""人口红利拐点"相继出现，人口老龄化大大加速，劳动力、土地等要素成本越来越高，而政府、企业、居民收入普遍增加，资本、知识变得日益丰富密集。也就是说，改革开放以来经济社会赖以高速增长的低成本劳动优势正在消失，取而代之的是低成本的高智力劳动力、资本密集优势，低成本研发创造优势正在显现，这便是浙江资源要素禀赋发生变化的典型特征。

"刘易斯拐点"形成，浙江劳动力比较优势不再。根据著名发展经济学家、诺贝尔经济奖获得者阿瑟·刘易斯（Arthur Lewis）的研究，当一个经济体的第一产业就业比重降至 20% 以下，劳动力将再也不是无限供给的，而是像其他生产要素一样稀缺，城乡二元结构向一元转换，并形成劳动力过剩向短缺的转折点，俗称"刘易斯拐点"。2008 年，浙江第一产业劳动力就业比重已经低于 20%，2010 年进一步下降为 16%，2013 年不到 14%，农业剩余劳动力所剩无几，未来几年仅剩 150 万左右的一产劳动力，可向第二、第三产业转移。"技工荒""用工荒""普工荒"大量出现，低端劳动力工资大幅上涨，最低劳动工资标准翻番，高技能劳动力缺乏，新增劳动力跟不上就业需求，劳动力从结构性短缺演变成普遍性短缺，人口机会窗口正在逐渐转向关闭，浙江传统产业竞争优势的基础不复存在。

同时，人口老龄化进程加速，浙江"人口负利"时代来临。2008年浙江 60 岁以上人口占本地人口比重首次超过 15%，2010 年高出全国 4.6 个百分点，为 16.7%，预计 2015 年将达到 20.5%，户籍人口高龄化与农村老龄化趋势明显。随着省外流入的年轻劳动力人口总量趋于稳定，短期或长期流出至省外国外的劳动年龄人数增加，浙江老龄化速度将加快。2013年浙江人口老龄化率达10.3%（常住人口中65岁及以上人口比重），比2010年提高1个百分点，预计2020年将达到14%—15%。根据历次普查资料、抽样调查数据和浙江人口年龄结构演变规律，预计2020年浙江总人口抚养比接近40%，2025年将达到50%、人口红利消失；2030年左右人口结构很可能将形成一个高人口负债的"头重脚轻"格局，总人口抚养比届时可能达60%，全面进入"人口负利"时代。

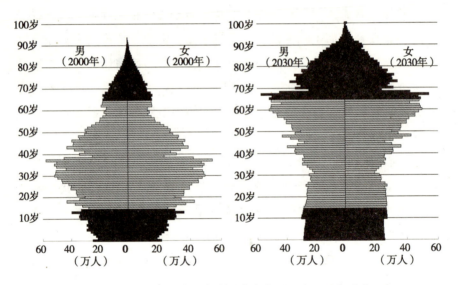

图1　浙江人口结构将发生重大变化（2000—2030年）

说明：左图根据2000年浙江人口普查数据制作，右图为2030年（预测数据情景），浅色部分为15—64岁劳动年龄人口。假设人口政策未有较大变动。

　　不过幸运的是，随着廉价资源、廉价土地尤其是廉价劳动力资源日趋消失，人均实际收入水平、人均资本量等较快增长，资本（知识）密集正在成为浙江的显性优势。

　　第一，人均实际收入水平较高。2013年浙江常住人口人均GDP超过了11000美元，比较接近世界银行划分的高收入经济体标准，2020年之前浙江有望跨越高收入门槛，成为少数成功跨入高收入阶段的经济体之一。按世界著名经济史学家麦迪森的经济表数据测算，当前浙江人均实际已相当于美国人均 GDP 的 40% 多。这与 20 世纪 60 年代中期的日本、90 年代的韩国和中国台湾地区，人均收入相对于美国人均水平的情形较为类似。如果加上浙江在省外海外的收入和资产，则当前浙江人均收入水平可能相当于美国人均的一半。相对较高的收入水平，促进了当时日韩机械电子、汽车等资本技术密集型产业飞速发展，而这同样也应成为浙江加快发展高附加值行业、优化升级产业结构的重要支撑。

第二，资本存量水平相对较高。根据永续盘存法和平减指数法原理计算，在不考虑折旧的前提下，大致估算出 2010 年浙江的资本存量就已经高达 10 万亿左右；浙江企业资产总额在 5000 万元以上的数量排全国第二。再以存贷款余额为例。当前，浙江每年度产生财富（经济总量）高于比利时、丹麦、芬兰、希腊、爱尔兰等，与荷兰、瑞士、瑞典等中等规模的发达国家和地区相似。浙江全部金融机构本外币存款余额、本外币贷款规模，均高于上海、江苏、北京等金融大省市，经济发展的资本禀赋相对水平较强。按常住人口计算的浙江人均存贷款，为全国平均的两倍上下，存量资本尤其是民间资本较为丰裕，非常有利于发展资本技术密集型、资金密集型产业。

第三，"非物质资本"优势明显。这里的资本优势，也包括人力资本优势，指的是劳动者受到教育、培训、实践经验、迁移、保健等方面的投资而获得的知识和技能积累形成的优势（舒尔茨，1990）。主要表现在：一是浙商数量位居全国第一，拥有更为开放包容的浙商文化。在省外海外的浙商人数超过 600 万人，远远超过粤苏鲁等地，这在全国绝无仅有。浙江人大量在外经商办厂或搞研发办市场，带来了大量信息、技术和领先一步的理念。二是浙江是全国为数不多的劳动力人才持续净流入省份。"六普"显示，2010 年流入浙江的省外常住人口达 1182 万人①，杭宁温等二线城市的吸引力不亚于北上广等一线城市。三是劳动力素质快速提升。"十一五"时期浙江高校本专科

---

① 浙江省人口普查办公室编：《浙江省 2010 年人口普查资料》，中国统计出版社 2012 年版。

毕业生人数超 100 万，是"十五"时期的 2.5 倍。2010 年，浙江每 10 万人中具有大学程度的从 2000 年的 3189 人提高至 9330 人，15— 29 周岁人口中受过高中及以上教育程度的比重达到 51.1%，比 2000 年整整提高了 22.0 个百分点，已经能够适应中高技术、智力密集型产业发展需要。

因此，进入人口负利或人口负债期的浙江，既有劣势又有优势，既有挑战又有机遇，优势大于劣势，机遇多于挑战。一方面，各类要素成本快速提高，传统产业竞争优势大幅度弱化，形成了一种倒逼机制，浙江产业结构乃至经济结构转型升级势在必行；另一方面，全球新一轮的科学技术变革和新经济时代来临，物联网、电子商务、大数据、智慧制造、机器人、无人驾驶汽车，以及云计算、新能源、新材料、新一代基因生物技术等正在颠覆传统的技术、产业形态和生产经营模式，基于工业化信息化深度融合的智能装备、智能工厂等智能制造正在引领制造方式革命，浙江尤其是浙江制造迎来新一轮大发展机遇。随着技术结构、社会结构、政府治理结构等转型，尤其是人口结构、资本结构转型，浙江低成本的研发制造优势日益凸显，也有助于加快产业转型升级步伐。未来关键是如何发挥新优势，打破路径依赖，加快产业转型升级，全面提升经济发展质量和发展模式。同时，推动产业变革与技术创新，实现从要素粗放驱动向人力资本驱动、创新驱动发展转变，跟上新技术时代、新经济时代发展步伐，努力迈入发达经济体行列。

第一编 繁荣、衰退与机遇

　　一直到 2008 年国际金融危机来临之前，浙江制造业红红火火，似乎顺风顺水，但危机到来改变了一切，制造业存在的低层次、低劳动生产率等诸多问题开始集中爆发，浙江低端制造产能开始大规模向省外乃至海外转移。虽有产业空心化之虞，其中也孕育着产业转型升级的机遇。

第一章

对浙江制造业发展的若干思考与建议

改革开放以来，工业尤其是制造业一直是浙江国民经济增长的主要动力。1978—2006 年，以制造业为绝对主体的工业增加值年均增速高达约 16%，高于同期 GDP 年均增速 13.2% 近 3 个百分点，年均拉动 GDP 增长约 6.5 个百分点，领先于全国水平。近年来浙江制造业产值年均名义增长速度高达 28% 以上，2006 年规模以上制造业产值高达 26900 多亿元，较上年增长 26.4%，产值规模继续位列全国第四，呈现持续高速发展态势。①

但是，在结构变动相对较慢而资源要素制约日益趋紧的客观背景下，浙江制造业快速可持续发展面临着较大挑战。一方面，面对新时期出现的土地、资本、劳动力、环境等资源要素约束，以及人民币升值等因素影响下，各制造行业尤其是传统优势制造行业利润和增加值率出现逐步缩小趋势；另一方面，沿海沪、苏、粤等兄弟省市制造业参与国际分工深化后，面临着与这些地区制造业快速发展与结构快速高级化的竞争。

第一节　浙江制造业发展面临的三个挑战

一是制造业发展加快，但增加值率逐步下滑。② 1986—2006 年，浙江制造业增加值率逐步下滑至改革开放以来的历史最低点。从先行

① 2013 年，浙江制造业规模继续保持第四位次，列于江苏、山东、广东之后。但增建有所放缓，2007—2013 年年均增长约 12%，近三年为个位数增长。

② 2013 年，浙江规上工业增加值率下滑至 18.5%，制造业增加值率不足 20%。

工业化国家制造业的发展规律看，随着经济增长制造业增加值率一般
呈上升趋势。但从浙江制造业发展分析，除个别年份制造业增加值率
略有回升之外总体上快速下降，尤其是在 1986—1995 年 10 年内下降
了 17.6 个百分点。2006 年，规上企业制造业增加值率仅 20.1%，为
近 20 年最低水平，比 1986 年的 38.9% 下降了近 19 个百分点，下降
幅度接近 100%。与韩日等东亚发达国家相比，制造业增加值率仅为
其 1/2 左右，行业劳动生产率水平相对较低。制造业增加值率的不断
下滑，凸显出在近年来国际市场需求旺盛、廉价劳动力资源相对丰富
的环境下，浙江制造业产出总量急剧扩张，量的增长内涵多于质的增
长变化。而这也是导致浙江传统产业比重较大、结构转换变动较慢的
原因之一。

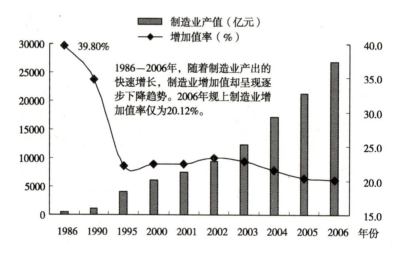

图 1-1　1986—2006 年浙江制造业产值及其增加值率

資料来源：《浙江统计年鉴》及《统计摘要》。2000 年及之后按规模以上工业企业
统计，1995 年前按乡及乡以上工业企业统计。

横向比较看，浙江制造业增加值率也相对偏低。2005 年浙江规
模以上制造业增加值率为 20.4%，低于同期沿海其他兄弟省市如山
东（31.0%）、上海（25.9%）、福建（25.8%）、广东（24.9%）
和江苏（24.5%）等，也低于东部 11 省市制造业增加值率的平均水
平（25.8%），更是大大低于韩国 20 世纪 90 年代进入后工业化时期
的制造业增加值率水平（40.0%）。在保持经济稳定增长的同时，如

何提高浙江制造行业产品附加值和增加值，追求制造业质的增长，是如今摆在我们面前的一个重要课题。

二是制造业发展加快，但产业集聚度下降。1986—2006年，浙江制造业技术集约化程度不断提高，技术资本密集型行业发展加快，遵循产业高级化趋向的一般发展规律。机械电子、冶金等技术资本密集型行业比重逐步上升并占据了主导地位，纺织服装、食品加工、饮料等轻工行业占制造业比重一定程度下降。总的趋势是资本技术密集型行业较快上升，传统劳动密集型轻工产业比重逐步下降，重工业发展快于轻工业，高新技术行业发展快于传统行业。

但是，近20年来浙江制造业集聚度却一直呈下降趋势。1986—2006年，制造业行业集聚度（即前6位或10位领先制造业产值比重合计，此处选取前10位行业进行衡量）不升反降，集聚度从1986年的74.0%下降到1995年的67.0%，再到2006年的64.3%，这与先行工业化国家、沿海沪苏粤等兄弟省市制造业集聚水平逐步提升形成鲜明对比。制造业快速增长而产业集聚度逐步降低，一方面说明在市场竞争较为充分和需求较为旺盛的前提下，技术、劳动力获得相对容易和资本充足的行业内中小企业纷纷进入，使得制造业保持了较快增长势头；另一方面反映了市场竞争激烈程度加剧后，多数行业部门并没有利用技术创新更新和资本运作等手段加强和巩固自己的行业地位及市场份额，相反通过压低成本、降低利润等手段获得继续生存机会，使得行业产业组织化程度下降，市场集中度逐步降低①，制造业总体的集聚水平下降，这大大阻碍了制造业结构的转换升级。

表1-1　　1986—2006年浙江制造业前10位行业产值比重变化（%）

1986 年		1995 年		2000 年		2006 年	
纺织业	23.9	纺织业	21.3	纺织业	14.6	纺织业	12.9
机械工业	11.1	电气机械	6.8	电气机械	8.9	电气机械	8.7

---

① 浙江省统计局编：《浙江调查分析》2006年第37期，《浙江制造业过度竞争的实证分析》一文指出当年浙江纺织业等12个行业呈过度竞争状况，农副食品加工等10个行业呈中度竞争状况。

续表

1986 年		1995 年		2000 年		2006 年	
食品制造	7.7	纺织服装	6.0	纺织服装	6.6	通用设备	7.4
电气机械	7.4	化工	5.6	通用设备	6.5	交通设备	6.2
建材	5.5	普通机械	5.5	化工	5.8	通信电子	5.9
化工	5.2	非金属矿物	5.4	交通设备	5.3	化工	5.8
塑料	4.0	食品加工	4.5	通信电子	4.4	化纤	4.6
金属制品	3.5	交通设备	4.1	金属制品	4.2	有色金属	4.5
饮料制造	2.9	塑料	4.1	皮革	4.0	塑料	4.2
电子通信	2.8	金属制品	3.6	塑料	3.9	纺织服装	4.1
合计	74.0	合计	67.0	合计	64.3	合计	64.3

数据来源:《浙江统计年鉴》。1986 年、1995 年按乡及乡以上工业统计;2000 年、2006 年按规模以上企业统计。

三是制造业发展加快,但结构转换相对较慢。产值结构变动率是用来反映部门内结构变动程度的一个指标。罗斯托和库兹涅茨过去都曾验证了产业结构变动和经济增长存在较强的正相关性,工业经济快速发展伴随着主导产业交换更替及其结构上较大程度的变动,两者相辅相成。1995—2000 年,浙江制造业产值年均名义增长 8.5%,同期结构变动率为 36.9%;2000—2005 年,制造业产值年均名义增长 28.4%,同期结构变动率为 31.9%。制造业增长加快而结构变动率降低。结构变动率较降低,意味着制造业结构转型发展速度减慢。①

根据计算,就沿海地区省市相比,浙江制造业结构变动率也是较低的。2000—2005 年,尽管浙江制造业产值年均增速达 28.4%,居 6 个沿海省份的次席,但其产值结构变动率为最低,仅 31.9%,远低于山东的 45.0%。上海在相对较低的制造业产值年均增速下结构变动率达到 41.0%,制造业行业结构进一步优化,2005 年通信电子行业产值比重达 22.7%,制造业产业集聚度为 76.7%,高于浙江 13 个百分点。结构低变动率与产值高增速的某种程度不协调,说明浙江制

———————

① 卓勇良:《1980—1989 年我国工业行业结构变动分析》,《中国工业经济研究》1991 年第 8 期。

造业的快速增长，并没有充分引起和促进制造业结构相应的变动。而结构变动相对较慢，又会反作用于制造业增长方式和途径，使其增长过于依赖份额相对较大的传统产业。一个典型的例子就是近几年当浙江还在继续扩大以皮革、纺织、服装和塑料等传统产品为主的国际市场份额之际，广东、上海、江苏已经悄然占领了部分电子产品国际市场。

第二节　提升浙江制造业的若干对策建议

对于上述制造业快速发展过程中出现的问题和挑战，新时期应充分发挥企业和政府两方面作用，注重制造业行业技术集约化和产业融合发展，加强自主创新和品牌培育，加快融入国际中高端分工制造体系，不断增强技术资本密集型行业份额及其竞争优势，提升制造业国际竞争力，打造世界先进制造业基地。

一是实施制造业技术集约化发展战略。根据资源要素禀赋和区位制造优势，大力实施制造业技术集约化发展战略，提高加工度化水平。首先，着力加快电子信息和装备制造业等技术密集型行业发展。协同呼应东部沿海地区和全国乃至世界制造业分工发展体系格局，优势互补、资源共享，大力发展诸如通信电子、医药产业及船舶修造、数控机床、交通运输设备等装备制造业，加快产业关联度大、技术资本密集型行业的发展。其次，充分发挥传统制造业比较优势。加快利用信息、新材料等高新技术，大力改造纺织、皮革、服装等传统制造业，努力使得传统制造业成为行业内新技术、新兴产业发展的平台，逐步形成新产品比重较多较大的行业新格局，提高产品附加价值；同时要积极以市场为导向，有进有退，加快部分传统轻工产业向中西部等自然资源要素环境宽松地区的梯度转移，优化浙江制造业结构。最后，抓住国际部分中高端产业新一轮分工转移调整机会，重点引进如电子信息、汽车制造、生物医药等国外知识技术资金密集型项目，并充分利用国外先进的技术、管理人才、理念和营销网络，提高制造业发展的组织集约化程度。

二是实施"浙江制造"向"浙江创造"转型发展战略。加强技术创新,大力开发符合本地资源要素禀赋和需要的技术和产品。积极建立以企业为主体的技术创新机制,加强引导企业由仿制向技术创新开发转变。鼓励企业通过与外国企业合资合作建立技术中心和研发机构,鼓励跨国公司和国内外科研院所来浙设立研发中心。加大对区域自主知识产权的保护力度,努力培育区域创新的环境优势。引导企业树立知识产权保护意识,加大对侵犯自主知识产权行为的打击力度,出台可操作性强的地方知识产权保护政策,形成有浙江特色、全国领先的区域知识产权保护体系。

加强品牌建设,提升企业核心竞争力。行业品牌建设是解决浙江部分制造行业市场竞争过度、提高行业集中度的有力抓手。依托产业集群、块状经济特色优势,做大做强行业龙头企业,努力创建区域品牌和国内知名品牌,进一步做大已有名牌产品的企业和产品市场,支持有条件的企业和产品争创国际知名品牌,鼓励企业由为外商代加工(OEM)、代客设计(ODM)向自有品牌制造商(OBM)升级转变,推动更多的企业和产品进入全国驰名商标和名牌产品行列。就当前而言,应重点对纺织、服装鞋帽、皮革、木材加工、家具、造纸、塑料、金属制品、仪器仪表制造等12个过度竞争行业实施品牌化战略,提高行业集中度。同时加强对农副食品加工、非金属矿物制品、通用设备、专用设备、交通运输设备、电气机械和通信电子等10个中度竞争行业的品牌工程建设扶持,强化规模经济效益。

三是实施服务业对于制造业的优化提升战略。加快生产型服务业的发展,是提高浙江制造业专业化水平效率的有效途径。服务业的发展尤其是与生产制造相关的现代商贸、物流,以及诸多的提供生产过程服务的第三方机构,可以大大优化制造业的研发、采购、生产、营销和管理等各个环节,降低交易成本,提高整体效率,增强制造业竞争力,加快制造业发展。应加强制定关联产业联动调整和升级的产业发展新规划,加快现代物流业、商贸服务业、信息服务业、现代金融业等发展,大力发展传统优势产业的产前、产中、产后服务的生产性服务业,延伸产品价值链,鼓励传统生产企业向上游的材料、研发设计、创新等，以及下游的市场推广促销、售后服务、物流等发展，创造持久的企业竞争优势。

四是实施企业产权结构优化战略。继续大力推进企业产权制度变革。目前浙江制造业总体和部分行业集聚度相对较低，很大程度上是行业内中小企业进入过多过快、低端同质化竞争过度，行业内的产业组织化程度普遍较低所致。而产业组织化程度低的主要原因是企业制度并没有真正从单一封闭性的产权制度和治理结构大规模地向产权多元化企业制度转变。切实引导企业进行产权制度改革和治理结构创新，重点鼓励规模经济不明显的行业内企业联合、引入内外资进行资产重组，建立规范的股份企业制度，鼓励企业做大做强形成一定的行业规模经济。克服块状经济内同类企业简单集聚的产业集群，鼓励差别化产品竞争，鼓励相互之间加强产业协作与联营，促进产业链配套发展。积极引导企业建立法人治理结构，引入技术开发、经营管理和市场营销等各种专业人才，改变企业家族式管理组织形式，提高企业经营决策的科学性和民主性，提高企业的运营效率。

五是加快建设高效率的服务型政府。有效的服务型政府是促进制造业加快发展和优化升级的保障。当前随着土地、信贷等资源关系日趋紧张，部分地方政府干预呈强化趋势，这对制造业结构优化调整和经济发展是不利的。应继续加大力度转变政府职能，不过多干预微观经济活动和基础资源配置，让市场机制发挥基础性资源的配置作用。应加大对制造业中小企业的扶持力度，改善小企业融资环境，建立中小企业信用担保体系。充分发挥制造生产行业组织协会在区域经济发展中维护、监管和协调作用，积极制定行规行约，维护企业品牌，建立和完善惩罚机制，加强行业自律，制止无序化竞争。加快以政府、企业和个人为三大信用主体的社会信用体系建设，尤其是加强政府信用建设。

第二章

加快推进传统产业改造提升

21世纪以来，浙江传统产业改造提升取得很大成效。集中表现为传统产业技术装备水平不断提高，产业技术层次不断提升，产业经济竞争力不断增强。但同时必须正视其中存在的诸多困难和问题，继续加快传统产业尤其是六大行业改造提升，促进产业结构优化升级，着力提升浙江产业国际竞争力。

第一节　传统产业技术装备现状与存在问题

一是技术装备水平较低。首先表现在工业企业人均固定资产净值大大低于全国平均水平。2004年，规模以上工业企业人均固定资产净值只有7.9万元/人，远低于全国平均水平12.1万元/人。其次表现在企业平均拥有固定资产净值偏低。平均每个企业拥有固定资产净值仅为1932.0万元，远低于全国平均3365.0万元，当然这也是浙江由于中小企业数量很多等客观原因造成的。最后表现在制造业全员劳动生产率偏低。不仅发达国家美国、日本等制造行业20世纪90年代中期平均劳动生产率已经是浙江现在的10倍以上，而且同期与同处沿海的江苏、广东等省相比，浙江制造行业劳动生产率水平总体落后近30%，从一个侧面也反映出浙江制造业技术装备水平较低的状况。①

①　2013年，浙江制造业劳动生产率约为全国的80%，上海、江苏的60%和75%，仅为日本的25%和美国的20%左右，仍旧存在技术装备水平、高技术应用水平、研发投入水平、产业层次低等问题。

二是高技术成果应用水平较低。高技术成果应用与消化吸收水平低，改造偏重设备技术引进、轻研究开发，自主创新能力不强。近年来浙江制造业特别是一些传统优势产业，普遍存在传统产业改造中对高技术设备和技术成果的利用效率较低现象，对先进技术设备的消化吸收以及二次创新不够重视，高技术应用创新层次较低。根据调研统计，浙江传统产业的高技术改造，基本是以直接吸纳先进的外源性技术与装备等设备改造方式为主，技术设备引进的费用远远高于研究开发费用。纺织服装业、化纤制造业等虽然技术设备工艺水平已经达到国际先进水平，但在同类产品的研发、设计和生产等环节上与国外相比，面料档次落后、后整理技术水平偏低，差别化纤维比例 25% 远低于日本、中国台湾 50% 以上的比例，产品功能单一。许多企业甚至停留在引进—落后—再引进—再落后的恶性循环圈子里，直至被淘汰。

三是 R&D（研究和发展费用）投入较低。企业 R&D 投入偏低，较大程度地影响了企业自主升级改造的持续能力。国外发达国家企业的 R&D 投入占销售收入比重即投入强度至少在 1% 以上，新产品开发和技术设备更新升级处于良性循环之中。而浙江 2004 年工业企业投入强度（按规模以上工业企业统计，小型企业则几乎没有研发投入）只有 0.48%。一些传统优势产业纺织业 0.25%、纺织服装鞋帽制造业 0.12%、皮革毛皮羽毛绒及制品业 0.20%、化学纤维业 0.32% 等，行业 R&D 投入比重远低于 1%。新产品产值率偏低，企业原创性产品很少，如浙江大部分精细化工企业都在用国外过期的技术专利模仿生产产品，给化工产业结构持续发展和转型升级带来较大困难阻力。另外，由于浙江拥有的研发人员人才即每百万人中科学家和工程师人数人才远低于日本、韩国等国家 20 世纪 90 年代中期水平，也给浙江传统产业高技术应用改造带来诸多困难。

四是产业层次偏低。纺织等低层次传统产业长期以来占工业比重较大，而通信电子等高技术产业产值占 GDP 比重偏低。2004 年按规模以上工业企业统计，以服装加工、化学纤维制造等为主的纺织行业工业增加值为 22%，而以计算机通信电子、医药、仪器仪表制造业等三类技术层次相对较高的工业增加值占比只有7.8%，浙江2004年高技术产业总值占GDP比重仅为2.9%。上海、江苏制造业中领先的行业均为产业技术层次较高的电子行业，浙江则是纺织行业比重最大，电子行业甚至不能进入浙江前三位。而且绍兴、温州等一些地方形成了低技术层次产业的路径锁定现象。这些地区依靠技术含量相对较低的纺织、服装鞋帽销售与制造业等带来较强的产业竞争力和经济实力，导致形成产业低层次路径依赖并被锁定。

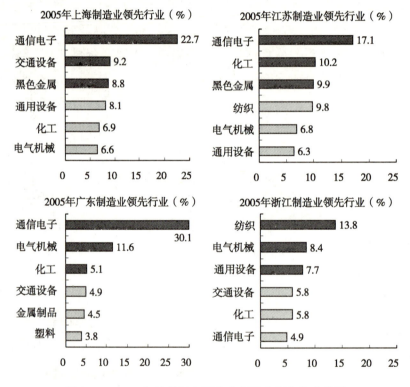

图2-1　2005年沪苏浙粤四省市制造业领先行业比较

资料来源：2006年上海、江苏、广东和浙江四省市统计年鉴。

另外，当前缺少传统产业技术改造提升的有效市场激励机制。虽然这一状况有所改善，但一些企业由于传统产品目前销路相对较好，缺乏必要的提升改造积极性。还有一些企业顾虑信贷、政府支持等方面的因素，有较多的畏难情绪。这就进一步影响了浙江传统产业的高技术应用改造。

第二节　传统产业改造提升具有重要战略意义

改造提升传统产业，对于促进浙江产业结构调整，打造先进制造业基地，实现经济增长方式的转变，率先全面建设小康社会具有重要的战略意义。

一是加快转变浙江经济增长方式和优化产业结构的必然要求。当前在浙江产业结构中，传统产业依然是浙江产业经济的优势所在。2004年，浙江规模以上工业企业中，传统产业工业增加值占浙江工业增加值的85%以上，主营业务收入约占86%，利润占84%左右。当前必须加快提高传统产业的工艺技术水平，提高传统产业产品的质量和档次，加快经济增长方式转变，实现产业提升和优化。

二是增强浙江产业竞争力和培育新增长点的必然选择。根据伯利兹（Brezis）、克鲁格曼（Krugman）等人提出的"蛙跳理论"，一个国家和地区可以通过发达国家创造的新兴技术、市场和经验，利用其"后发优势"，直接从某一产业链的低端进入资本相对密集、高附加值领域，如汽车、家电工业甚至是电子工业等，形成新经济增长点。[①]目前浙江已具备产业提升转型的条件和实力，通过高技术大量应用改造，加快传统产业转型，促进产业集群的形成发展，增强产业核心竞争力，培育形成新兴工业和服务业新经济增长点。

三是加快高技术产业发展和提升产业层次的重要途径。发展高技术产业，优化和提升产业层次，是浙江打造先进制造业基地的一个重要方面。传统产业的改造，必须运用高（新）技术；同时传统产业的大量改造，也为高技术应用和开发提供了广阔的平台，直接促进高技术产业的发展，两者的发展相辅相成。把传统产业的改造和高技术产业的发展有机地结合起来，在不断运用高技术改造传统产业的过程

---

① 黄先海：《蛙跳型经济增长：后发国发展路径及中国的选择》，经济科学出版社2005年版。

中，加快发展高技术产业。①

第三节 传统产业改造提升的国内外做法经验

根据现有文献资料，德国、韩国、日本等制造业发达国家，以及国内部分沿海省市，在改造提升传统产业方面，可以大致整理得到以下一些经验和启示。②

一 韩国：以信息化为主推动传统产业高技术化改造提升

为加速推动传统产业与信息等高技术的结合，韩国产业资源部、信息部等各个部门联合，重点实施传统产业技术开发革新战略，加快传统产业的优化升级改造。

一是大力应用信息技术改造传统产业。通过政府相关部门以及政府与民间的联合运作，集中力量利用信息化技术改造传统产业。政府主导成立"信息技术开发项目联合推进体系"，每年投入数百亿韩元用于支持那些对传统产业有巨大改造作用的信息技术开发改造项目，并提供大量高技术设备支援。

二是扩大光机电一体化、新材料等高技术开发投资规模。有针对性地选择汽车、机械、造船和纺织等传统产业，选择一批光机电一体化智能制造、新材料等高技术融合型技术项目，如工业用机器人、自动航行系统技术以及智能纤维等新材料技术，重点支持、优先开发，加大投资规模，加强升级改造，提高这些产业产品附加值和技术含量。

三是积极为传统产业改造培养输送高技术人才。在国内理工科大学引进"教育认证制度"，以应用性的毕业设计为主，结合实际，针

---

① 《浙江省人民政府关于加快运用高新技术和先进适用技术改造传统产业的若干意见》，浙政发〔2001〕29号。

② 主要包括韩国、德国、日本等国外工业化时期应用高技术改造传统产业的做法经验。资料来源于原国家计委规划司、科技司产业技术政策课题组报告《产业技术政策的国际比较研究》，1998年3月。

对一些高新技术及其成果应用，举办全国性的毕业设计比赛评比，激发学生创新和实际应用能力。鼓励产学研联合，对传统企业现有技术人员开展高新技术培训等。

四是加快工业基地以及医疗、建筑等传统服务业的高技术基础设施改造建设。在 20 多个工业基地，政府主导投资建设超高速信息网基础设施，为基地优化升级提供服务；计划建立未来"数码医院"和"建筑产业信息支援系统"等，加强公共基础设施的信息化改造，促进传统服务业的发展。

二　德国：以节能低耗等高技术和产业转移推动改造提升

长期以来，德国政府和企业在应用改造传统产业方面投入了巨大的人力、财力，成效也较好。

一是大力促进微电子信息、节能型高技术应用。在传统的机械、电器仪表技术中融合微电子、信息技术，实现机电一体化，升级改造钢铁、机械、煤炭等行业，促使其向低能耗、低物耗方向转换，并使产品向小型化发展。

二是加快精细陶瓷和碳纤维为代表的新材料技术，以及环保技术的应用。充分利用新材料密度小、性能高的特点，加快汽车、机械、建材等传统产业改造。强调支持开发和生产过程一体化的整体环保技术应用，生产耗电少、辐射低和环境污染小的产品，并能根据技术的发展不断升级改造，避免被过早淘汰。

三是高度重视传统产业高技术改造中的技术引进和二次创新。二战后一段时期内，德国政府高度重视从国外引进本国需要的高新技术，并加以创新和推广。据统计，德国利用大量的引进技术，结合本国实际不断进行消化吸收和二次创新推广，较快地实现了二战后经济的高速增长和重新崛起。四是加快部分传统产业向国外转移。德国政府在加快应用高技术改造传统产业、优化产业结构的同时，采取一系列措施将一些污染大、能耗高的部分传统产业向国外转移，防止产业低水平重复建设，促进本国产业高级化，使其向以服务化、信息化为核心的产业结构发展。

三　日本：引进与消化吸收二次创新促进传统产业改造提升

日本经济的高速增长，很大程度上取决于高新技术的开发应用和对传统产业升级改造，其中一些主要做法一直延续至今。

一是大规模引进欧美等国的先进技术和高新技术。特别是在经济高速增长时期，平均每年引进新技术500多项，其中机械类最多约占58%，其次是化学类，约占21%，有力地推动了汽车、钢铁、重化工业的优化升级。如半导体技术是美国开发的，却在日本实现了民用化，并把其用于乐器这一经典的传统产业上。

二是实施税收抵扣减免等一系列优惠政策。制定相关的高新技术机械设备折旧制度、技术进出口特别扣除制度等，对于高技术的引进、应用开发和改造实施一系列的税收优惠措施和补贴，鼓励企业应用高技术设备和工艺生产。

三是以高技术设备投资带动高技术应用改造。扩大高技术设备投资规模，在投资方向、投资结构等方面，引导民间、引导企业运用高新技术改造传统产品，缩短设备更新周期，迅速优化和高级化产业结构。

四是以尖端技术为基础加强重点传统产业改造。鼓励和引导企业应用国外尖端科技技术成果，在消化吸收的基础上进行二次创新，并最终在重点产业的自动化、信息化改造方面取得骄人成绩。

五是加速区域产业集聚区的高技术应用改造。注重对产业集聚区内的大中型企业高技术应用改造，加速区域集聚整体技术水平的提高。加快推进科技城建设，加速高技术工业向地方扩散。

四　国内：综合运用多种高技术、整体规划推进改造提升

近年来，上海、江苏、广东等省市在改造传统产业方面取得较大成效，并形成了一些共同做法和特点。

一是以信息化为主线推动制造业优化升级。上海、江苏、广东等国内省市都很注重以管理信息化、制造自动化、产品数字化、系统集成化为目标，在制造业推广应用企业资源管理（ERP）、集成供需管

理（SCM）、产品全生命周期管理（PLM）、产品分布式控制系统（DCS）等光机电一体化、信息技术，提高制造业企业自动化水平。

二是重点明确、系统推进传统产业升级改造。政府有关部门制定规划，在确定一段时期内需要重点改造的传统行业基础上，明确重点应用改造的各种高技术，如信息技术、生物技术、新材料技术、光机电一体化技术等先进制造技术，系统地推进纺织、机械、化工、冶金等重点传统产业的升级改造。

三是大力推广应用高新技术和工艺。围绕各传统产业，应用现代工业控制技术、计算机集成制造技术、辅助设计制造（CAD）软件技术等提升产业智能化水平；应用新型环保、节能清洁生产等新工艺改造工艺流程，提高资源利用水平。

四是制定各项措施和优惠政策促进传统产业改造。制定各种专项规划和优化升级传统产业的实施意见，出台各种政策措施建议，综合运用产业导向、项目投资、能源调控、土地配置、财税优惠政策等手段，大力促进传统优势产业的高技术应用改造。

五是以基地园区等产业集聚区为抓手，加快推进传统产业升级改造。以各类高新技术开发区、特色产业基地等为抓手，兴建国家和省级重点实验室、中试基地、技术开发中心等公共技术平台，大力发展高新技术及其应用改造。不断创新与产业结构优化升级相适应的体制机制，规划加快沿长江火炬带星火带、珠江三角洲及各类园区基地等产业集聚区块的高技术改造。

第四节　积极运用先进技术改造提升六大传统产业

对于当前浙江工业化发展而言，重点是促进工业化信息化融合，结合浙江实际①，应用各类高新技术，改造提升大纺织业、机械、化工、轻工、建材、商贸流通六个传统产业领域。同时促进新兴产业、

----

① 《浙江省人民政府关于印发浙江省先进制造业基地建设重点领域关键技术及产品导向目录（2005—2007 年）的通知》，浙政办发〔2004〕113 号。

高技术产业发展，积极打造先进制造业基地。

大纺织业

重点应用新材料技术（纳米改性纺织材料、高分子纳米复合材料等纳米材料及加工技术，结构材料，特种纤维及其复合材料，超细过滤材料等）、电子信息技术、工业控制自动化技术、现代生物技术等技术①，改造提升纺织业、纺织服装鞋帽制造业、皮革毛皮羽毛（绒）及其制品业、化学纤维制造业，着力提高产品的系列化、功能化和艺术化水平，扩展产品应用范围，增强多品种、差别化生产能力。

——加快新材料技术在产业配套用纺织品、化纤产品和皮革制品业的应用。利用高性能复合材料、过滤材料等新材料，加快医药化工、国防等各工业领域产业用纺织品以及产业用化学纤维，以及装饰用纺织品的花色品种，提高产品整体质量档次和附加价值。积极运用生物化工新材料，发展生产高档皮革制品。

——运用现代生物技术，加强印染后整理技术等水平的提高。利用生物酶技术，提高印染和涂层、柔软、抗皱免烫等后整理技术，提高天然面料的印染后整理水平；利用化纤纺丝功能性添加剂技术，加快差别化功能化纤维和高档纺织面料的生产；利用生物酶加工技术、环保型功能性染化料、助剂等，加快实现纺织行业的清洁生产。

——加快 CAD 等自动化信息技术在纺织服装鞋帽业、皮革业的设计和加工制作应用。提高计算机辅助设计和辅助加工制造水平（CAD/CAM）、加快应用企业资源管理系统等。以发展品牌服装为重点，提高服装设计能力和加工制作水平，实现产品设计自动化、生产过程自动化、企业管理现代化、信息交流网络化的目标。提高皮革业优质化、多品种、小批量的生产能力。

---

① 参考浙江省人民政府关于大力推进高新技术产业化的决定、《浙江省先进制造业基地建设规划纲要》浙政发〔2003〕25 号，以及浙政发〔2001〕29 号、浙政办发〔2004〕113 号等文件。下同。

——加快新型纺纱技术和数码织造技术应用推广，提升行业技术装备水平。引进机电一体化设备，发展改造化纤熔体直纺技术，发展精梳纱、无结头纱等，提高纺织行业织机的无梭化率，提高行业整体技术装备水平。

——加快皮革制品业先进制造技术和清洁生产技术应用。进一步提高制革行业的机械自动化程度，采用转鼓群控技术、环保型制剂和高铬吸收材料等清洁生产技术，利用低污染加工器材、UASB 皮革制革污水反应处理器等污水处理技术设备，应用改造皮革行业，实现制革业清洁化生产。

机械行业

重点应用光机电一体化制造技术，包括计算机辅助设计和制造技术（CAD/CAM/CAE）、计算机集成制造系统技术（CIMS）、柔性制造系统技术（FMS）、数控数显、激光加工制造技术、高精度、精密成型加工技术等，以及工业控制自动化技术、新材料技术等技术，改造提升通用设备制造业、交通运输设备制造业、电气机械及器材制造业、金属制品业，着力提高产品智能化、数字化以及精加工水平，提高大批量制造中的质量和成本控制水平，增强大型成套关键设备的设计制造能力。

——积极运用光机电一体化制造加工技术、工业自动化控制技术等，提高机械行业整体加工制造水平。加快计算机辅助设计与制造技术（CAD/CAM），计算机集成制造系统技术（CIMS），柔性制造系统技术（FMS）等技术，以及集散控制系统技术（PLC/DCS）等自动化控制制造技术，在重大装备制造业如大型空分设备、工业汽轮机等成套设备、升降输送设备等行业内的推广应用，提升浙江装备制造行业的整体水平。

——加快精密成型加工技术等在交通运输制造业的应用。加快精密、超精密、超高速加工制造技术，在交通运输设备制造业如汽车摩托车及其零配件产业、船舶制造业和金属制品业等的应用，以及成型技术、总装制造技术在大型成套设备制造中的运用，提升改造生产基础工艺，提高产品精密度和档次。

——加快先进制造技术在金属制品业等的应用。激光加工、热处理和清洁生产加工等先进制造技术在金属制品业、通用设备制造业和交通运输设备制造业等机械行业的推广应用，提高通用机械基础零部件和五金制品等的质量和档次。

——加快电子信息制造技术、新材料技术在电气机械及器材制造业的应用。以提高产品的技术含量为主，利用计算机技术和嵌入式软件改造产品，发展数字化、智能化电气机械产品，如特种电机、节能微型电机，智能化变压器和开关设备等；利用特种功能新材料、金属复合材料等新材料在电线电缆生产制造的应用，生产出各种高压、复合、特种电缆。

化工行业

重点应用电子信息技术（电子商务、企业信息管理系统）、工业控制自动化技术（PLC/DCS 集散控制系统、新型传感智能技术）、现代生物医药技术和新型环保节能清洁生产技术等技术，改造提升化学原料及化学制品业，其中主要包括染料、颜料、涂料、农药、医药中间体等传统精细化工产品，以及添加剂、纺织化学品、电化学品和氟硅化学品等新型精细化工产品，着力提高生产流程的自动化水平，延伸产业链，提高新产品和最终产品比重。

——着重利用信息技术和工业控制自动化技术，实现行业生产控制管理过程的自动化。一是用自动化生产、测量、显示、控制等 PLC和 DCS 等工业智能控制手段，实现生产过程的自动化控制；二是推动企业管理的信息化，包括建立管理信息系统计划，办公自动化系统、决策支持系统等，提高企业生产管理效率。

——加快新型合成技术、分离技术和新催化技术等现代生物医药技术的应用，促进精细化工产品高档化、系列化。包括膜分离技术、变压吸附技术、高效反应釜搅拌技术；常温精脱硫新技术和以 TiO_2 为载体的新型催化技术等，提高生产效率。

——加快环保新型节能等清洁生产技术的推广应用。重点在颜料、涂料等传统产品和氟硅化学品等新型精细化工产品生产应用，减少资源消耗和实现再利用生产，实现清洁节能生产。具体包括热管技术、热泵技术、催化加氢技术、余热回收技术等。

其他轻工业

重点应用电子信息技术、环保节能清洁生产技术、先进制造技术、新材料技术等技术，改造提升造纸及纸制品业，塑料制品业等，着力提高生产过程的自动化水平和市场快速反应能力，提高资源循环利用水平和环保清洁生产能力。

——加快电子信息技术在造纸和塑料制品业等轻工业中的应用改造，提升行业层次。大力提高网络化技术（包括企业资源管理系统）在各行业企业的应用，改革传统的管理和生产组织方式，发展电子商务，降低经营成本。加快推广 CAD/CAM 电脑辅助设计等技术在中高档纸制品和塑料制品中的应用，提高中高档产品的比例，提高多品种、小批量生产能力，缩短产品开发周期，降低制造成本。

——加快先进制造工艺技术、环保节能清洁生产技术在造纸及纸制品制造业的应用。进一步提高造纸行业的机械自动化程度，积极发展高质量、高效益、低能耗的生产技术和环保清洁生产技术，加快节水降耗节能、高白度、低污染的制浆处理技术和废纸脱墨及废水处理技术应用，提高废纸利用率，发展工业技术配套用纸和特种纸、高档纸板制造业，调整纸板品种结构。

——加快新材料技术和先进制造技术在塑料制品业的应用改造。加强环保型可降解材料、可循环回收材料、低毒少害材料等环境友好材料，高性能密封材料，纳米材料，复合材料在塑料制品业中的运用；加快利用塑料改性技术、现代仪器科学设备、数字化制造设备及精密高效加工技术和成形设备，以农用塑料和包装塑料为主，重点发展工程塑料、工业用配套和中高档日用品等塑料制品，提升产品质量和档次。

建材业

重点应用新型环保节能技术、新材料技术（特种功能材料、环境友好材料、稀土材料、纳米材料、高性能陶瓷结构材料、特种纤维及其复合材料等）、电子信息技术，改造提升水泥、玻璃、陶瓷、耐火材料和玻璃纤维及制品生产行业等非金属矿物制品业，着力提高大型化生产技术的应用水平，加快产品新型化进程，提高产品集成制造水平和深度，不断提高其市场占有率，实现环保生态和节能生产。

——加快新材料技术和新设备工艺在非金属矿物制品业的应用。重点运用纳米材料技术、高性能结构材料技术、复合材料等新材料技术，改造和生产优质玻璃、新型建材及装饰材料、陶瓷制品及配件和池窑拉丝玻纤等产品制造业，发展特种玻璃和玻璃深加工等高档产品的生产技术。

——加快新型干法工艺和节能清洁生产技术在水泥等建材制造行业的推广应用。运用新工艺和环保清洁生产技术如环境自动监测系统技术、固体废弃物综合利用技术等，进行节能降耗的改造，改进生产工艺，降低生产成本。

——加快电子信息技术等在建材行业的应用。信息技术对于建材行业的高效安全生产同样非常重要，可以大大提高建材生产过程的自动化水平，保证生产工艺的一致性，提高建材产品质量，全面提高建材行业的产品结构和档次。

商贸流通业

重点应用电子信息技术、现代物流系统技术，包括物流设计软件、多式联运系统传输与管理技术、自动识别技术、检测与监控技术等，改造提升交通运输、仓储业，批发、零售贸易和餐饮业等流通服务业，着力提高业务流程优化重组和管理现代化水平，提高行业智能化、高速化和专业化水平。

——加快电子信息技术在流通服务业的应用。推广计算机、网络技术、光纤通信等现代化信息技术工具在流通领域的应用，提高综合利用信息的能力，重点加强流通硬件设施改造，大力发展电子商务和ERP，提高流通企业信息化管理水平，促进传统交易方式向现代交易方式转变。

——加快现代交通、物流技术在交通运输、仓储业等的应用。加快智能运输系统技术等现代交通技术的应用，发展水陆快速客货运网络系统技术，城市交通环境技术，城市轨道交通技术，地下铁路和轻轨交通技术，交通收费技术，新型自动化机械式立体停车系统技术，实现交通运输业的现代化；发展仓储自动检测、识别配送、计量、防护技术，发展仓储作业机械化、智能化、自动化技术，促进仓储物流朝专业化、高速和自动化方向发展，提高仓储物流等的现代化水平。

——加快现代物流信息系统技术在批发零售贸易等行业内的应用。发展物流配送系统、数据管理系统和决策支持系统等，在商贸领域推广以条码技术、商品分类编码技术为主的数据标准化技术，建立以数据库为核心的运营决策系统，实现贸易流通的数据自动化管理。应用信息软件技术，加强百货业、专业市场等的物流信息软硬件基础设施规划选址建设，发展专业市场为现代商品中心、物流中心和国际采购中心等，发展建立特色商业街区。

第三章

国际金融动荡中的工业转型升级机遇

工业转型升级，是经济转型升级的一个核心问题。国际金融危机、全球经济剧烈变动和贸易形势急剧变化等，虽然给中国尤其是给沿海地区工业经济发展造成了严重影响。但在不经意中，国际金融动荡中实体经济的变化，反而给浙江等沿海地区工业发展与结构调整创造了一次较好机会，中长期内而言浙江工业转型升级正面临着一次重要的机遇期。

第一节　全球制造业自西向东加速转移

发达经济体经济快速收缩和存在长时间衰退的较大可能性，将导致全球制造重心加速自西向东转移。1990 年，全球最大的制造业经济体美国占 29.4%，其次是日本，占 22.9%，第三是德国，占 12.9%，其他国家和地区约占 32%，以美元计价的中国制造业增加值占全球比重仅为 3.3%。2000 年，美国占全球制造份额提高至 30.5%，日本下降为 20.4%，位列第三的德国也下降至 7.8%，中国则上升至 7.6%，列第四位。2004 年，全球制造业格局继续发生变化，各主要发达经济体的制造业份额比重下降，美国制造约占全球比重进一步下降至 26.2%，日本下降至 16.3%，德国基本保持不变约占 7.6%，中国继续上升 7.3 个百分点约占全球的 10.6%，已经超过德国成为全球第三大制造业经济体，其他国家地区上升至 37.4%。2004 年之后，制造业重心自西向东移的趋势得到进一步加强。初步统计，2008 年中国制造业增加值占全球份额已经达到约 15.1%，超过日本的 12.7% 和德国的 7.4%，仅低于美国的 22.0%，是世界第二大制造经济体。如果按照产值计算，2008 年中国制造业总量实际已经超过美国。

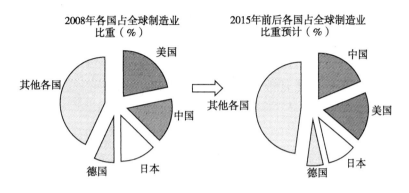

图 3－1

资料来源：国际统计年鉴和世界银行数据库。

说明：按照全球主要的 45 个国家地区测算。其中，2009—2015 年中国经济按照年均 8% 增速、世界制造业按照年均 6% 的增速测算。

按照这一发展势头，以及主要发达国家近期制造经济大幅衰退和尚未见底的经济状况，结合当前国际机构最近的研究成果，预计在 2015 年之前，中国制造业增加值占全球份额将很有可能达到 18.0%—19.0%，超过美国的 17.0%，以比以前预想的速度更快成为世界第一大制造经济体。[①] 如果考虑人民币兑美元的汇率变动因素，中国以美元计价的制造业增加值占全球比重，将可能额外再增加 1—2 个百分点，使得中国占全球制造业比重更高一些。

自工业革命失去第一制造业大国地位以来，中国重新逐渐成为世界制造中心，具有重大的转折性意义。这一趋势，不仅使得技术人才资本占优势的浙江等沿海地区，将在未来承接其中较大部分的资本技术密集型行业新增生产力，而且将进一步强化沿海地区产业升级驱动力，有利于浙江打造世界先进制造业基地，推动工业转型升级。

---

① 事实上，根据世界银行 WDI 数据库，2011 年中国制造业增加值已经超过美国制造业，2013 年预计占全球的 20% 左右，与人口占世界比重类似。

第二节　制造业结构异同带来较大发展空间

在全球制造业重心自西向东转移的大背景下，与发达国家制造业结构的异同分析表明，浙江制造业结构存在较大的承接转移与升级发展空间。以两个主要的制造大国美国、日本为例，浙江与两者制造业内部结构均存在一定的同构性和差异性或互补性，但差异性大于同构性。进一步分析发现，浙江与美国制造业结构的同构性略大于日本，与日本制造业结构的互补性则略大于美国，但主要特征是差异性。如图 3 - 2、3 - 3 所示。与美国和日本等制造业大国相比，当前浙江纺织化纤、皮革制品、服装等劳动密集型行业及一些资本密集型行业的比重相对较高，而交通设备、化学医药、电气机械等一些技术资本密集型行业，以及食品、石油制品业、印刷出版业等比重相对较低，这些行业比重浙江平均低于美国 4.8 个百分点，低于日本 5.2 个百分点，显示出浙江承接这些行业成长的空间较大。

当前，美国、日本等经济衰退将促使其部分高端制造业加速转移和资本技术外溢。依据国际贸易动态比较优势①和分工原理，发达国家经济相对大幅度的衰退和演变结果，以及市场经济规律作用，部分相对高端的制造业如汽车船舶、化学医药等进入萎缩衰退和降低成本周期，加速向低成本地区转移。这也是一个共赢的结果，发达一方获得市场、利润和继续生存发展空间，发展中的一方获得技术、管理和行业更新机会。同时，与美国日本制造业结构的异同，未来可能加速交通运输设备业、化学医药业、电气机械等行业的制造中心、技术研发中心向中国尤其是有区位优势地区如浙江等地转移，给浙江制造业尤其是技术资本密集型行业发展带来机遇。

---

① 比较优势（Comparative Advantage，或相对优势）原则认为，如果各国专门生产或出口其生产成本相对低的产品，就会从贸易中获益。按照比较优势发展是重要的经济原则之一。

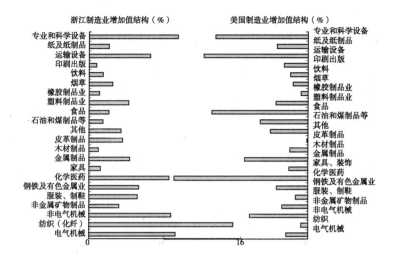

图 3 - 2

资料来源：《浙江统计年鉴》2009 年、《美国统计摘要》2009 年。

说明：美国等国的交通运输设备制造业、化学医药等高新技术产业、专业和科学设备、金属制品业等，由于金融危机和经济衰退，可能将其中部分关闭或转移至成本更低的地区。

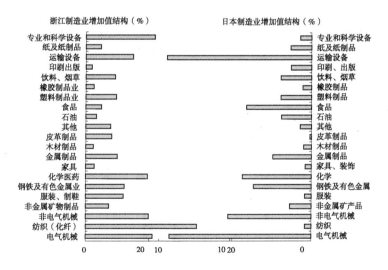

图 3 - 3

资料来源：《浙江统计年鉴》2009 年、《日本统计年鉴》2009 年。

第三节　相对有利的宏观环境坚实支撑

当前，世界经济正在发生巨变，若干年内世界金融等原有格局必将被打破和重新进行调整。以美国为主的发达国家金融危机和经济快速收缩，不仅给金融等领域造成了毁灭性打击，而且逐步给实体经济尤其是生产制造领域带来较大冲击，全球经济数年内趋于衰退的可能性较大，对国际贸易和出口依赖较大的浙江也未能幸免。但是，中国经济不同的宏观基本面和大国优势，有助于浙江制造经济加快恢复步伐、稳步发展并加速结构调整。

一是工业化中后期阶段中国经济发展的强劲动力支撑。总体而言，目前我国仍处于工业化中后期高速发展阶段，工业化仍是这一时期经济发展主要动力。在进入发达水平的前期阶段即 1978—2008 年，中国经济年均增长 9.8%，浙江增长更是高达 13.0% 以上，远远超出同期日本、美国和韩国等年均约为 2.5%、3.0% 和 6.6% 的经济增长速度，同时也大大高于巴西（年均 2.6%）、印度（年均 5.9%）等新兴经济体增速。未来一段时间内，以工业制造业为主要带动力之一的中国经济，一般而言将继续能保持年均 8% 左右的较高增长速度，而欧美等国由于需要进行较大的投资消费和经济结构性调整，中期而言可能陷入滞涨或走上相对较长时间的调整复苏之路。此消彼长，浙江背后中国快速的工业化进程，为浙江工业发展提供了强有力的支撑。

二是相对稳定的经济环境和制造比较优势支撑。就某种程度而言，世界性经济衰退进一步凸显出中国发展优势。虽然倾向趋于严重的贸易保护主义可能部分影响到近期中国工业制造业发展，但在全球发达国家购买力普遍下降的前提下，中国巨大的低成本制造竞争优势再次显现，并成为全球最稳定的制成品供应商。当前，我国相对较低的劳动力和原材料价格、汇率稳定等优势因素，较大的外汇储备与较小比例的财政赤字，以及相对稳定的经济社会环境、金融体系和投资环境等，与大多数发达国家和其他发展中国家相比而言，更具有竞争优势，这无异将十分有利于浙江工业在全球经济动荡时期，稳步发展和提升优化。以中国工业制成品为主要供应源的美国沃尔玛公司（Wal-Mart Stores Inc.）的例子，就是对此一个很好的注解。2009年2月，它的实际销售额较专业分析师预测的两倍还高，达到了5.1%，1月份同比增长2.1%。2009年3月5日在美国股市暴跌至1997年以来创新低的时候，沃尔玛股票是美国经济中为数不多的亮点之一，竟逆势上涨了2.6%。这就是所谓的"口红效应"。

三是十大产业振兴规划支撑。面对世界经济寒流，2009年2月，国务院审议通过了2009—2011年关于汽车、钢铁、船舶、纺织、装备制造、石化、轻工、电子信息、有色金属和物流十大产业振兴规划，加大投资和改造重组力度，改善这些产业创新不力、企业管理技能欠缺等问题，积极应对世界经济衰退。这其中，纺织、汽车、船舶、轻工等本来是浙江有相对发展优势的产业，装备制造、钢铁及有色金属、电子信息和物流等是浙江近年来经济结构调整的重点行业。当前中国正在全球范围内积极整合资源能源业，并在世界经济调整时期实施产业振兴规划，将给浙江工业结构转型升级提供坚实基础和创造更大发展机会。

第四节　贸易保护主义的激励约束"效应"

贸易保护主义似乎有愈演愈烈现象。美国参议院2009年1月通过的经济刺激计划中出现了购买美国货条款，欧盟决定对中国出口的紧固件产品征收反倾销税，瑞典政府规定部分援助计划只担保瑞典产品，印度更是在近期对中国钢铁、化工、纺织等产品实施进口限制措施，印度尼西亚要求在政府采购协议中优先考虑本国公司，马来西亚使用高额特许权税保护国内汽车工业等。世界范围内的经济衰退给各国尤其是出口型经济体带来较大冲击，由此抬头的贸易保护主义更是将放大这种影响。

对于浙江而言，贸易保护主义短期内负面影响主要将来自美国，尤其是对于部分劳动密集型行业。2008年，浙江出口商品比重最大的 10 类分别是纺织服装、家具、鞋类、船舶和钢材等，其中纺织品、服装一项占了出口总额的 27.4%，一枝独秀；而出口市场前 10 位的国家和地区分别是美国、日本、德国等，其中美国市场占了 17.2%的份额，占绝对地位。由于美国经济大幅衰退，对家具、纺织服装鞋帽制造、皮革制品等行业实施贸易保护可能性较大，因此，短期内对浙江的影响主要来自美国，影响行业主要是劳动密集型行业。

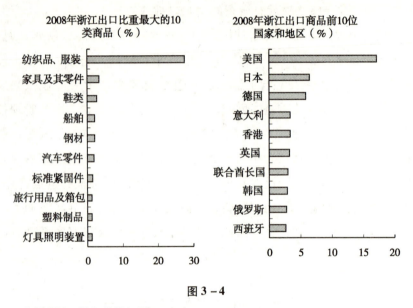

图 3 - 4

资料来源：《浙江统计年鉴》2009 年。

经过分析，我们认为近期浙江受影响最大的四个行业是家具、通信电子、皮革、服装鞋帽业。2007 年这些行业出口占其销售产值均超过 50%，其次是文教体育用品、工艺品、医药、交通运输、金属制品、仪器仪表、纺织、通用设备、电气机械、橡胶 10 个行业，其出口占销售产值比重从 28%—58% 不等。

"塞翁失马，焉知非福"。经济衰退和贸易保护主义带来的不尽是负面影响，同样形成了促进浙江产业结构变动优化的中长期内激励约束"正效应"。

一方面，贸易保护将在事实上强化浙江工业结构升级的外部激励约束机制。21 世纪初中国加入世贸组织后，使浙江具有比较优势的

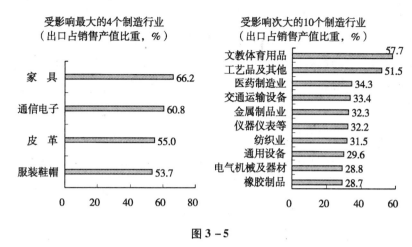

图 3 - 5

资料来源:《浙江统计年鉴 2008—2009》。

纺织、服装鞋帽、皮革等产业得到了极致发挥,而此次经济衰退和贸易保护主义将使部分劳动密集型和出口加工型行业受到极大影响,反过来则使得这些产业或产品在浙江的生存空间日益趋于减小,并将发展空间腾出,留给部分附加值相对高的新行业、新产品,从而推动产业内部和产业间优化升级。

另一方面,经济衰退和贸易保护主义,将强化行业有效的纵横向兼并整合,中长期将促进浙江企业提升竞争力。有研究表明,行业集中度相对较低、行业竞争过度现象在浙江较为明显,此次危机将加快行业重构,其中生存下来的企业必将成为浙江和中国未来参与国际竞争的根基。而且,当前贸易保护主义受到抵制的力量已经较为强大,像 20 世纪那样上演各国关税大战的可能性微乎其微,从目前世界各国传递的信号来看也是如此。

第五节　世界经济变动中隐含的机遇

截至 2009 年 2 月底,在全球经济硬着陆、发达国家制造业快速大幅收缩的时候,中国包括浙江等地在内的制造业表现相对较好。当前,美、日、德等发达国家经济和制造业正遭遇寒流。自从 2008 年下半年世界经济衰退表现较为明显开始,美国 ISM 采购经理人指数自

2008 年 6 月的 50.2% 持续下滑, 2009 年 1 月仅为 35.6%, 与去年同期相比下滑了 27.8%, 企业制造活动大幅收缩并尚未走出谷底的迹象。而且, 在加拿大、墨西哥、中国、英国和日本等主要贸易伙伴的出口订单急剧减少、银行惜贷和经济尚未见好转等的前提下, 美国制造业状况预计将继续恶化。日本和欧元区各国制造业同样如此, 欧元区采购经理人指数从去年 6 月的 50.0% 左右收缩至 2009 年 2 月的 33.5%。日本制造业采购经理人指数 2009 年 1 月创纪录地下降至历史最低点 29.6%, 2 月小幅回升至 31.6%, 大大低于 50% 的枯荣分水岭。相比之下, 中国制造业采购经理人指数在 2008 年 11 月经历 38.8% 的低点后, 逐步反弹至 2009 年 2 月的 45.1% 并有所企稳, 虽然制造业活动总体上仍处于收缩阶段, 但收缩幅度显然大大小于上述国家和地区, 并有阶段性亮点出现。从国内各地来看, 近几个月, 浙江相对广东、江苏、上海等的外贸进出口指标下降幅度相对小, 表明就目前为止在全球经济变动和大幅衰退过程中, 浙江区域经济表现出了相对较好的弹性, 制造业保持较小幅度收缩和表现出较强生存能力, 说明浙江制造业发展空间和生存竞争力并非人们想象中的窄小与低弱。

预计至 2015 年的未来数年内, 各发达国企业尤其是大型跨国公司将进行周期性调整和加速全球范围转移寻求发展, 这为浙江等地承接相对高端产业转移和跨越式发展提供了较好机遇。目前, 除了金融业将进行全球范围内的根本性重组之外, 有迹象表明, 全球制造行业领域也将发生重大变化。

以世界 500 强为例。各跨国企业部分公司已经出现大规模裁员和子公司破产倒闭等现象, 目的是整合业务寻求降低经营成本度过危机, 行业涉及汽车、通用设备、化学制药、通信电子、石油制品、动力设备、电气机械等领域。例如, 通用汽车公司旗下陷入困境的萨博子公司加快了与几家潜在购买者的谈判步伐, 并将出售欧洲核心业务——欧宝的股权以赢得资金援助; 英国的葛兰素史克在 2001 年完成大型合并交易后, 目前正在进行裁员和削减成本; 戴尔日前宣布将采取裁员、进一步外包个人电脑和服务器生产以节省成本等措施; 美

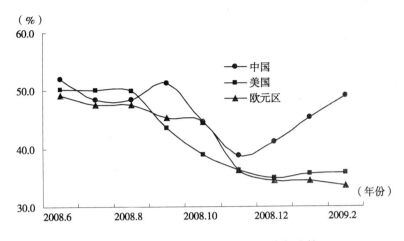

图 3 - 6　中国和欧美制造业采购经理人指数比较

资料来源：中国物流与采购联合会。指数低于50％表示制造业经济活动在收缩，大于50％表示制造业经济活动在扩张，计算采用全球统一的方法。

国制药业则寻求逐步向国外转移临床试验业以降低成本；全球最大的芯片设计和生产商英特尔公司，正在与中国台湾积体电路制造股份有限公司在数个领域进行合作，并将部分微处理器核心技术，外包给生产研发成本相对较低的亚洲台积电公司等。这些均暗示了未来的数年内，将是全球产业加速转移和投资格局重大调整时期。

　　当然，由于投资环境、劳动力素质要求和文化差异等因素，虽然这些跨国公司和这些行业和产品服务不会大部分，也不一定向中国、向浙江等沿海地区进行整合转移，而且全球性经济衰退仍存在短期内跨国资本流动和借贷大幅减少的可能。但相对俄罗斯、东南亚等新兴市场，中国拥有相对有利的宏观环境和大国稳定优势，以及沿海发展环境较好的比较优势和有利地形，浙江显然可以发现多数潜在的合作机会，中长期内成为承接世界重要的一部分高端产品和产业转移的主阵地，尤其在汽车、通用设备、动力设备、电气机械和化学制药等领域。

　　因此，综合上述分析判断，尽管信贷泡沫破裂、金融危机引发了自第二次世界大战以来最严重的世界范围内经济衰退，以及由此抬头的贸易保护主义等带来较大不利影响，但结合经济格局演变趋势、宏观背景和浙江自身产业结构特点，与一般认为不同的是，我们认为中长期内浙江目前正面临着一次重大机遇期。全球制造业重心加速东移、中国相对稳定有利的宏观环境背景、浙江制造业结构异同与较强的相对高端产业承接空间，为浙江提升工业结构高加工度化水平打下坚实基础；而世界经济格局和贸易等外部激励约束条件变化，则将逐步引导浙江走上加快结构调整、投资创新驱动之路，推动经济转型升级。

第六节　若干对策与建议

世界潮流，浩浩荡荡，不进则退。较大的危机带来较大的机遇，逐步迈向现代化的中国将在每一次世界经济动荡和地缘政治调整中，必将越来越凸显其大国风范和作用。地处沿海有利地形的浙江等地，应准备好抓住每一次机遇，担负起加快创新与变革、提高经济效率的责任，加快推进经济转型升级。

而抓住机遇的关键与否，还在于未来数年内浙江能否有效推动行业技术与装备持续进步、进一步优化调整就业结构，能否有效提高资源利用效率、更加公平合理地分配国民财富，以及能否有效引进利用外资和人才知识技能、先进管理模式等，并加速融入更深层次的全球化产业分工链等。机遇稍纵即逝。如果不能在上述方面作出较大努力和改善，显然将会失去这次较好机遇期，重新回到相对缓慢的结构调整道路上。

强化技术自主创新与引进创新

加强政府在省市一级层面上的 R&D 投入创新引导作用。经济转型升级的关键，在于行业不断的技术创新进步上，即主要取决于能源资源利用效率包括 GDP 能耗电耗、工业增加值能耗电耗水耗等的改善提升程度。政府应通过增加科技研发和行业技术改造投资等方式，带动全社会科技投资增长。进一步完善技术研究开发的财政金融扶持措施，弥补技术创新市场力不足领域，适当主导部分行业重点领域的研发工作，弥补行业自主创新的"市场失灵"。积极利用信贷、税收和补贴政策等信号，引导、鼓励和扶持技术引进和技术成果产业化。重视建立一套鼓励公平竞争的技术创新机制，强化知识产权保护。着眼长远，加强在省一级层面的公共教育经费投入，加强基础科学研究。

加强技术引进与合作创新。在某些产业领域自主创新增长乏力的情形下，加快引进和购买专利技术并消化吸收创新仍不失为一种较好地推动产业升级的办法。鼓励大量引进消化吸收国外先进技术和专利，尤其是加快机械电子信息类高新技术引进，加快机械设备、电子、汽车、船舶等工业发展。进一步提升纺织、服装、家具和非金属制品业等产品功能，积极吸引发达国家人才、高新项目，优化行业结构。实施面向中小企业信用保证制度等方式，大力资助一部分高科技中小企业进行商业性的研究与开发，鼓励中小企业技术创新发展。

预计未来数年内，发达经济体将加快环保、清洁能源等方面的技术研发、跨国转让合作，推动自身经济发展和全球一体化进程。因此，积极开展与西方发达国家地区区域经济合作，大力引进节能降耗技术、清洁能源利用技术、环保技术等，提高资源利用效率，促进企业改变能源利用结构，强化资源、环境对产业结构优化升级的"逼迫"效应，降低工业和经济发展成本的技术工艺和设备，保证既能使得经济增长不至于受各类资源约束明显放慢，又可以逐步形成有利于转变经济发展方式的条件环境。

加强企业制度创新和融入全球化

继续加快企业制度创新，积极培育企业家精神，增强自主创新意识，形成企业核心竞争力。适应经济社会形势重大变化和发展潮流，加快企业公司治理结构和组织创新，以产权制度创新、提高研发能力和发展行业内附加值高产品为主，而非继续以机会主义和低成本发展战略，来提高经营效率和企业竞争力。鼓励企业加强技术和制度创新中心、产品设计和国内外人才引进中心的建设完善，加快营造一个有利于全球化竞争、合作和创新的企业文化环境，吸引国内外人才，提升企业核心竞争力。

由于发达国家经济持续衰退可能将持续较长时间，美元、欧元等中长期内显疲弱态势，世界外商直接投资进入欧美发达国家的资本将趋于减少，转而投到发展稳定、利润报酬相对高的新兴经济体尤其是中国。因此应加强建设一流的国际投资环境，加大外资吸引力度，加快吸引资本进入工业制造业和生产性服务业领域，积极推进国际化进程和分工合作。采取熊彼特（Schumpeter）所说的创造性破坏战略即"创造性毁灭"（Creative destruction），加快产业重组和产业融合步伐，做强做精自身主营业务，利用外力推动产业和产品结构优化升级。在稳定投资、就业和产能的基础上，抓住机遇积极创造有利于企业并购重组的环境，出台有利的财税金融支持政策，加快融入全球化高端产业进程，强化开放创新对工业转型升级的促进作用。

进一步创造新的"先发优势"

作诗的功夫在诗外。促进工业转型升级，需要政府创造新的体制"先发优势"、新的有利环境。一是推进收入分配制度调整。收入分配看似与产业结构优化升级没有必然的联系，但其实是当前经济转型升级的一个根本性问题。当让劳动者、让创新者获得更多的报酬，让老百姓更多分享经济发展成果的时候，就会有利于从根本上发挥劳动积极性、提高中低阶层收入水平并提高消费内需动力，自发形成有利于经济转型升级的激励约束机制和发展环境。二是减少不正当竞争现象和打破行业垄断。由于市场经济体系尚不健全，部分行业企业依靠各种手段获取超额利润、企业依赖政府而非市场获取资源，使得有利于企业技术创新的竞争环境迟迟无法形成，许多企业缺乏技术创新的动力和激励。打破电信、金融、能源利用等对工业转型升级有重大推动作用的部分服务行业垄断，有利于全社会产业资源得到充分、有效的利用，减少资源浪费和降低交易成本，也有利于平衡行业工资水准，改善收入分配关系。

加快政府服务职能转变。继续减少对土地、信贷等一些重大资源过多的行政调配权，避免扭曲要素价格信号、市场供求机制和产业结构，促进资源利用效率最优化。在一些资源利用效率较低、环境污染重等的行业领域，应适当加强调控，让政策能有效实施并起到应有的作用。加强统筹规划，优胜劣汰、腾笼换鸟，积极引导和培植新的、有竞争力的、符合本地比较优势和工业化发展方向的产业。重点加强教育、医疗、环保、创新能力和安全水平等社会公共服务保障。

加快发展生产性服务业

适当考虑采用各种财政、税收优惠政策，鼓励大中型制造业企业生产服务剥离外包，向研发设计和社会化专业服务两头发展，促进行业分工细化和提升产品附加值。加快生产性服务业发展规划编制，合理构筑生产性服务业发展空间，整合资源加快构建围绕产业集群的生产性服务业体系，促进生产性服务业集聚发展。加大对生产性服务业集聚区的政策支持力度，引导资金、人才等资源向集聚区倾斜，重点支持集聚区公共平台建设和重点项目建设补助，优先安排项目用地等。坚持用地集约、产业集聚原则，推动产业关联度较强和共同区位指向的服务业企业集聚，强化服务产业集聚效应。

此外，应加快推动城市化进程。适当加快推进土地流转，加强城乡融合、进一步发展特大型城市，大力推进城市化，不仅是当前消除城乡差距、应对危机提升消费需求的一条有效途径，也是长期内促进工业转型升级的一个充分必要条件。

第四章

产业升级与建设"海外浙江"

21世纪的第二个10年，是浙江由上中等收入水平向高收入经济体水平迈进、跨越"中等收入陷阱"的关键时期。着眼长远，抓住机遇，加大对外投资合作步伐，建设"海外浙江"，不断创新政府治理模式，助推浙江率先向先进经济体成功转型。

第一节　浙江第三波工业化浪潮

尽管近年来传统工业作用不断弱化，工业化仍将是浙江国民经济运行最主要的特征。"十二五"时期，随着资本技术密集型行业得到较快发展，新型工业和新兴服务业比重不断上升，产业结构、经济结构将完成一次大调整转换，并为"十三五"乃至更长一段时间内浙江迈入后工业化社会或世界发达地区行列埋下伏笔。

一　工业化仍是国民经济发展主潮流

浙江第三波工业化浪潮兴起。产业升级和新兴工业发展形成的第三波工业化浪潮，刚刚在浙江形成燎原之势，工业化仍是浙江发展的核心力量。一是由于制造业公司规模扩张、消费升级驱动资本技术密集型行业加快发展等因素，浙江将可能形成大规模的技术工艺改造、绿色产能更新投资势潮；二是制造优势仍是中国和浙江立足世界的法宝，世界制造业中心尤其是资本技术密集型行业持续东移（国际金融危机爆发加速了这一趋势），从而继续推动浙江工业化进程；三是高新技术产业、生产性服务业繁荣发展，进一步促进工业化、信息化纵深发展；四是未来城市化仍需工业化来集聚人口与产业集聚推动，尤其是高加工度化重工业的发展，将与城市化①水平稳步提高同步，两者基本上齐头并进。"十二五"的第三波工业化浪潮，将以工业尤其是重工业的高加工度化为主要特征，逐步形成以机械电子装备工业为支撑、高新技术产业较快发展的局面。

培育形成一批巨型公司跨国企业。浙江的跨国公司，正在史无前例地增长着。随着市场扩张和"走出去"步伐加快，以及企业组织制度等的完善，浙江出现了一批实体产业为主、多元化经营模式的跨国型公司企业，这主要建立在目前6万多家规模以上工业企业（老口径）和数十万家三产企业法人单位基础上（金字塔形）。可以预计"十二五"时期，世界500强企业中将至少出现一家浙商（不论所有制性质），"十三五"期间甚至可能达到5家。同时，随着上市公司大量增加，类似吉利、阿里巴巴等快速成长型或中国500强公司企业越来越多。不过值得注意的是，2006—2010年中国500强浙企排名变化，绝大多数国有或国有控股性质浙企（省属市属县属），在全国排名（营业收入大小）下降，甚至不见踪影；而几乎所有民营性质的中国500强浙企，在全国排名均有所上升或快速上升。孰优孰劣，一目了然。

二　行业结构优化调整料将取得突破

工业结构实现高加工度化。21世纪的头一个10年，浙江工业行业结构调整虽有一定突破但并没有大幅度实现升级，这种情形有望在接下来的几年内显著改善，宏观发展形势也将起重要影响作用。目前，传统轻工业发展触及"天花板"，机械电子装备工业比重上升，石油化工尚有发展空间，橡胶塑料业发展较快，建材冶金占份额可能下降，工业结构的高加工度化趋势明显。预计"十二五"末机械电子装备比重将达到40%以上，电力、燃气、水的供应生产业比重略有上升，食品饮料烟草将基本保持当前份额不变或略有下降。同时随着价值链、产业链升级，出口部门和产品也将随之升级，以出口附加

---

① 人口"六普"数据显示，浙江人口城镇化率2010年达到61.62%。

值相对高的产品为主，出口结构也将发生较大变化。

行业结构调整实现突破。"十二五"时期，预计随着加工装配工业比重持续上升，工业化进程进一步加速，霍夫曼系数有可能达到0.5的水平，浙江经济结构升级转换将取得历史性突破，资本（知识）密集型行业占主导地位，经济发展很大程度上依赖产品附加值提高、行业技术效率提升为主。同时，各类高新技术产业（包括战略性新兴产业）也得到较快发展，预计以软件物联网、节能环保、通信、微电子、生物医药、新材料和新能源等为重点的高新技术产业，随着其成果技术的进一步应用，将成为有效推动工业结构技术集约化的先导、传统产业改造提升的主力军。

三　建筑与服务业的国民经济支柱地位加强

服务业发展相对较快。尽管2010年年底浙江第三产业比重仍仅为43.1%（二产比重为51.6%），实际上浙江经济已经在金融危机的冲击影响下，完成了一次大的被动转型，这表现在建筑业与服务业比重合计首次超过工业占经济比重。2010年，建筑与服务业占GDP比重达到了49.1%，工业比重仅为45.9%。近年来，浙江第三产业投资已经连续数年快于工业、制造业投资，连续快于工业的增长势头已经形成，服务业利用外资将与工业利用外资平分秋色。人口结构转变、就业意愿变化，以及劳动比较优势弱化与资本新比较优势确立，将进一步推动浙江服务业加速发展，至"十二五"末或将超越二产比重。

生产性服务业作用进一步加强。预计在"十二五"期间，随着传统产能升级、金融深化与"走出去"步伐加快，建筑业和金融、房地产、批发零售四个门类行业，占地区生产总值比重有望保持在30%以上，在国民经济发展中的地位作用进一步增强。金融（银行证券保险）、房地产、批发贸易、物流、软件业、商务服务、专业技术服务、环境管理、居民服务、教育、社会保障、广播电影电视、文化创意等15个大类行业，将继续成为未来服务业乃至经济主要增长点。其中生产性服务业约占这些行业比重的65%，由于对资本技术密集型产品和大宗耐用消费品的需求大量增加，金融、物流、软件、科研商务服务等生产性服务业发展将较快。

四　对外直接投资将进一步加快和深化

对外直接投资预计将呈现爆发式增长。根据联合国贸发会议2010年世界投资报告预测，未来三年中国对外投资额将位居全世界第二。浙江早两年就已成为资本净输出省份。2010年年底浙江境外投资总额累积达到83.6亿美元，境外投资额、企业和机构数居全国省市之首，近5年总投资中3/4来自民营资本，尤其是"十一五"县域外经发展成为最大亮点。以桐乡为例，2006—2010年累积对外直接投资1.75亿美元，年均增长高达93%，占1994—2010年累积投资总额1.86亿美元的94%，境外投资发展迅猛。境外投资方式由过去单纯设立贸易公司向境外营销网络、生产加工企业、资源开发等多元并举转变，投资行业重点向矿产开发、冶炼、玻纤、纺织、电子照明等行业发展，对外投资遍布五大洲23个国家和地区。2009年，桐乡市华友钴业在刚果（金）投资3857万美元联合收购铜钴矿，成为全市外经单体最大项目。

对外投资将成为浙江跻身高收入国家地区行列的主要驱动力。现阶段浙江加速对外投资和向中西部梯度转移部分传统产业，符合李嘉图比较优势贸易理论、邓宁投资发展周期理论和小岛清的雁行发展模式。对外投资和"走出去"，一方面有助于参与国际分工竞争、提高企业素质和转移部分传统产业产能，发展本地总部经济、创意中心、资本利润中心，推动浙江制造向产业链高端转变；另一方面，通过设立境外研发销售机构和营销网络，吸纳海内外高级要素、先进技术，促进品牌境外推广，反哺发展本地产业与经济，从而进一步提高人均GNP水平。事实也证明，日本在20世纪70年代开始大规模持续的对外投资和产业梯度转移，即加速向东亚各国转移传统产业甚至部分资本密集型产业，并没有掉入所谓的"中等收入陷阱"和产业"空心化"陷阱；相反，通过主导产业更替、技术创新和提升产业效率，优化升级产业结构，国民收入水平不断提高并最终迈入后工业化社会。

第二节　鼓励支持"海外浙江"建设

　　浙江的人均国民收入和国民储蓄水平，决定了浙江已经到了由商品输出转向大规模资本输出的发展阶段。着眼全球视野和长远，积极参与亚洲供应链乃至世界供应链构建，在当前已初步建成一个"省外浙江"的基础上加速海外投资发展，努力建设一个"海外浙江"，大力发展"海外浙江人经济"，促进浙江率先向先进经济体转型升级。

　　加强与新兴市场经济体合作。以资本输出、境外资源开发和境外项目合作为主，加强与新兴市场经济体合作。2010 年中国 GDP 与日本相当甚至略超，但不能忘记日本还有一个"海外日本"，技术水平、资产实力规模仍远在中国之上。加快以省级政府层面为主导制定相关规划和战略，设立海外（省外）投资办公机构，发挥侨务部门协会、海外浙江华人的作用，投资开拓当地市场，推动企业"走出去"，引导推进资本输出到新兴国家和地区。大力发展对外承包工程和劳务合作，积极开拓南非、尼日利亚等非洲市场，强化资源矿产、生产制造、贸易流通等领域加强合作，充分利用当地丰富的劳动力资源和市场，鼓励企业境外设厂投资、开发工业园和转移部分劳动密集型制造产能，利润返回浙江本部。加强与巴西、俄罗斯、印度、韩国、墨西哥、土耳其、印尼等新兴市场的交流合作，充分利用其"成长型市场"优势，推进产业整合、市场占有和优势人才引进等。

　　加强与发达国家地区合作。以设立境外营销网络、研发中心和并购重组，加强与发达国家或地区合作。历史经验表明，危机为具有比较优势和充足现金流的企业进行横向整合、产业重组兼并收购创造绝佳机遇，也有助于绕过贸易壁垒。当前，一个重点应瞄准20 世纪70 年代第三次产业革命兴起发展起来的、发达国家的一些行业，鼓励优势企业收购境外的先进技术和知名品牌企业，逐步培育一批具备国际竞争力的跨国型公司；加快推进在微电子、计算机、人工智能、机器人、光纤、信息工程、生物医药、海洋工程、新材料新能源、光学仪器等技术专利合作和装备进口，推动浙江高新技术产业发展与升级。

鼓励企业在境外设立地区性营销中心，通过境外投资合作，推进本土品牌国际化，突破国际贸易壁垒和减少摩擦。加强与港澳台资本市场的互动，鼓励符合条件的企业到香港上市融资，扩大与港澳台的合作交流。

培育跨国公司与创建国际品牌。浙江经济如要实现转型升级或跻身高收入国家地区水平，必须拥有一批大型跨国公司和国际性品牌。培育跨国公司和国际品牌，一方面是加快海外拓展和建设"海外浙江"的重要保障和推动力，另一方面也是我国廉价资源、廉价土地、廉价劳动力的优势先后丧失，倒逼企业向品牌、质量和供应链整合转变的结果。目前，浙江累计注册商标数全国第一，约占全国 1/10，平均每家企业拥有注册商标 1 件，但全国性和全球性的知名品牌很少，尤其是在国际市场上耳熟能详的几乎没有。围绕建设"品牌强省"目标要求，鼓励企业大力开拓国际品牌市场，加强产品国际商标注册，积极推广国际先进标准认证体系。鼓励实力雄厚民企及国企，以市场为导向深入推进品牌战略，通过收购国外品牌或建立品牌联盟等方式，加强对跨国投资发展和营销网络构建，培育具有国际竞争力的世界级品牌，争取有朝一日打造形成浙江的"三星""现代"和"本田""丰田"。

第三节　创新政府治理模式

当前，浙江已经到了着力创新政府治理模式的紧要关口。优化治理模式，加快政府职能转变，着力发挥民营经济主力军作用，以信用建设促进开放型经济发展，营造有利于产业转型升级的环境。

优化政府治理模式。虽然在经济起飞与初期发展阶段，政府与商团企业结合的精英治理模式，深谋远虑的官员与富有冒险精神的企业家互担风险、利益共享的发展战略，有助于发展中经济体迅速实现经济起飞、技术进步并保持大大超过民主经济体的发展效率。[①] 但到一

---

① 沈联涛：《裙带资本主义之祸》，《财经》2007 年第 10 期。

定发展阶段，这种政府主导型模式容易扼杀大量中小企业及其全社会创新活力，反而将抑制经济发展、效率提升与产业升级，进而全面妨碍向高收入水平国家或地区迈进发展。近年来浙江经济社会创新活力缺乏、转型升级步伐相对较慢也表明了这一点。因此，亟须转变政府治理模式，警惕政商、政银结合过于紧密倾向，地方政府应以社会管理和公共服务职能为主，合理发挥"有形之手"力量，减少对微观经济的大量干预，构建公平竞争的市场准入机制和法律制度框架，激发社会创造活力。进一步打破行业垄断和隐性壁垒，加快国有企业股份制改造，拓宽民营经济投资领域，鼓励民间资本进入社会事业、金融服务、市政公用事业等服务领域，促进服务业发展。

加快推进政府职能转变。2010年中央电视台推出的《公司的力量》纪录片，很好地展示了一个政府如何应以改善公司发展服务环境和社会建设为主要职能，从而促进微观经济组织创新和经济社会发展。随着人均国民收入超越中上等收入水平，以及社会矛盾进入集中凸显期，浙江政府应加快转变政府职能，重点加强社会管理和公共服务职能，转向社会保障、社会事业和社会公共安全等，重视缩小贫富差距与促进社会公平正义。包括着力构建群众权益维护机制，形成科学有效的利益协调机制、诉求表达机制；积极发展医疗卫生文化等社会事业，加快建立完善浙江各地之间及与其他省市之间的医疗、养老保险等无障碍转移续接体制机制，提高公共服务水平；加强生态文明建设，加大水土气资源保护力度，着力建设环境友好型社会；积极推进国民收入分配合理化，着力提高劳动所得和居民收入在国民收入分配中的比重，完善工资增长机制，提高低收入群体收入，提高最低工资保障标准，构建和谐劳动关系。

以信用建设促进海外经济发展。加强信用监督和失信惩戒制度建设，加快社会诚信体系建设，是推进企业海外投资与产业升级的重要保障。市场经济本质上是一种契约经济、信用经济，需要营造一个公开、公平、公正的社会诚信环境，品牌建设也与信用建设息息相关。鼓励企业健全内部信用管理制度，加强信息披露和财务管理，提升企业信用水平，建立良好的公司治理结构，降低国外政府阻碍企业海外收购或上市的各种风险。加快制定地方性海外投资促进法规，深化境外投资管理体制改革，着力完善相关金融保险政策，支持企业采用境外投资并购、境外上市等方式"走出去"，推动省内金融保险机构在海外布局设点，积极扩大海外投资保险覆盖面。加强对中小企业信贷支持，鼓励（中小）民营企业跨国发展，培育发扬企业家精神，争取早日培养出浙江的超大型跨国公司和浙江的"汽车大王福特""石油大王洛克菲勒""钢铁大王卡内基"等，实现对改革开放初期浙江"八大王"的更新换代。①

---

　　① 八大王指 1982 年浙江温州的"螺丝大王"刘大元、"五金大王"胡金林、"目录大王"叶建华、"矿灯大王"程步清、"翻砂大王"吴师廉、"胶木大王"陈银松、"线圈大王"郑祥青、"旧货大王"王迈仟。

第二编　转型滞后的原因及建议

正是由于人口结构变化，所有制结构扭曲，行业垄断与管制、竞争不公等因素，在不同方面、不同程度上导致浙江工业，乃至浙江经济转型升级出现了阶段性滞后和路径锁定。所以放松管制，激发民间投资活力，加快改革创新步伐，显得十分重要。

第五章

"刘易斯拐点"与区域优势产业重构

"十一五"规划后半期即 2008 年中期以后，国内外经济形势发生了显著变化，浙江经济加速迈入转型轨道，经受着结构变动变革带来的种种阵痛。如能坚持逐步推进经济结构的战略性调整和深化融入全球供应链，在未来 5—10 年重构形成新的产业优势，"十二五"浙江经济结构调整优化将实现质的突破，并促进就业持续增长、社会稳定和社会进步。

第一节 趋势性变化：劳动力从无限供给到"刘易斯拐点"

当前，浙江经济发展已明显遭遇"刘易斯拐点"，劳动工资大幅上升，主要原因在于人口结构变动。

首先，本地人口抚养比变化形成"拐点"。劳动力是经济增长最重要的因素之一。对浙江本地人口结构的分析表明，2007 年浙江非劳动年龄人口与主要劳动年龄人口（按 18—59 岁计）之比，即人口抚养比已经过了"拐点"，非劳动年龄人口数比重首次逐步上升。人口老龄化加速，2008 年浙江 60 岁以上比重人口比例首次超过 15%，预计"十二五"末期老龄化人口将接近 1/5 比例。2010 年全国老龄化程度也已经达到 12%，据中国社会科学院推测 2030 年中国将成为全球人口老龄化程度最高的国家，"人口红利"将在 2013 年达到顶峰后逐步下降，中国人口抚养比出现拐点。

其次，外地劳动力人口阶段性流出。由于受到社会保障、户籍、劳动保障和消费条件等约束，以及中西部等人口输出地经济社会快速发展（处于工业化起飞后的飞速发展阶段），外来人口中有相当一部分回流至中西部地区。2010 年温岭市流动人口总计比去年减少了大约 14%，湖州吴兴区织里镇外来劳动力比去年减少 20%，海宁、绍兴等流动人口大县也是有同样趋势。

最后，浙江经济明显表现出"刘易斯拐点"之后的特征。一是劳动工资尤其是农民工工资显著上升。据统计，2010 年企业工资涨幅预计将在 10% 以上，调研中也经常可以发现某企业工资涨幅超过 20%。二是低端制造业持续转移。为了应对结构性工资上涨，浙江部分产能近几年一直在向周边中西部地区转移，纺织、日用品等传统产业占工业比重持续下降。三是有订单没工人。调研时到过的每个县市区都存在"民工荒"现象而且越来越严重，部分县市劳动密集型企业用工缺口在 20%—30% 以上，杭宁温、义乌永康等一些相对发达地区更为明显。四是城乡二元结构开始松动。2010 年浙江城乡居民收入差距首次缩小，二元结构在"拐点"之后向一元社会结构逐步演进。

第二节　对外投资与产业梯度转移大潮势不可挡

传统产业劳动力优势快速消失，引起浙江投资结构发生重大变动。对外投资、部分产业转移速度加快，很有可能是"十二五"的另一个重要趋势，省外境外投资甚至可能将与浙江工业投资平分秋色。近年来，对外投资大潮逐渐波澜壮阔，变得蔚为壮观。浙江对外投资大潮风起于"十五"时期，"十一五"时期飞速发展，预计"十二五"时期将进入超大规模发展阶段，年均资本净输出量可能超过 500 亿美元，约占浙江全社会固定资产投资的 1/3。浙江对外投资包括两部分，省外（国内）投资和境外投资。2009 年，浙江对境外投资项目数位居全国第一，对境外投资中方投资额位居全国第二，超过 50 亿美元；2009 年省外（国内）投资总规模至少在 3000 亿元（450 亿美元）。2009 年，浙江吸引外商直接投资 100 亿美元左右，加上对外借款和其他外资利用总计约为 108 亿美元，大大低于浙江对省外境外的投资。事实上自 2006 年起，浙江实际利用外资金额已经呈逐年下降趋势，意味着近几年浙江的资本净输出总量越来越大。

对外投资的快速增长，必然伴随着一定程度的产业转移，这从一个侧面验证了浙江部分传统行业优势渐逝的一种趋势。由于各种生产成本快速上升（劳动力、能源、环境资源成本等），以轻工为主的劳动密集型行业产能转移愈演愈烈，制造业对省外投资尤其是新增投资，进入一个快速增长时期。浙江一些县市的纺织类企业大量向中西部安徽、江西、苏北转移制造工序，甚至向一些东南亚国家地区投资转移。2008 年国际金融危机则强化了这一趋势。而省内制造业投资连续两年低于全社会固定资产投资，产业"空心化"确实不是空穴来风。高工资、高地价、高要素成本和越来越高的环境成本，已经不太适合大规模生产低端高耗能产品，这与 20 世纪 70 年代的日本惊人地相似，日本当时也面临着石油危机、资源价格过高的冲击。

不过，沿海向内陆的产业梯度转移，对中国经济发展和浙江转型升级意义巨大。事实证明日本在此后的 15 年内并没有掉入"中等收入陷阱"和产业"空心化"；相反通过提升产业效率、结构优化和转移传统落后产业等，一跃迈入后工业化社会。产业梯度转移，一是有助于平衡区域发展。中西部仍是制造业成本洼地，随着其基础设施日益完善，纺织、服装等部分传统制造业在中西部有很好的发展前景，并带动当地经济发展。二是有助于加快全国人口脱贫，加快工业化进程，大量减少低收入者，缩小区域收入差距。三是有助于加速大国崛起，为 2015 年全面实现基本小康社会打下坚实基础。因此，浙江向中西部转移部分传统产业，转而发展附加值更高的中高端制造业和服务业，不仅将推动浙江产业转型升级和产业链高端转变，也符合比较优势理论模型，符合国家整体利益、浙江长远利益。

第三节 推动"三个转变"重构产业竞争优势

推动轻工行业技术集约化转变

"刘易斯拐点"形成和劳动工资上升，有助于倒逼传统产业链价值链提升、制造自动化程度提升，降低生产制造对劳动的过度依赖。

一是推进传统产业向产业链两端提升。鼓励企业"微笑曲线"纵向延伸，向上游产品设计、原料采购和仓储运输拓展，加强供应链管理，降低生产制造成本；同时向下游批发零售、订单处理和相关行业拓展，延长产品生命周期。鼓励企业横向延伸，以纺织为例，向左可以拓展到 PET 粒子甚至石化材料行业，向右可以拓展到纺织创意、服装设计、品牌营销，甚至可以横向延伸发展纺机装备等。

二是加快生产制造自动化、绿色化。积极实施纺织、服装、皮革、塑料、食品加工和小化工小五金、家电家具等行业的技术集约化战略，加快技术工艺改造提升，推动行业自动化、集约化生产，大力提高劳动生产率。强化行业绿色产能投资，以大规模的绿色产能更新投资替代高能耗污染的旧产能，淘汰落后产能，实现清洁化生产。

三是鼓励传统行业企业创意创牌。依托产业集群、块状经济，尤其是在纺织、服装、家具、皮革、日用化工、家电等集群中，加大品牌创建力度，以创意和品牌提升产品附加值。通过创意提升产业集群，衍生发展一批新兴产业，比如新材料（新型化纤、新型纺织面料、新型塑料）、服装设计，电子商务和服务外包等生产性服务业，以及节能环保和新能源等战略性新兴行业。

推动重工行业高加工度化转变

"刘易斯拐点"形成和劳动工资上升，有助于工业结构持续调整升级，从低端制造业向高端制造业转变，发展资本技术密集型行业。

一是大力发展资本技术密集型工业。尽管浙江经济面临金融危机等诸多不利因素和困难，"十一五"浙江工业结构调整取得了较大突破，机械电子比重上升至 30 年以来的新高，纺织比重持续下降。下一步应瞄准汽车、电子、船舶、石化、装备制造等资本技术密集型工业，加快推进重工业的高加工度化，向一般技术密集型工业结构转变，推动形成较为成熟的工业化格局。进一步提升钢铁、有色金属等行业集中度和投入产出水平，积极引进国企、央企等全国百强企业，通过企业战略合作、制度创新或重组兼并，不断提升制造工艺水平。

二是提升高端制造业集聚水平。重点支持发展杭州装备制造业产业集群、瑞安汽摩配产业集群、平湖光机电产业集群、温岭泵业产业集群、缙云机床产业集群、东阳磁性电子材料产业集群和舟山船舶修造产业集群等15个左右产业集群①，加大政策支持力度和导向，进一步推动产业集聚和企业规模生产经营，逐步形成以高附加值的机电产业集群、装备制造集群，替换浙江原有的轻工优势产业集群或块状经济，并培育形成一批有国际影响力的大企业集团。

三是引进央企等行业优势企业。凭借一些垄断优势、特殊优势、技术人才优势和国家战略优势，央企（中央企业）在装备制造、电子信息、军工生产等行业上面占据了制高点。浙江虽具有体制机制、民企实力雄厚、市场灵敏度高等优势，但浙江本地企业尤其是各类民营企业在与央企的竞争中明显处于下风，央企往往掌控着各行业的关键技术和前沿技术，以及大量的资本、资源要素。2009年中国民企500强年度利润总额，尚不及中移动、中石油两家央企利润总和。②正如名句所言："如果不能打败它，那就加入它或与它合作"。地方政府应重视制订央企引进合作行动计划，重点在装备制造、电子信息和金属冶炼等方面，推进与诸如中国一汽、东风汽车、中电科、一重二重、南车北车、中国铝业等中国百强或世界500强企业的对接合作，加快地方产业结构和经济结构优化，推动经济转型升级。

推动服务行业多元高级化转变

"刘易斯拐点"形成和劳动工资上升，中产阶级兴起和人力资本提升，有助于浙江加快发展多元化的、知识密集型的现代服务业。

一是重点发展知识密集型服务业。③ 经济结构转型升级，始终离

---

① 省发改委编：《浙江省"十二五"规划纲要读本》，2011年1月。

② 省发改委课题组报告：《浙江全面推进与中央企业对接工作的思路和举措研究》，2011年4月。

③ 知识密集型服务业是指知识要素占主导地位的服务行业。为满足工业化需求产生、为生产和流通服务的行业，特别是以提供技术知识和专利权为主的新兴服务业，有别于社会服务和个人服务需求型服务。

不开服务业尤其是知识密集的生产性服务业发展，主要包括金融服务、现代物流、研发服务、技术性服务、管理咨询、市场服务、信息服务、法律服务、人力资源服务和服务外包等。浙江21世纪以来的快速发展，也涌现了一批诸如物产集团、阿里巴巴、前程投资、浙大网新等优秀企业，浙江的金融、批发零售业等服务行业在全国极具竞争力。应及早将经济动力转移到以人力资本为主、以创新驱动和提高全要素劳动生产率的轨道上来，为保持"十三五"乃至更长一段时间平稳较快发展埋下种子。鼓励大中型制造企业服务外包和眼睛向两端，引导向研发设计和社会化专业服务两头发展，促进行业分工细化和提升产品附加值。

二是加快服务业多元化发展。服务业具有消耗低、生态型可持续发展的特征。近年来第三产业投资持续超过工业性投入，"十二五"将成为浙江新时期经济发展和结构优化升级的主要支撑。以提高内需为导向，鼓励加快发展现代商贸流通、房地产、社区服务、教育保健、文化服务和旅游等需求潜力大与劳动密集型的服务行业，运用现代经营方式和信息技术改造提升，提高传统服务业水平和层次，促进社会就业。同时坚持服务业为实体经济服务的导向，加强房地产市场管理，引导审慎管理银行金融投资等。坚持市场化、产业化、民营化和社会化导向，加快服务体制改革创新，不断放宽行业准入领域，积极发展各类社会服务组织，促进服务业多元化快速发展。

三是引进中央大型服务类企业促集聚。中央服务类企业比如国开投、招商局、中节能、南航、东航、中建材、中海运、中远洋等，具有庞大的国际市场优势和人才信息技术优势。继续推动省市层面政府与其签订战略性合作协议，加快引进金融、物流、科技型央企，采取股权投资、并购重组、园区共建、项目共建等形式，支持杭州区域性金融中心和余杭、龙湾等七个金融改革示范区建设，支持"十二五"规划纲要确定的宁波梅山保税港区物流园区、舟山国际粮油集散中心、义乌国际物流中心等物流集聚区，温岭总部经济基地、瓯海总部经济园等总部经济，嘉兴科技城、湖州南太湖科研设计服务集聚区等科技服务基地，以及横店影视产业实验区、杭州白马湖生态创意城等文化创意集聚示范区建设。

　　"十二五"的五年时间（即 2011—2015 年），也许将成为改革开放以来浙江转型发展最宝贵的五年，跨越"中等收入陷阱"，从中等收入经济体向高收入经济体转变，经济转型、结构优化升级的成功与否，很大程度上取决于这几年表现。顺势应时，重构区域产业竞争优势，重视转变政府治理模式，或将推动发展模式实现转型升级，并奠定浙江工业化乃至浙江经济下一个 30 年较快发展的坚实基础。

第六章

产业结构优化升级滞后的
原因分析及策略

2006 年以来，浙江工业结构优化持续放缓、制造业在全国的集聚优势弱化，服务行业发展与结构转换出现相对滞后。旧的劳动力比较优势全面弱化，低层次产业演进"路径依赖"，民营实体经济竞争活力相对弱化，基于资本、知识新比较优势的转型升级机制尚未有效建立形成，是"十一五"产业结构优化提升放缓和增长减速的主要原因。

第一节　产业演进"路径依赖"

当前浙江产业升级演进机制，由于未能根据资本知识新比较优势进行及时调整优化结构，要素组合使用效率日益下降，经济实际产出大大低于潜在产出水平，增量资本产出率（ICOR）[①] 不断提升。高新技术产业、资本技术密集型产业发展滞后，浪费了大量人才智力、资金资源。与同期工业化国家或地区相比，人均 GDP 超 7500 美元的浙江制造结构仍停留在 10 年前甚至是 30 年前的状态，主导产业技术总体处于中低位；高技术产业占工业比重逐年下降，甚至比全国平均水平还要低 3 个百分点。

同样处在工业化中后期阶段（人均 GDP 达 7000 美元、重工业比

[①]　增量资本产出率是衡量投资效率的主要经济指标，越低表示投资效率越高，大致等于投资与 GDP 增量之比。2009 年浙江 ICOR 高达约 7，即投资 7 元才能增加 1 元 GDP 产出，而发达国家一般为 1—2。

重达60%左右）的我国台湾地区（1995年）、韩国（1990年）、日本（1965年）制造业结构中，领先行业均以资本技术密集型产业为主，电子零部件、电脑电子产品、电气机械、化工等行业比重超过10%，甚至达到15%。前六位领先行业占全部制造业比重均超过50%，日本最高为56.6%，而浙江目前仅为49%左右。2010年，浙江高新技术产业、新兴产业占规模以上工业比重，均低于沪苏粤鲁等沿海兄弟省市10个百分点以上。

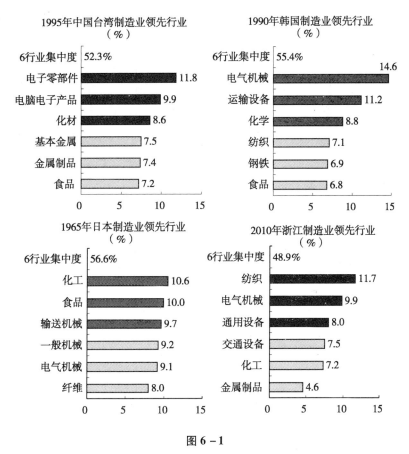

图6-1

资料来源：《日本统计历史资料1868—2002》《国际统计年鉴》《台湾统计年鉴》《浙江统计年鉴》。

与部分出口导向型经济体的工业化同期进程相比，浙江服务业内部结构转换相对滞后，第三产业比重较低。房地产、金融两者占服务业比重，高于韩国同期约 16 个百分点，也高于日本 1990 年经济泡沫破裂前夕的水平（27.7%），过度繁荣；而信息科研（6.9%）、交通运输仓储（8.9%）、批发零售业（26.3%）等比重，则分别低于韩日同期至少 5 个百分点以上；科技研发与技术服务、信息传输与软件等技术密集型生产服务业发展较为滞后，比重偏低。工业化快速推进时期，韩国、日本的科技研发投入、教育投入占 GDP 均保持在 2.5% 和 3.5% 以上，中国台湾地区科技研发、教育投入占 GNP 比重长期保持在 2.0% 和 6.0% 以上，而 "十一五" 时期浙江科技研发投入、教育支出占 GDP 平均为 1.6% 和 2.1% 左右，甚至低于东部地区平均水平。同时由于受到强大的出口制造部门替代和垄断因素等影响，就业结构被扭曲，服务业解决劳动力就业的主力功能未充分发挥，日本 1970 年、韩国 1995 年、中国台湾地区 1995 年等服务业就业比重同期分别为 47.4%、49.4%、50.8%，而浙江 2010 年仅为 34.2%。尽管存在着被低估的统计因素，浙江服务业就业比重，比工业化同期国家或地区至少低了 10 个以上百分点。

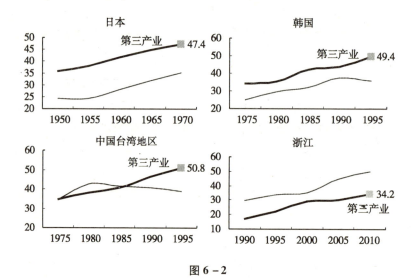

图 6 - 2

说明：日本第三产业就业比重包括水电气供应业在内。细线为第二产业就业比重。

资料来源：《日本统计历史资料 1868—2002》《国际统计年鉴》《台湾统计年鉴》《浙江统计年鉴》。

第二节 所有制结构调整滞后

所有制结构调整和民营经济快速发展，是浙江工业结构变动和产业优化升级的一股主要力量。然而"十一五"时期，民营经济受政府主导的信贷、土地等要素配置的歧视扭曲影响，加之政府对经济参与程度越来越深和计划经济色彩日渐浓厚，部分高端优质行业领域被国有经济垄断或门槛设置过高无法进入，以及民营经济自身主营业务并未依照新比较优势进行有效调整等，开始全面落后于国有集体经济发展，并进一步导致浙江产业结构优化升级放慢。

一是民营经济竞争实力相对弱化。以百强浙企前 20 名企业为例。2005—2010 年，浙江以所有制性质划分的百强前 20 位企业排名发生较大变化，民营企业由占前 20 强销售收入的 65%、数量 13 家，下降至占销售收入 37% 和 9 家，国有集体企业数量则上升至 11 家。排前三名的企业均为省属国有企业，收入占了 20 家企业总收入的 30%。2005 年，百强浙企前 20 位中的 13 家民营企业主营业务为通信电子、机械设备、通用设备、建筑房产、电气机械、仪器仪表、文化旅游、食品、服装等，呈现出百花齐放局面。而 2010 年一半左右的大型民营企业主营业务以纺织服装等轻工制造业为主，结构多元特色与 5 年前相比甚至有所倒退，并出现空心化、外地化发展趋势。在宏观环境、投资环境不利于坚守实业和创业创新的当下，以及房地产行业的高收益诱惑，浙商携大量留存收益放弃主业涌向房地产和民间借贷市场，寻求高利润空间。

表 6 – 1　　2005 年、2010 年浙江企业百强前 20 位企业分布

	销售收入		企业数量	
	2005	2010	2005	2010
前 20 强	100.0	100.0	20	20
国有	35.0%	63%	7 家	11 家
民营	65.0%	37%	13 家	9 家

资料来源：浙江企联网，按所有制性质划分。

　　二是国有、集体经济影响力与日俱增。据经济普查数据，虽然国家资本、集体资本在浙江全部企业中的实收资本比重略有下降，但国家资本、集体资本在各类所有制企业中的参与度、交叉持股混合经营能力事实上有所增强，甚至占据了主导地位。根据 2008 年普查资料显示，14 类所有制性质的企业除了私营企业、外资和港澳台资企业，其余 11 类企业资本均以国有资本、集体资本为主导或占据重要地位（占出资比例 20% 以上）。2004—2008 年，国家资本在私营企业等六类企业中的出资比例平均增加了 8.5 个百分点，集体资本在国有联营等四类性质企业中的出资比例平均增加了 24.1 个百分点，对经济的实际控制力大大增强。此消彼长，民营经济实力相对弱化。

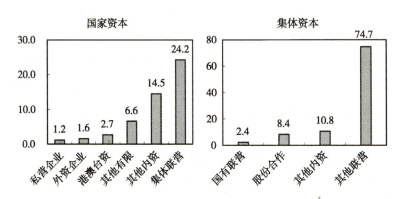

图 6-3　国家资本、集体资本在不同类型企业中的持有比例增长（%）

说明：按全部企业的实收资本统计，根据 2004 年、2008 年经济普查资料制图。

　　三是中小企业成长性日渐弱化。中小企业是民营经济的主要表现形式，也是浙江经济的优势所在，中小企业尤其是小微企业优势减弱意味着浙江发展活力丧失。根据研究，近年来浙江中小企业的成长性同样出现持续减弱状况，其中规模以下工业企业、私营企业、个体户数量增长均在较大程度上低于全国平均水平，8—499 名员工企业的 5 个组别中，浙江每个组别企业数量增速均大大低于全国。① 不过，在某种程度上这也是由于中小企业自身的局限性引起的，比如自主创新

_____

① 卓勇良：《浙江模式向何处去》，中国社会科学出版社 2012 年版，第 13 页。

能力较弱等。相比之下，国有集体企业由于拥有大量集中的国有、集体资本和垄断优势或组织优势，进入一些规模垄断型产业和高附加值行业也相对容易，比如石化、钢铁、能源、金融、大型装备、大宗贸易等产业，从而进一步挤压了民营企业生存空间。

第三节 工业结构演进趋势与潜力型行业分析

"十一五"时期浙江工业结构调整仍取得了一定突破，机械电子装备比重上升至改革开放 30 多年来的新高，纺织业比重持续下降。"十二五"时期，预计随着制造业劳动成本、劳动生产率和行业资金技术水平持续提升，以及各项改革进一步推进，工业结构转换或将取得较大突破，霍夫曼系数有可能达到 0.5，资本品工业将占据绝对地位，结构的高加工度化特征较为突出，初步进入工业化后期发展阶段。同时，随着信息技术成果的应用推广，航空航天器材、电子及通信设备、电子计算机及办公设备、医药及医疗设备制造等各类高技术产业得到进一步发展，以物联网、新能源、节能环保、微电子、生物医药、新材料等为重点的战略性新兴产业，将成为推动传统产业改造提升的催化剂和工业技术集约化的先导，并成为"十三五"时期推动制造业进一步向高附加值、技术密集型结构转变的主要力量。

根据关联性分析，未来工业增长潜力较大的八个大类行业分别是交通设备、通用设备、石油化工、金属压延等，这也是工业化规律发展使然。具体行业为汽车制造、钢压延加工、精炼石油产品制造、有色金属压延加工、输配电及控制设备制造、合成材料制造、泵阀门压缩机及类似机械的制造、电线电缆光缆及电工器材制造、家用电力器具制造、船舶及浮动装置制造、通用零部件制造及机械修理、电子计算机制造、结构性金属制品制造、电机制造、专用化学产品制造、电池制造等 16 个产业关联性较强的中类行业。预计"十二五"末机械电子装备比重将能达到 40% 以上，金属冶炼与压延加工业、石油化工两者比重均可能超过 10%，结构进一步高加工度化；造纸橡胶工艺品、食品饮料烟草等六个轻工消费工业仍占有稳定份额；纺织、服装、皮革份额逐渐减少，产业向外转移，行业集中度提升。

表 6 – 2　　　　　　　　　　　　　未来增长潜力较大的工业行业

	行业大类		行业中类
C26	化工	C372	汽车制造
C32	黑色金属压延	C323	钢压延加工
C33	有色金属压延	C251	精炼石油产品的制造
C34	金属制品	C335	有色金属压延加工
C35	通用设备	C392	输配电及控制设备制造
C36	专用设备	C265	合成材料制造
C37	交通设备	C354	泵、阀门、压缩机及类似机械的制造
C39	电气机械	C393	电线、电缆、光缆及电工器材制造
		C395	家用电力器具制造
		C375	船舶及浮动装置制造
		C358	通用零部件制造及机械修理
		C404	电子计算机制造
		C341	结构性金属制品制造
		C391	电机制造
		C266	专用化学产品制造
		C394	电池制造

说明：根据行业成长性、行业关联性、行业比重等因素综合所得。

第四节　服务业结构提升趋势与潜力型行业分析

世界经济发展格局与贸易模式转变，全球产能过剩，更有利于服务业而不是工业快速提升。事实上 2007 年或更早些时间，全球已进入克鲁格曼所谓的萧条经济学年代，在稳定出口增长的基础上，中国包括出口大省浙江将不得不更多依靠内需消费和服务业来驱动经济发展。21世纪浙江已经涌现出了一批诸如物产集团、阿里巴巴、前程投资等优秀企业，物流贸易、电子商务、投资管理等服务行业在全国乃至全球已初具竞争力。近年来，浙江及浙江各地第三产业投资连续快于工业、制造业，服务业快于工业增长的势头已经形成；第三产业利用外资占浙江利用外资比例逐年增加,预计"十二五"服务业利用外资速度快于工业,总量与工业看齐。"十二五"期间,随着以城市化为主推动的第三产业发展提速和统计不断完善,服务业增加值占地区生产总值比重预计将超过第二产业,呈现"Ⅲ>Ⅱ>Ⅰ"的发展格局。

根据关联性分析,分行业看,未来浙江第三产业增长潜力较大的有交通运输业、信息软件、文体娱乐等行业。如果把与房地产、现代商贸等服务业密切相关的建筑业包括在内,共计 10 个门类行业左右。这些行业包括房屋和土木工程建筑业、道路运输、水上运输、航空运输、装卸运输、银行业、金融业、保险业、租赁业、广播电视电影音像业、娱乐业等 18 个大类行业,多数是为生产制造服务的技术知识密集型服务行业,约占 2/3。其中,小型金融银行业、证券经纪与交易、人寿保险、物业管理、互联网信息服务、计算机系统服务、公共软件业、管理咨询、市场服务、信息服务、各类专业技术与推广服务、环境治理、汽车修理与维护、教育培训、卫生保健、社会保障、新闻出版、文化创意等细分行业,最有可能成为服务业乃至经济增长的热点,知识密集型特征明显。

表 6 - 3   未来增长潜力较大的建筑与服务各行业

	行业门类		行业大类
E	建筑业	E47	房屋和土木工程建筑业
F	交通运输、仓储和邮政业	F52	道路运输业
G	信息传输计算机服务和软件业	F54	水上运输业
I	住宿和餐饮业	F55	航空运输业
J	金融业	F57	装卸搬运和其他运输服务业
K	房地产业	G61	计算机服务业
L	租赁和商务服务业	G62	软件业
M	科学研究、技术服务和地质勘查	J68	银行业
O	居民服务和其他服务业	J69	证券业
R	文化、体育和娱乐业	J70	保险业
		J71	其他金融活动
		K72	房地产开发经营
		L73	租赁业

续表

行业门类	行业大类	
	M77	科技交流和推广服务业
	O82	居民服务业
	O83	其他服务业
	R89	广播、电视、电影和音像业
	R92	娱乐业

说明：根据行业成长性、行业关联性、行业比重等因素综合所得。

服务业行业集中度也将进一步提升。2010 年，浙江综合百强企业榜上服务类企业达到 20 家，占 1/5，物产集团更是成为浙江首家世界 500 强企业。未来随着服务业行业体制改革深入和投入引导力度加大，服务行业的规模化、品牌化、国际化发展态势将越来越明显，预计在金融、房地产、物流贸易、软件和服务外包等领域将形成一批主业突出、核心竞争力强的服务业小型巨人。同时，随着港口物流枢纽、区域性金融中心、民营经济总部、商贸会展中心、软件园、信息产业基地等建设加快，以及杭州、宁波国家服务业综合改革试点等深入推进，预计杭州互联网经济产业园、宁波梅山保税港物流园区、义乌国际物流中心、舟山国际粮油集散基地、横店影视文化城等一批服务业特色产业示范区，逐步呈现类似工业园区开发区的高度专业化发展形态。

第五节　加快改革创新助推产业结构优化升级

一是积极推进产业结构"软化"。促进服务业优化发展，增强经济软实力。加快服务业尤其是知识密集型生产服务业发展，促进全社会技术进步，不断提高三产的增长贡献率，推动经济转轨到以人力资本和知识创新驱动增长的道路上来。坚持市场化、产业化、民营化和社会化导向，改革创新服务体制，放宽行业准入领域，积极发展各类社会服务组织，促进服务业多元快速发展。抓住机遇加快现代服务业示范区建设，鼓励金融服务、商贸物流、软件研发与计算机服务、科技服务、租赁商务服务、文化娱乐和服务外包等行业发展。鼓励大中型制造业企业分离发展服务业，引导向研发设计和社会化专业服务两头发展，促进行业分工细化和提升产品附加值。在国家推进财政税收改革、增强地方财政自主权之际，制定适当的地方性税收减免政策，降低服务行业总体税负，加强对非贸易部门的支持，促进收入分配结构优化。以市场需求为导向，积极发展部分需求潜力大的劳动密集型服务行业和生活型服务行业，鼓励一产、二产劳动力加快向服务业转移，优化劳动力资源配置和促进充分就业。

二是继续推进第二产业结构"高加工度化"。抓住国际产业链调整机遇，大力承接发展中高位技术密集型产业，是工业结构调整的当务之急。下一步应瞄准运输机械、电气机械、精密机械、电子设备、石化等资本技术密集型工业，通过国际间产业引进与分工合作，推进工业结构向一般技术密集型结构转变。着力发展高端精密仪器设备、高端成套机械设备、中高端交通运输设备等，积极实施九大战略性新兴产业规划，集中在某两三个主导行业突破取得国际竞争优势地位。支持和培育一批跨国型的大企业尤其是民营大企业，争取进入中国500强乃至世界500强行列，奠定浙江参与国际竞争的坚实基础。鼓励企业通过战略合作、制度创新或重组兼并，进一步提升行业集中度和投入产出水平，提高生产效率和降低成本。加强政策导向，进一步推动工业集聚和规模经营，支持不同区域形成石化、金属压延、汽车、大型装备制造、船舶修造等一批高附加值的机电产业集群，弥补原有部分轻工优势产业集群或块状经济消失带来的真空。

三是大力促进传统产业"高效集约化"。传统产业重点是提高效率、降低成本。首先，鼓励传统产业向价值链提升。鼓励企业"微笑曲线"纵向延伸，向上游产品设计、原料采购和仓储运输拓展，加强供应链管理，提高效率降低生产制造成本；同时向下游批发零售、订单处理和相关行业拓展，延长产品生命周期。其次，鼓励传统产业集群创意创牌。依托纺织、服装、家具、木制品、皮革、日用化工、家电等集群，加大品牌创建力度，以创意和品牌提升集群竞争力。通过创意提升产业集群，衍生发展一批新兴产业，比如新材料、创意设计、电子商务和服务外包①，以及节能环保等战略性新兴产业。最后，推进传统产能梯度转移和绿色化改造。积极实施纺织、皮塑、小化工小五金和家俱木制品行业的集约化制造战略，加快技术工艺改造提升，加强重金属污染防治，强化传统产业对外梯度转移，以大规模绿色产能替代和淘汰落后产能，逐步实现清洁化绿色化生产。

四是加大改革创新力度。21世纪的第二个10年是新技术产业升级的战略机遇期，但不改革浙江就没有产业和技术升级。着力依据新的比较优势制定产业和技术政策，鼓励知识密集型、资源节约型与新技术产业发展，鼓励资源能源节约型技术和环保技术开发引进，积极应对可能出现的世界性能源资源危机和中期经济增长减速。着力推进资源、金融、土地等要素体制改革，避免政府主导经济增长和结构调整方式，促进土地、资本等资源要素市场化流转，打破城乡二元制度藩篱，建立有利于产业升级的微观环境。着力优化经济社会发展投资环境、破除阻碍变革发展的羁绊，打破行业垄断和利益集团约束，合理界定政府与市场的边界，坚持市场化改革取向，强化民营产权、知识产权和环境保护，激发小微企业活力。着力推进公共服务主导型政府建设，创新政府治理模式，侧重加大教育、医疗和社会基础设施投入，注重工人权益保护和社会保障，促进"农民工市民化"和外来人口本地化，以新型城市化助推新型工业化、农业现代化。

---

① 这在绍兴县（现柯桥区）、义乌市等传统经济强县表现比较明显，传统产业集群不断转型升级。

第七章

推进民间投资和产业升级需减少管制

推进投资增长和产业升级，开启浙江现代化建设强大的引擎、创新驱动经济发展，形成新一轮的制度红利和劳动生产率红利，当前迫切需要大胆尝试改革。重点是逐步解决垄断和非制造领域的规则、起点、竞争不公平问题，减少管制激活民间投资，激发社会创造活力，解决投资和内生性增长动力不足问题。

第一节 历史惊人地相似

20 世纪七八十年代即改革开放前夕，在社会生产力被久已抑制、经济发展停滞落后、中国向何处去的十字路口，全国掀起了一场思想解放大讨论。邓小平等中央领导集体在尊重经济规律、尊重市场、尊重群众首创精神的基础上，充分调研、解放思想、实事求是，通过重新界定农村产权界限（即包产到户），建立经济特区鼓励放宽外商投资，改革经济财税体制，推动"价格闯关"和建立社会主义市场经济体制等一系列举措，大胆果断实行改革开放政策。[①] 这些政策充分发挥出每一个社会成员和地方基层组织的积极性，激发出社会创造活力，科技飞速进步，社会生产力快速发展，从而找到了一条具有中国特色的社会主义道路，并为 21 世纪中国伟大复兴奠定了基石。

十字路口，浙江率先选择了正确的发展道路。改革开放前夕，原本民间投资处处受限、管制规制过多、经济发展相对落后的浙江，在

---

① 周其仁：《邓小平做对了什么？》，网易财经（http://money.163.com/），2008 年 12 月。

国家逐步放开农业领域继而轻工领域、流通领域、建筑领域投资等政策鼓励下，大胆改革发挥自身比较优势，包产到户积极发展农业和轻工业，焕发出自身巨大活力与潜力。改革初期浙江地区生产总值、投资、工业、人均收入等指标翻两番仅用了八年时间（计划20年），人均GDP、工业产值从1978年的第16位和第15位，双双跃居至1997年的全国第4位，之后一直保持十余年之久，城乡居民人均收入长期位居全国前列；浙江经济尤其是民营经济率先全国各地发展，全国百强县、百强民营企业数量居首，浙江模式一时令人瞩目。

闲云潭影、物换星移。2008年之后形势发生了很大变化。浙江先发优势已荡然无存，经济增长已明显落后其他省市，增速连续5年（2008—2012年）排全国倒数后五位，人均GDP、工业增加值相继被江苏、河南等地超越，与广东、山东等地投资规模差距不断拉大，"标兵远去、追兵已近"。2012年，浙江民间投资规模、增长速度和占比，均低于苏、鲁，且已被豫、鄂、湘等中西部省份反超。究其原因，浙江经济发展的最大法宝——民间投资活力、创造力不足，产业转型升级滞后，浙江差不多回到了30年前的原点位置。

历史惊人相似。改革开放三十多年后，我们又一次站在了一个十字路口，面临着同样的抉择。我们知道，民间投资是产业升级和创新驱动经济社会发展的绝对主体，民间投资占浙江全社会投资比重改革开放以来一直保持在50%以上。与政府投资相比，民间资本天然具有高效率、高风险担当、较高创新性，在促进社会进步和文化繁荣方面也历来卓有成效。正是三十多年前浙江率先改革激发社会民间活力，激发民间投资活力，才形成了浙江领先风骚二十年的局面。三十多年前的民间投资制约、各种管制规制过多、行业垄断、干预过度等问题，再次摆在了浙江面前。

第二节　民间投资受限受阻现象仍然普遍

给点阳光就灿烂，有点雨露就苗壮。这是过去相当长一段时间浙江民间积极投资发展经济的最好写照。然而，尽管国务院一再出台鼓励民间投资的政策意见①，但行业垄断和投资管制等，导致的机会不公平、规则不公平、起点不公平、信息不对称等问题，尤其是能源、电信、电力、金融、市政公用事业、教育医疗、文化养老、科技创新等非制造领域和垄断领域，在很大程度上制约了浙江民间投资。② 很多时候，浙江民间投资受限受阻现象较为严重。

一是民间投资遭遇隐性准入制约，"大门打开小门没开"。实地调研发现，比如原电监会出台政策鼓励民间资本在进入风能、太阳能、地热能等可再生能源新兴领域，但许可准入条件放宽到何种程度以及如何完善、何时完善却仍然模糊，民企不敢贸然进入也无法有效进入，政策无法落地。再比如，银监会允许地方小额贷款公司按规定改制设立村镇银行，但实际上村镇银行设立的前置条件是最大股东或唯一股东必须是银行机构，小贷公司转制村镇银行有依据但无法操作无法实现，与以往民资不允许办金融相比，金融大门是开了但里面各道小门没开。这在全国其他地方也较为常见。③

二是民间投资遭遇实际规制制约，"入门后遭遇铁丝网"。在金华、义乌、东阳等民营企业实地调查，企业主纷纷指出国家不少部委提出促进各行业民间投资的相关政策，但如何付诸实施仍较为困难或实际操作有诸多制约。比如，国家提出不得限制各类民办医院自主配备大型医用设备，但实际上民办医院购买核磁共振等高端医疗设备，需要审批且难以获得通过，无形中捆住了民办医院发展手脚，也使得当下医疗资源紧缺、医患关系紧张和看病难看病贵。再比如，民政部鼓励"将民间资本举办养老机构纳入土地利用规划或年度计划，符合

---

① 比如国务院的"新老36条"，及其后来的实施细则等，《国务院关于鼓励支持和引导个体私营等非公有制经济发展的若干意见》2005年，《国务院关于鼓励和引导民间投资健康发展的若干意见》2010年，《国务院办公厅关于鼓励和引导民间投资健康发展重点工作分工的通知》2010年等。

② 省发改委课题组：《贯彻民间投资新36条实施细则加快促进浙江民间投资的思路和对策》，《改革与发展研究》2013年第6期。

③ 张磊：《新36条实施细则全部出台、民资破垄断切忌纸上谈兵》，2012年8月，新浪财经网（http：//finance.sina.com.cn/）。

条件的按照土地划拨目录依法划拨"，但事实上民资进入养老产业领域举办养老院、养老产业园区、养老社区等，根本无法获得土地划拨甚至出让方式支持，地方的理由是土地紧张。

三是民间投资遭遇源头垄断制约，"入门后遭遇陷阱"。在温台等民营经济较为发达的地区调研显示，虽国家鼓励基础产业、金融服务等垄断领域向当地民资开放，但事实上壁垒未有效破除、民企进入后发觉浑水太深。比如，电监会提出保障可再生能源公平无歧视接入电网，但一家民企投资太阳能发电后，发现并网发电必须经央企同意，实际运行存在较大困难。比如，国家政策鼓励民间资本进入金融垄断领域，举办小额贷款公司，但实际上由于金融牌照数量限制只有极少数上市企业才允许举办。再比如，民营加油站遭遇上游中石油等油品源头垄断，一旦发生"油荒"往往被率先"断粮"，让企业感觉非常难受、蹑手蹑脚。

四是民间投资遭遇难以保护制约，"未进市场先遭遇侵权""赢了官司赢不了市场"。这在湖州、嘉兴等地的调研尤其突出。整个社会缺少保护科技成果产权和创新的积极氛围，地方政府一方面存在缺位失位，另一方面也是心有余而力不足。比如，一家海宁包装企业设计研发出一款新产品，由于企业人员流动，该产品未上市即遭同行侵权仿造。再比如，东阳横店文化影视城一位负责人反映，影视市场不规范，影视制作编剧处于弱势地位，基本没有相应的信用保障和产权保护体系，编剧的知识产权很容易遭遇侵权，即使打赢了官司也往往遭遇执行难问题。

以上种种民间投资发展的限制，产生了一个意想不到的后果。众所周知，产业升级一般遵循劳动密集型—资金密集型—知识技术密集型的路径。由于其他产业投资受阻，浙江房地产 1 个行业吸引了最大量的民间资本，固定资产投资超过了有 30 个大类行业的制造业投资总额，发展成为浙江经济的主导产业。这不仅把浙江想要推动产业升级的努力引入到一个不可持续甚至是危险的方向上，也制造了大量信贷、土地财政和虚拟经济，装备制造、教育医疗、科技创新、生产性服务业等技术知识密集型产业缺少投资而发展较慢。

第三节　减少管制推进产业升级和创新驱动

当前过多的垄断、竞争不公和政策管制等，已严重影响到了产业投资和转型升级。浙江应大胆改革创新，中央及国务院各部委应充分简政放权，上下联动，进一步厘清政府与市场、政府与社会、政府与企业的边界，激发社会创造活力。在民间投资这个问题上，上等下、下等上、中央等地方创新、地方等中央精神，"不如甩开膀子先干起来"，完全可以先行先试，激活社会投资，稳定经济增长，并提供有益的经验借鉴。

一是顺时应势，支持民间资本进入意愿强烈、国家层面有突破空间、符合转型升级方向的行业和领域。即重点是在金融服务、城市建设、科技创新和新兴产业等领域，放宽准入限制、创新服务方式，清除"铁丝网"，敲碎"玻璃门"，移走"弹簧门"，鼓励民间投资发展并力争取得较快成效。[1] 比如，支持民间资本在基础产业和基础设施领域投资，重点推进民间资本参与都市圈城际铁路（城市轨道）、高速公路、机场港口、电力能源、低丘缓坡开发、通信业务转售等领域，以及教育、医疗、文化、养老等社会事业领域，力争先行先试。

二是清理规范，积极确立民间投资的主体地位，清理修改制约民间投资发展的规章制度。即加快推进行政审批制度改革，制定同等对待民间投资主体的政策法规，着力推进经济社会事业领域主体"去行政化"，明确界定政府投资范围，避免政府投资对于民间投资的"挤出"效应。比如，积极打破电力石油天然气、市政公用事业、交通运输等行业的源头垄断，以地方性法规和政策，明令垄断行业的关联产业、增值服务、配套供应、设备采购、服务购买等，必须高度透明面向全社会放开，鼓励民间投资进入。

三是简政放权，不断改革创新体制机制，大力推进审批制度改革

---

[1]　省发改委课题组：《贯彻民间投资新 36 条实施细则加快促进浙江民间投资的思路和对策》，《改革与发展研究》2013 年第 6 期。

和提速增效。即通过削减一批审批权限、取消一批资格认定、打破一批行业垄断,降低创业创新门槛,推进企业工商登记制度改革,在工商登记、经营许可、就业证书、消评、环评、雷评、能评、安评等方面简化资格认定,鼓励民间资本进入各个领域。比如,抓住国家简政放权机遇,争取国务院和各部委向浙江下放一批行政审批权限,同时积极由省向市县下放一批省级部门审批权,真放权、放实权,争取下放削减省级行政审批事项一半以上,激发各地自主发展活力。

四是积极有为,树立民间资本推动科技创新的主体地位,推进创新驱动战略和产业升级。即牢记民间资本天然具有高风险担当、追求高收益回报这一规律,注重发挥市场导向、企业主体、政府引导作用,更加注重对知识产权的保护和合理利用,鼓励民间投资培育一批科技型企业、一批新产品和技术专利、一批新兴产业,大力发展创新型经济。比如,积极推进民营企业参与重大科研项目、建设科研机构,争取更多的浙商民企牵头或与中科院、中国工程院、中关村、清华大学等,以及浙江省内浙江大学、浙江工业大学、清华长三角研究院等高校和科研院所联合,承担国家或省级重大科技专项,加强科技成果转移转化,并强化知识产权的托管、协议与保护。

第八章

加快促进新时期浙江民间投资发展

浙江最大的优势是民营经济活力强、民间投资活跃。然而 2007 年以来，浙江民间投资增长相对性放慢。一方面，民间投资与广东、江苏等地差距不断拉大，民间投资活力不足；另一方面，基层和企业强烈反映民间投资存在较多障碍，政府干预、竞争不公和行业垄断等显得过多过深。抓住党的十八大以来形成的全面改革发展机遇，着力突破、突出重点，加快促进新时期浙江民间投资升级，继续推动浙江经济较好较快地发展。

第一节 民间投资现状与难题

民间投资是浙江经济投资的主体。与其他省市不同，改革开放以来，浙江民间投资占全社会固定资产投资始终保持在 50% 以上，高于政府投资和外商投资比重，一直是投资发展的主体。2012 年，浙江民间投资首次突破 1 万亿元，占限上固定资产投资额比重达61.9%，呈逐年递增趋势。2012 年，扣除房地产的民间实体经济投资比重比 2011 年上升 1.4 个百分点，扣除房地产的民间服务业领域投资比 2011 年上升 15.8 个百分点，民间投资理性不断增强。同时，投资领域日益多元，民间投资不断向基础设施、市政、教育医疗等领域拓展，带动浙商回归创业投资累计近万亿元。

民间投资开始落后于江苏、山东等地。多年来，浙江民间投资总量和增长，一直比江苏、山东等兄弟省市活跃。然而这一情况已经发生很大变化，"十一五"实体经济投资贡献率不断下降。[①] 到了 2012 年，全国民间投资比上年增长 24.8%，占固定资产投资比重的 61.4%，山东这两项数据分别为 23.3% 和 80.4%，江苏分别为 22.6% 和 67.1%，两省仅工业领域的民间投资就过万亿，无论是数量还是占比，均远高于浙江。浙江民间投资增长仍低于全国平均水平，占比略高于全国。而且，浙江民间投资及其增长速度，与各地相比先发优势逐步缩小，且已被苏鲁，甚至豫鄂等地反超。

民间投资发展遇到诸多障碍难题。首先，行业壁垒很难打破，源头竞争不公平。比如，电力、通信、文化广播等领域，国资进入早、行业熟识度高、倾向性扶持政策多，民资难与其抗衡；与公办医院相比，民办医院获取土地、信贷等存在相当大的难度，民间投资积极性可想而知。[②] 其次，审批烦琐耗时，中介环节垄断低效。比如，审批事项清理不到位，审批流程烦琐，有的项目前期审批耗时一年多仍未完成；消评、环评、能评、安评、雷评等中介机构处于垄断服务地位，投资交易成本过高。[③] 最后，民资容易受歧视，退出机制缺失。比如，民间投资参与机场、港口等国有大型基础设施建设运营，但实际在经营方式和利润分配等方面鲜有发言权，并且缺少正常的退出保障机制，地位较低。[④] 另外，众所周知民营企业尤其是中小企业投资，一直存在项目落地难、融资难、贷款难等普遍性问题，要素资源多向国有倾斜。

第二节   新时期鼓励民间投资的五大突破口

民间投资难和不愿意投资，浙江经济社会发展就会逐渐缺乏活

---

① 《加大实体经济投资、促进转型升级的对策建议》，省发改委投资处内部报告，2012 年 11 月。

② 《贯彻民间投资新 36 条实施细则加快促进浙江民间投资的思路和对策》，省发改委课题组内部报告，2013 年 6 月。

③ 同上。

④ 同上。

力。政府要像改革开放初期一样，大胆突破各种条条框框束缚，全力支持民间创业创新；企业也要像改革开放初期一样，大胆试，大胆闯，积极利用政策机遇，着力全方位的投资突破。

——制度层面突破。即着力推进经济社会事业领域主体"去行政化"、行业"去垄断化"、经营"去国有化"、补贴"去隐形化"和利益"去地方化"①，明确界定政府投资范围，消除政府投资对于民间投资的"挤出"效应，积极拓宽民间投资的领域和范围。一是社会领域制度突破，打破行政束缚，弱化行政级别，强化民办事业单位的法人主体地位，在土地、贷款等方面与公办同等对待，参照公办标准实施民办社会事业机构人员的职称评聘、社会保险、住房公积金、退休办理等规定，推进事业单位技术人员由身份管理向资格管理转变。二是垄断行业制度突破，打破电力石油天然气、市政公用事业、交通运输等行业的源头垄断，以地方性法规和政策，明令垄断行业的关联产业、增值服务、配套供应、设备采购、服务购买等，必须高度透明面向全社会放开。三是公共服务制度突破，透明化公共服务的政策体系，给予民间公益性机构以同等政策待遇；透明化国有公共服务机构的补贴，以相当于给予国有公共服务机构的补贴来购买民间公共服务；透明化公共资源型项目投资，鼓励民间资本在同等条件下以竞争方式取得项目经营主体资格。四是区域联动制度突破，允许和支持民间教育、卫生等社会事业跨地区发展，允许和支持民间投资的基础设施等项目，跨地区延伸拓展，不允许任何形式的地方保护。

——投资重点突破。重点在金融服务、基础设施和基础产业、市政公用设施和社会事业、自主创新和转型升级等四大领域进行突破，放宽准入限制、创新服务方式。一是金融领域突破，创新民间资本参与地方金融发展体制机制，拓展民间金融机构产品，优化提升民间金融机构的经营方式，活跃地方金融体系，促进民间金融机构稳健经营发展。二是基础设施领域突破，重点推进民间资本参与都市圈城际铁

----

① 省发改委课题组：《贯彻民间投资新 36 条实施细则加快促进浙江民间投资的思路和对策》，《改革与发展研究》2013 年第 6 期。

路（城市轨道）、高速公路、机场港口、电力能源、低丘缓坡开发、通信业务转售等基础设施和基础产业领域，力争先行先试取得更多成效。三是公用事业领域突破，重点支持民间资本进入城市供水电气、城市道路、排水防洪、城市照明等市政公用事业领域，以及教育、医疗、文化、养老、旅游等社会事业领域。四是自主创新领域突破，支持和推进民间资本投资创办发展科技研发机构，促进民间资本与高校和国有科研机构的多形式合作，强化知识产权保护，政府资助科研项目与公办科研机构一视同仁。

——投资载体突破。重点是产业集聚区、开发区（园区）、小城市中心镇、服务业集聚示范区、现代农业综合区、低丘缓坡开发利用、城铁及沿线土地整体开发等①，加大相关配套政策和扶持力度，促进民间投资发展。一是战略平台突破，在海洋经济发展示范、舟山群岛新区等国家战略层面平台，以及杭州大江东产业集聚区等大产业区实现突破，搭建民间投资和重大项目对接平台，搭建民企与央企合作平台，加快向民资招商推介一批重大项目，引导民资进入共同谋划开发建设大业。二是区域平台突破，在服务业集聚示范区、现代农业综合区、小城市和中心镇②，进一步强化民间的主体性投资地位，鼓励民间资本参与城镇化建设、农田水利开发、创业创新建设等，加强规划引导，加强要素保障，加强服务支撑，制定完善用地、资金、人才、技术等方面扶持政策。三是关键环节突破，研究制定土地确权及宅基地入市流转政策，研究制定市政公用设施包括收费年限、合理回报等相关配套政策，以及民资参与城际轨道交通建设的土地综合开发利用、财政税收和融资贴息等扶持政策。

---

① 日本国有铁路和城市轨道交通等沿线土地整体开发模式较为成功。日本 1989 年发布实施并多次修正的《大都市地区宅地开发与铁路建设的特别管理法》（《大都市地域における宅地開発及び鉄道整備の一体の推進に関する特別措置法》平成元年 6 月 28 日法律第六十一号）提出的做法，可供学习借鉴。

② 2010 年浙江省委省政府作出了开展小城市培育试点的重大战略决策，在全省 200 个省级中心镇选择 27 个镇开展小城市三年行动计划培育试点；2013 年第二轮又追加了 16 个中心镇培育试点。

——投资方式突破。鼓励采用股权认购、特许经营、政府采购、PPP、BT、BOT、IOT 等多种方式[①]，引导民间投资提高参与基础设施、基础产业和社会事业等的力度，降低国有资本比例，着力提升民间投资比例和参与范围。一是民间参股突破，重点在城市交通、教育医疗等社会领域，采用股权认购、购买政府债券、PPP（国有民办或公私合营）等方式，扩大民间资本参与范围，合理降低国有资本比例和融资风险，提高项目建设效率和公共服务质量。二是政府购买突破，重点在公用事业、文化旅游等领域，采用政府采购、特许经营等方式，鼓励民间资本直接或间接参与公用设施建设运营，扩大和提高地方政府对民间投资所生产商品、工程和服务的采购范围和比例。三是运作方式突破，重点在市政公用设施和交通运输领域，采用 BT（建设—移交）、BOT（建设—运营—移交）、PPP 公私合营等方式，鼓励民间资本帮助解决项目资金筹措难等问题，加快推进项目建设。

——政府操作突破。通过新设一批试点、新增一批推介项目、下放一批审批权限、取消一批资格认定、打破一批行业垄断，推出面向民间资本推介招商重大项目，建立民间投资重大项目"绿色通道"。一是争取新的试点，在金融、航空、文化、农田水利、教育医疗、交通、土地利用、电信、电力等领域设立一批民间投资试点，并争取成为国家试点。二是下放审批权限，抓住国家简政放权机遇，争取各部委向浙江下放一批部级审批权，同时积极由省向市县下放一批省级部门审批权，真放权、放实权，下放削减行政审批事项。三是降低创业门槛，推进企业工商登记制度改革，在工商登记、经营许可、就业证书、消评、环评、雷评、能评、安评等方面，简化取消妨碍民间就业创业资质的资格认定。

---

① 于国安、杨建基：《基础设施特许经营中特许权转让有关问题研究》，《经济与管理》2009 年第 6 期；何伯洲：《中国城市基础设施投融资方式研究》，2002—2003 年科研课题报告等资料。

第三节　新时期鼓励放开民间投资的重点领域

——金融服务领域。简化行政许可事项，推出配套政策，支持民间资本与其他资本按同等条件进入银行业，鼓励民间资本参股证券期货经营机构，鼓励民间资本进入保险领域，大力支持民营保险企业发展，促进民营企业融资。一是鼓励民营企业通过发起设立、认购新股、受让股权、并购重组等多种方式投资金融业。以民间资本为主体，争取新增城市商业银行、村镇银行、专业性保险公司等类型的一批民资金融牌照。[①] 二是推动实力较强的小贷公司改制设立村镇银行，在丽衢两地新增设立城市商业银行试点，民营股东单一持股比例提高至 20% 以上。三是完善温州金融改革试验区做法并推向浙江，支持各县市设立民间资本管理公司、民间借贷服务中心。四是支持民营企业发行上市和再融资、债权融资，提高直接融资比重。五是扩大中小企业私募债试点规模，建设区域性场外交易市场，积极打造中小企业金融服务中心、民间财富管理中心。

——民办教育领域。着重创新完善民办教育分类、收费、融资等相关制度，清理并纠正对民办学校的各类歧视政策，制定落实各项同等待遇政策，鼓励和引导民间资金以多种方式进入教育领域，促进教育公平和均衡化。一是支持民资通过独资、合资、股份、合作等多种方式办学，浙江推出重点教育项目窗口，探索实施公办民助、民办公助、委托管理等办学形式。二是按照营利和非营利性质制定民办教育分类管理细则，并就财政支持、税费优惠、土地政策、产权管理制定配套文件，形成具有区分度的政策体系。三是制定民办学校使用收费权、办学权、知识产权等质押贷款融资政策。在温州、台州、金华等地区率先成立教育投资集团和担保公司。四是制定事业法人民办学校提取办学结余作为合理回报的相关细则。五是建立政府向事业单位法人民办学校购买服务的经费投入制度。

---

① 不包括小贷公司、农村资金互助社等小型金融机构。

——民办医疗领域。积极探索多元化办医格局，放宽社会资本举办医疗机构准入范围，新增医疗资源优先考虑民资，创新完善非公立医疗机构运行的回报、退出等相关机制，从土地、税收、用人、学术等多方面进一步改善社会资本办医执业环境。一是在浙江范围内推出一批重点公立医院改制项目，支持民间资本以合资合作、收购兼并、融资租赁等方式参与改制重组。二是可以在浙江省老年医疗中心、浙一医院余杭院区等有条件的重点医疗卫生项目中选取试点，推进公办民营的办医模式。三是根据区域卫生规划、办医条件和相应资质，从现有民办医疗机构中筛选一批给予重点扶持，分三年进行增资、扩容、提质工程，按照企业法人和事业法人制定明确的区分化的土地、税收优惠政策。四是建立医师合理流动机制，清理消除医师多点执业的限制政策。允许民办医院按服务水准和质量实施差异化收费制度，增强民办医疗机构名医培养和巩固的激励机制。五是制定民办医疗机构使用收费权、专利和商标等知识产权质押融资政策，制定使用医疗设备等自有资产为自身债务提供担保的相关政策，制定民办医院与公立医院一视同仁的医保定点实施办法。

——养老产业领域。支持民间资本以多种形式参与基本养老服务、居家和社区养老服务，鼓励民间资本建立养老院、养老社区、养老产业园区等养老机构和服务设施，细化和落实相关政策，争取在社会化养老事业产业方面走在全国前列。一是从省民政康复中心异地扩建、省七里坪康养福利中心等重点养老服务项目中选取一批试点项目，面向社会公开招标，通过公办民营、联营、合资、合作等方式，由民资运营和管理。二是在浙江范围内筛选民资养老机构，实施三年重点扶持试点，推动形成一批具有较高资质、较好品牌度和口碑度的民资养老机构。三是率先在杭州、嘉兴等地探索推进医养结合的社会化养老新模式，制定医养结合养老机构批准为医疗机构的相关准入条件，并纳入医保定点范围。四是细化民资举办养老产业用地性质和获取土地方式的相关政策，符合条件的用地需求，按照划拨目录依法划拨。五是制定省、市、县各级民政部门以政府购买服务方式，支持民资养老机构承担孤老优抚对象等困难老人养老服务的相关政策。

——交通运输领域。鼓励引导民间资本进入交通基础设施、交通运输服务、运输新兴业务，鼓励民间资本以多种投资方式参与城市轨道、民用航空机场等交通运输建设发展，积极进入城轨、航空资源利用等领域，建立完善民间资本退出机制。一是加快民间资本以 BT、BOT、BLT、PPP 等方式，参与港口码头、航道、物流园区、运输站场等的建设、运营与管理，加大民资参与节能减排和绿色交通建设力度。二是支持民间资本择机以控股方式进入 11 个地市城市公共交通和农村客运等公共事业领域，改革完善出租车等特许经营制度。三是支持浙商以参股、控股、股权收购等方式新设投资民航企业，支持民资以控股方式建设东阳、丽水、舟山等民用机场，积极发展航空产业。四是研究制定建设营运亏损补贴等扶持政策，加快浙商进入城市铁路、企业专用线、港口支线和城市群或都市圈城际铁路等领域，试点铁路及沿线土地整体开发；设立并扩大浙江铁路产业投资基金规模，提高民间资本股权比例①。

——电信电力领域。打破和弱化电信电力行业垄断，推动浙江加快"三网融合""两化融合""智慧浙江"建设，全面提升信息通信服务水平。强化电力建设市场监管，积极促进电力建设市场开放，支持民间资本进入电力设备采购和供应等领域。一是放开民间资本进入移动通信转售业务，鼓励具有一定实力、与通信业务相关的浙商，争取全国首批虚拟运营牌照，差异化经营和发展，积极促进浙江电信服务提升和资费水平逐步下降。二是放开民间资本开展增值电信业务，增加 IDC 和 ISP 业务经营许可证数量，鼓励浙商积极参与通信基础设施、通信建设项目等招标和外包服务。三是加快开放电力勘察设计、施工、咨询及物资设备采供等市场，支持民营企业进入电力工程建设及物资储备的生产供应等领域。四是积极推进大用户直购电交易，加大对民间资本建设中国核电城扶持力度，支持符合条件的民营企业取

---

① 2014 年浙江省部署了铁路建设"八八计划"，争取四年内开工建设 16 个铁路项目；省发改委建议以金台铁路为示范设立铁路产业基金，采取 PPP 投融资方式建设，朝公私合营方向迈出重大一步。

得核安全许可证和核电合格供应商资格。

——城市建设领域。开放市政公用事业投资、建设和运营市场，完善价格和财政补贴机制，加强财税、土地等政策扶持，完善信息公开制度，鼓励民间资本以多种方式参与市政公用设施建设和运营，允许民间资本跨县市、跨行业投资城市建设事业。一是加快完善设区市市政公用事业特许经营管理条例，确保政府投入，合理设置投资回报周期，重点鼓励民间资本进入城镇垃圾处理、供气供热等领域。二是通过合同管理模式、分段管理模式、特许经营模式等政府购买服务方式，鼓励民间资本参与城市供水、环卫保洁、园林绿化等市政公用设施建设运营。三是研究采取补助、贴息或税收优惠等形式，加大民间资本以 BT、BOT、PPP 等方式，参与城市污水处理、道路、桥梁等交通基础设施建设力度，引导民间资本进入微利和非营利市政公用设施领域。四是通过参与企业改制重组、股权认购等方式，推动各地民间资本进入市政公用事业领域，积极推进"股权民营化"。

——农田水土及矿业领域。按照"谁投资、谁所有"的原则，鼓励民间资本参与农田水利、水土保持工程建设，鼓励、支持和引导民间资本进入土地整治、低丘缓坡开发利用领域，鼓励和支持浙商参与非常规油气资源勘查开采。一是完善财政补助、财政贴息、以物代资、以奖代补、先建后补等扶持政策，支持民间资本参与粮食生产功能区、现代农业园区、专业合作社、现代农场建设和土地整治。二是探索项目代建制管理模式，引导民间资本以 BT、IOT 等方式参与水利工程建设，促进社会化投资。三是实行水利工程管理与养护分离，健全市场准入和退出机制，积极引导民间资本设立水利工程维修养护企业，促进专业化管理。四是加快民间投资主体以市场交易、合资合作等方式盘活利用国有建设土地，依法合规用于经营性开发或转让。五是引导民间资本有序进入土地和矿业权市场，支持浙商与有色金属局合作积极获得探矿权，依法开展页岩气勘察开发利用。

——文化旅游领域。鼓励民间资本进入文化服务体系、文化产业及旅游业发展，逐步消除民间资本进入文化领域的制度性障碍，推进旅游业全方位开放，强化政策调节和公共服务，打造公平竞争的良好环境，形成科学合理的运作机制。一是从浙江公共文化设施建设工程、历史文化名镇、名村、街区保护工程、基层群众体育设施建设等系列重大项目中各选取项目试点，鼓励民资以招投标方式参与建设和提供服务。二是选取温州、台州等民资充裕地区的小城市试点镇，开展民资投入和参与小城市文化体育设施、旅游基础设施建设试点，制定项目补贴、定向资助、贷款贴息具体政策。三是在东阳横店等地率先开展文化产业知识产权评估评价试点，争取引入或新建知识产权评价和担保机构，鼓励银行推出针对文化产业的知识产权质押贷款业务，打通软文化产业融资渠道。四是进一步整合简化涉及民资进入文化领域和民间旅游投资管理的行政审批事项、清理和规范涉企收费，切实减轻企业负担。

第三编 台韩经验及启示

　　我国台湾地区以及韩国等东亚地区，在工业化同一时期也遇到过类似问题。在发挥市场配置资源的决定性作用基础上，积极发挥政府引导作用，产业界和政府通过推动产业转移、淘汰落后和过剩产能、鼓励创造性破坏等举措，提高行业劳动生产率，转变出口导向型的粗放经济增长方式，推进产业转型升级。

第九章

台湾经济转型升级对浙江的启示

从历史上看，只有少数出口导向型的亚洲地区实现了经济转型和结构调整，成功跨越"中等收入陷阱"[①]，比如20世纪60年代的日本、90年代的"亚洲四小龙"等。尤其是当年以劳动密集型制造业和出口见长的台湾地区，在新台币对美元持续升值的不利背景条件下(1985—1995年)，成功应对出口贡献率下降、劳动密集型制造业竞争力弱化和经济社会转型阵痛，大力发展资本技术密集型产业和高技术产业，最终实现产业结构优化、技术升级和收入持续增长，一举迈入高收入地区行列。

国际金融危机以来，在世界经济不确定性和消费需求疲弱长期存在，以及人民币对美元等世界主要货币持续升值的约束下，以出口导向为典型特征的大陆东部沿海地区，经济增长显著减速。如何在工业化关键时期，突破粗放的低端出口导向发展型式的束缚，将发达国家经济低迷与人民币升值转化为经济结构调整机遇，避免"中等收入陷阱"的纠缠，加快东部沿海地区率先转变发展方式，引领大陆经济社会结构优化升级，台湾地区在工业化中后期的转型升级经验，值得学习借鉴。

第一节　与大陆沿海地区的可比性

台湾地区与大陆东部沪苏浙闽等沿海地区同处太平洋沿岸，隔海相望，历史文化、社会习俗多有相似之处。尤其在工业化中期向后期

---

① 安宇宏：《中等收入陷阱》，《宏观经济管理》2010年第1期。

转型的经济发展路径、产业结构优化调整等关键方面，浙江等东部沿海地区与台湾地区 80 年代中后期发展经历，具有较强的可比性。

一是工业化发展阶段进程类似。20 世纪 80 年代中后期，台湾地区工业占 GDP 比重处于历史高位阶段（平均为 45%，最高达 47.1%），工业化程度达到一个较高水准，工业就业比重高于服务业就业比重。之后的数十年产业结构呈现出工业化中后期阶段特征，以食品纺织等轻工业为主的结构，逐渐向重化工业乃至技术密集型为主的产业结构过渡，工业比重逐步下降，服务业重要性日渐凸显，人均国民收入水平亦大幅增长至 1995 年的 13000 美元左右。2010 年，沪苏浙闽鲁粤等六省市工业比重平均 45%，相比 2005 年下降了约 2.7 个百分点，工业内部重化工业比重不断上升，正处于工业化中期向后期转型发展阶段。

二是出口导向型经济发展模式较为类似。大陆东部沿海地区与台湾地区，两者具有东亚经济增长典型的路径特征——出口导向推动区域经济增长。20 世纪 80 年代中期，台湾地区出口对 GDP 比例高达 50%，贸易盈余占 GDP 的比例最高曾达到 19%。2010 年，广东、浙江、江苏出口对 GDP 比例分别为 69.6%、50.0% 和 46.6%，贸易盈余占 GDP 的比例浙江高达惊人的 27%，广东、江苏分别为 15.0% 和 10.6%，出口加工能力较强、外贸依存度较高，经济发展较为依赖劳动资源密集型产业，这与当年的台湾地区非常类似。

三是面临同样的货币持续升值压力。由于经济实力增强和外汇储备增加，80 年代中期新台币对美元开始升值，幅度从 39.8 : 1 持续升至 1995 年的 27.3 : 1。10 年内升值幅度累计高达 31%，年均升值约 3 个百分点。货币升值使得台湾当局开始积极推动海外投资，大幅放宽对外投资限制，以消散货币升值压力并借机拓展海外市场步伐等。这也与当前大陆整体背景非常相似。2011 年我国外汇储备超 3 万亿美元，经济总量占 20 世纪第二的宝座，自 2005 年汇改以来人民币对美元升值幅度已达 20%，东部沿海地区对外投资亦迅猛增长。

四是同样面临劳动力密集型产业优势丧失和经济转型的关键问题。20 世纪 80 年代后期，随着货币升值、地价与劳动力成本要素普遍上涨，导致台湾地区劳动密集型产业产能出现过剩和效率低下，并受困于产业"空心化"和低端化等问题。当前，随着大陆尤其是东部沿海地区老龄化步伐加快，劳动力成本上升、"刘易斯拐点"出现，沪苏浙一带的劳动密集型产能纷纷向安徽、江西等地转移。但是低端产能转移并没有形成新的更有竞争力的产业跟进，经济发展反而呈泡沫化倾向，劳动生产率下降，产业转型升级趋于停滞。

第二节　经济转型升级的台湾经验

一　发展方式转型：净出口导向转向均衡效率型

1985—1995 年，台湾地区贸易盈余比重大幅下降，出口导向发展型式逐渐向均衡增长型式转变，是经济发展的又一个黄金十年。十年间，台湾地区贸易盈余占 GDP 比重从约 20% 下降至 3% 左右，地区生产总值年均增长率 8% 左右，年均名义增长高达 15%；人均 GDP 从 4000 美元提高至 13000 美元，表现好过韩国。经过这十年增长，台湾地区经济社会发展渐趋成熟，历经 1998 年亚洲金融危机和 2008 年世界金融危机的严峻考验，总能化险为夷、基本不出现持续的大幅衰退现象，经济增长的韧性弹性较强。2010—2011 年，台湾地区人均 GDP 超过 20000 美元，跻身全球少数几个人均 GDP 超两万美元大关的经济体。拥有 2300 万人口的台湾地区生产总值，大大高于拥有同样常住人口数量的上海，与拥有约 5500 万人口的浙江相差无几。

在成功降低贸易盈余占经济比重的同时，台湾地区经济发展效率大幅提升。投资与消费所占比重均有所增加，最终消费尤其是居民消费需求有力地推动了区域经济发展，消费增长快于投资增长，经济内生性增长进一步加强，区域经济发展自成一体，发展成果更多地为本岛居民共享。十年间，最终消费占 GDP 比重提升了约 6 个百分点，达到 72%（2010 年大陆为 47.4%），资本形成总额占 GDP 比重提高约 4 个百分点，达到 23%。同时，源于劳动生产率或全要素生产率提升推动的经济增长模式逐渐成形。根据台湾地区相关统计资料，1995

图 9 - 1　1985—1995 年工业化中后期台湾贸易
盈余下降与人均 GDP 增长

资料来源:《台湾统计年鉴》。

年劳动生产率增长对台湾地区经济增长的贡献度达到了 81.3% , 仅
有 18.7% 的贡献度由劳动力就业增长解释;制造业劳动生产率年增
长率从 1985 年的 2.3% 提高至 1995 年的 7.4% 。[①] 经济发展真正实现
了向效率提升为主的又好又快模式转变。

　　虽然贸易盈余占经济比重大幅降低,但并不意味着对外贸易的重
要性下降,事实上反而大大增强了。十年间,进口占台湾地区生产总
值比重提高了 7.3 个百分点,进出口占地区生产总值比重达到
81.1% , 对外贸易对台湾地区经济发展的重要性与日俱增,经济发展
外向性进一步增强,进出口贸易较为平衡。1985—1995 年,台湾地
区外贸依存度平均为 76% 左右,这一比例比浙江 2010 年 63.0% 的外
贸依存度还要高出 13 个百分点。凭借强大的进出口贸易加工能力,
台湾的基础设施建设及其港口物流飞速发展,并确立了贸易在东亚乃
至世界上的重要地位。1995 年台湾地区各港口全年吞吐量达到 4.2
亿吨,是 1985 年的 2.3 倍,高雄港集装箱年吞吐量达到 500 万标箱,
规模曾雄居世界第三。

---

① 《台湾统计年鉴 2002》英文版 (Taiwan Statistical Data Book 2002), Council for Economy Planning and Development, Republic of China。

究其原因，高速且均衡增长的贸易模式形成，与台湾地区及时调整外贸政策、大幅降低关税税率有关。1985—1995 年，台湾地区积极推进外贸税制体制改革，整体关税占总税收比重从 16.9% 逐步下降至 9% 左右。同时出口退税的比例也大幅下调，出口退税额占政府收入比重从 1985 年的 7.1% 左右降至 1995 年的不足 0.5%，甚至可以忽略不计。这使得其进出口贸易发展逐步趋向平衡，出口产品附加值快速提升，本币升值使得进口大量增加，倒逼形成经济结构优化和要素配置更加均衡、合理。反观当前大陆，由于保增长的需要，经济增长仍时不时依赖出口退税政策来支撑，这也大大强化了东部沿海地区对原有劳动密集型出口产业的"路径依赖"，部分导致产业结构调整滞后。

二　经济结构转型：产业与投资结构深刻转换

1985—1995 年，台湾地区经济结构的一个重大变化，是服务业产值和就业比重均大幅增加，服务业逐步成为经济发展的一个主导力量。十年间，台湾地区服务业占经济比重增加了约 12 个百分点达到 60%，年均增加 1 个百分点以上；工业比重下降了 10 个百分点至 36.4%，不包括建筑业的工业比重下降尤其明显（台建筑业统计在工业范畴内）。农业产出比重下降了约两个百分点，但产出接近翻番。十年间，服务业就业人口大幅增长，服务业占就业比重增加了 10 个百分点达到 51% 左右，从业人员增加了约 1500 万人，几乎以一己之力解决了台湾地区全部的劳动力新增就业问题。1988 年，服务业从业人员首次超过第二产业，成为台湾地区产业就业结构变动的一个重大转折。至 1995 年，制造业从业人员绝对数量略有下降，建筑业从业人员增长较快，占全部就业比重达 11.1%；农业就业人员十年减少了约 350 万人，占全部就业比重下降了 7 个百分点仅为 10.5%，低于建筑业就业比重。至此，台湾地区就业结构也基本实现了转型升级。

工业结构不断优化升级。虽然当期工业增长总体低于 GDP 增速，制造业产出占经济比重逐步下降，但工业质量和生产效率大幅提升，工业产值与增加值均实现翻番，结构变迁呈现出三个特征。一是资本

图 9-2　1985—1995 年工业化中后期台湾服务业比重与人均 GDP 增长

资料来源：《台湾统计年鉴》。

技术密集型产业占据主导地位，技术设备升级较快、人均产出大幅增长，工业结构完成向资本技术密集型、高技术型转变，电脑、电子产品制造代替食品纺织成为主导行业。二是轻工业比重大幅下降。十年间，轻工业增长速度不及重工业的一半，食品、饮料、烟草等七个轻工行业占工业比重累计下降了约 15 个百分点，机械电子等八个重工行业占工业比重上升了约 17 个百分点，服装、皮革、木制品等由于产业对外梯度转移而逐步萎缩。三是建筑业比重快速上升。这一时期无论是产出还是就业，由于城市化快速推进，建筑业增长相对制造业较快，建筑业产出占工业比重快速上升。

对外投资迅速增长，逐步成为资本净输出地，有力地推动了产业升级。80 年代后期，由于劳动力成本、土地等要素价格快速上涨和台币持续升值，台湾地区开始放宽对外汇管制、鼓励对外投资，逐步形成资本净流出局面，对外投资占民间投资比率一度高达 1/3。根据厦门大学台湾研究所李非的研究，1988 年台湾地区对外直接投资（ODI）达到 41.2 亿美元，是上一年的 6 倍，加上各类长期资本投资累计高达 70 亿美元，而吸引外商直接投资（FDI）仅为 9.6 亿美元，台湾首次成为大规模的资本净输出地。[①] 其间台湾地区对外投资大体

---

① 李非：《台湾对外投资趋势》，《国际贸易》1994 年第 9 期。

可以分为两个阶段，1990 年之前主要以劳动密集型制造业和金融业对外投资为主，以东南亚国家和美国为主；1990 年之后，以祖国大陆为主要目的地的投资出现井喷，同时资本技术密集型行业和服务业对外投资加快，金融业对外投资占据主导地位。

三　社会结构转型：社会转型与经济转型同步

1985—1995 年，台湾地区社会结构不断优化，实现了与经济转型同步。一是收入分配结构不断优化。十年间台湾地区分配结构演变体现了发展成果共享、增长与均富的特点，初次分配中的劳动者报酬比重达到 51%，最终分配中居民收入在占国民收入 77% 的高位上继续提高了约 4 个百分点，达到 81% 以上。反映贫富差距的基尼系数基本保持在 0.3 以下，收入分配比较平均（反观大陆当前基尼系数超过 0.5）。① 二是人口结构保持较强的生产性。虽然没有实施类似的人口计划生育政策，但随着经济社会发展，台湾地区人口总和生育率开始自动稳定，人口稳步更替和缓慢增加，人口抚养比稳中有降，始终保持着较好的人口结构生产性，没有出现类似于大陆由于人口干预政策形成过早的人口老龄化问题。十年间，台湾地区老龄化率增长了 2.1 个百分点达到 7.6%，进入通常所说的老龄化社会。三是社会阶层结构继续优化。中小企业主、中上层技术人员官僚、企业管理层、专业人士等为主的中等收入群体快速发展，并成为社会主导阶层，对促进社会进步和经济发展起到了重要作用。② 另外，有一个因素也至关重要。20 世纪 80 年代中期台湾开始的政治体制改革，国民党通过引入党外民主竞争机制、打破特许行业垄断、减少腐败等，有力地促进了社会结构优化，并反过来促进了经济运行效率的大幅提升，最终为迈入高收入经济体奠定了坚实基础。③

---

① 孔繁荣：《台湾经济起飞过程中收入分配均衡化的经验及对大陆的启示》，《台湾研究集刊》2011 年第 1 期。

② 陈晓枫：《台湾中产阶级及其外移因素分析》，《亚太经济》2004 年第 6 期。

③ 同上。

　　城市化与工业化互促互进，城乡一元结构逐渐形成。根据台湾地区有关机构及学者研究，按照人口口径，十年内台湾城市化率大约提高了10个百分点，达到80%，大大促进了区域现代化发展。快速的城市化进程，与其产业集聚化和城乡统筹发展政策有较大关系。随着工商业快速发展，台湾在其西北、中、南地区分别形成了三大工商业密集区，产业空间集聚强化了人口集聚，工业化推进城市化，逐步形成北部的台北—桃园—新竹、中部的台中—彰化、南部的台南—高雄三大城市带或三大都会区，台北、台中、高雄发展成为人口200万以上的北中南三座特大型城市[1]。值得注意的是，台湾当局与时俱进出台了一系列推进农村土地产权改革，实现土地宅基地等农民资产可流转、可买卖、可抵押等的政策，大幅提高了农民收入和促进城市化和城乡统筹发展。城市人口不断集聚，城市郊区化、城乡一体化发展显著，大中心城市人口扩散溢出，人口分布渐趋合理，城乡差距不断缩小，一元结构成型。

　　各项社会保障政策及时跟进完善，社会发展日趋成熟。十年间，台当局顺潮流制定完善各类社会政策，促进了经济与社会转型发展协调同步。比如，在人均GDP超过7000美元的1990年前后，大力推行了农村地区医疗、养老保障制度，制定实施《全民健康保险法》，实现养老、医疗保障人口全覆盖，有效增进了社会总福利[2]。再比如，非常重视人力资本积累。制定教育基本法，推动教育改革和教育现代化等，教育投入大幅增长。根据台湾"行政院主计总处"台湾统计年鉴，教育投入占GNP比重从80年代初不足4%增长至1995年的6.6%，最高年份曾达7.0%；15岁及以上人口受过高等教育比重从11%左右大幅提升至18%，90%以上的产业工人受过高中教育，远远高于浙江当前（2010年）教育投入占GDP比重和劳动力平均受教

---

　　[1]　汤韵、梁若冰：《浅析台湾城市人口空间分布模式及其变动趋势》，《学术交流》2010年第5期。

　　[2]　李莲花：《后发地区的医疗保障：韩国与台湾地区的全民医保经验》，《社会保障制度》2009年第4期。

育水平。

同时，通过制定社会慈善、社会津贴和社会救助制度等一系列政策，加强弱势人群保障、老年人保障和社区组织建设等，不断加大对居民的转移支付力度，社会保障日趋全民化和规范化。社会保障投入的大幅增加，反过来促进了消费，形成了最终消费占 GDP 比重不断提升的良性循环局面。1995 年，台湾地区消费率达到 72%，每百户家庭家用汽车拥有量达到 50% 左右。

第三节　对浙江等沿海地区的发展启示

台湾地区用了十年左右时间（1985—1995 年）成功实现经济转型升级、跨越了"中等收入陷阱"，由中等收入跨入高收入经济体行列。究其主要经验有：政府引导及时转变净出口或大量贸易盈余的发展导向；着力提高全要素生产率和劳动生产率；积极促进服务业和技术密集型工业发展；着力以城乡土地流转推动城市化工业化；与时俱进改革完善政经体制、社会管理制度，促进增长与共富，确保发展成果为大众共享等。他山之石，可以攻玉。当前最重要的是，大陆尤其是东部沿海地区如何抓住大国崛起机遇，借鉴台湾地区经验，适应世界经济形势变化，争取利用同样十年左右的时间，切实实现经济社会转型升级。

一是注重进出口贸易均衡型发展。应对人民币汇率弹性增强和出口退税政策等的调整，注重国内消费，注重扩大进口，鼓励企业到中西部和海外投资，实现区域经济贸易均衡发展。对由于出口政策调整引起的东部沿海地区退税地方收入减少部分，积极通过其他方式，比如增加中央对地方财政税收分成比例或加强对地方的一般性转移支付等，进行化解。

二是大力推进经济发展方式转变。当前的粗放型增长方式，高附加值产业发展相对缺失导致人才大量流失，浪费了大量资源能源和受过良好教育等的高素质人才。应积极推进资源要素市场化、政绩考核体制改革、国有垄断行业改革、财税体制改革、教育体制改革等，引导和推动经济发展拐入主要依靠全要素生产率增长、依靠人力资本驱动的增长轨道。

三是努力把握产业结构调整方向。做好规划。以发展资本技术密集型和高附加值产业为导向，鼓励技术密集装备、中高端机电、新能源技术等研发应用，引导劳动密集型产业向中高端技术产业方向发展，推动传统制造业高技术改造和两端延伸。从工业为主转向工业与服务业并重发展，加快打破服务行业垄断，大力发展现代服务业，大幅增加教育医疗培训等的人力资本投入，引导一二产业劳动力进入服务行业，使得服务业成为增长与解决就业的主力军。

四是积极推进城市化和城乡一元化发展。可以预计的是随着城市化持续推进，现有大中城市人口还将继续增长，人口千万左右的特大城市数量继续增加。这就需要切实盘活沿海沿江一带的可利用土地资源，同时明确农民对宅基地、土地的产权拥有，积极推进农村产权改革、耕地土地可流转抵押，增加农村农民可售、可转换资产，加快推进城乡统筹和农民工市民化步伐。

五是促进社会转型与经济转型同步。台湾地区经验表明，社会建设发展、社会结构变迁与经济结构优化密不可分。尤其是要处理好增长与均富的关系，努力形成一个合理的收入分配结构，壮大中等收入群体，是转型升级成功和社会和谐稳定的重要内在力量。未来应切实推进政府职能向公共服务为主转变，加快调整优化国民收入分配结构，缩小贫富差距、城乡差距和区域差距，壮大中间力量，推进经济包容性增长，以形成可持续增长的一个良好环境。

第十章

与韩国制造业劳动生产率比较分析

在与工业化发展相似阶段的韩国（1991 年）比较，2010 年浙江制造业劳动生产率，尽管有更高水平的信息技术和更现代化的制度政策支撑，但 2/3 数量的行业仍明显滞后于韩国工业化同一时期（1991 年）。找出差距，分析原因和对策，着力提升浙江制造业劳动生产率，积极引领全社会劳动生产率增长，促进实体经济继续保持较快增长。

第一节　现状：较大程度落后于 1991 年韩国制造业劳动生产率

一　为什么与1991 年的韩国制造业比较？

同为出口导向型的创造"汉江奇迹"的韩国，历来是浙江经济一个较好的对比和学习对象，尤其是在工业化发展同期水平或同一阶段。数据表明，1991 年的韩国经济社会和工业化水平，与 2010 年浙江有诸多相似之处，这不仅反映在人均收入水平、第一产业就业比重等经济方面，还包括预期寿命、恩格尔系数等政治社会，乃至儒家文化习俗方面。1991 年，韩国实际人均国民收入达到美国的 40% 左右，预期寿命男性 77.5 岁、女性 82 岁，一产从业比重约 16.0%，恩格尔系数为 33% 左右，每千人汽车保有量约 100 辆，这些指标均与 2010 年的浙江相当接近。而且，在地理面积、人口规模等方面，浙江与韩国也处在同一级别，韩国 1991 年有 4300 多万人口，浙江 2010 年有 4700 多万户籍人口和 5400 万常住人口。

严格来讲，劳动生产率是按照增加值计算的。而广义上的劳动生产率计算有增加值法、产值法等计算方法，甚至可以是产量法，比如钢铁企业的劳动生产率按照每人每年多少吨钢计算。[①] 考虑购买力价格因素和数据可获得性，以及制造业是可贸易品部门等因素，劳动生产率计算比较可以选取产值法，即某行业产值与从业人员之比。本书结合国际标准产业分类第二版[②]，根据韩国制造业 21 个类别统计口径调整后，进行产值法的制造业劳动生产率国际比较。其中食品饮料包括食品、饮料、农副食品加工业三个行业；纺织化纤包括化纤业、纺织业两个行业；基本金属包括有色金属、黑色金属业；机械设备包括通用设备、专用设备；其他制造包括文教体育用品、工艺品、废旧回收加工三个行业。同时，韩国 1991 年制造业劳动生产率的美元价格数据，按照世界银行估算的美元年均 2.2% 贬值速度换算成 2010 年美元价格。

二　纺织化纤、基本金属等少数行业大致接近

比较显优劣，比较出真知。分析表明，2010 年浙江制造业劳动生产率，仅为韩国制造业 1991 年的 75% 左右；约 1/3 数量的行业保持同步，2/3 数量的行业存在较大差距。这总体表明了浙江制造业劳动生产率，既滞后于当年韩国制造业效率水平，也滞后于快速工业化过程中应有的发展水平。

与韩国制造业相比，浙江有六类行业（对应我国制造业分类有 10 个行业）劳动生产率与之接近，或者说保持同步。除了其他制造业、烟草业，化纤纺织、木材、基本金属、电气机械四个行业，劳动生产率接近同期韩国制造业水平，相对比例在 80%—105%。但烟草业劳动生产率领先，很大程度上是由于垄断导致，浙江烟草业事实上可以认为是 1 家公司，而韩国有十多家烟草企业；其他制造业由于统计口径差异，可比性不强。

---

①　张金昌：《中国的劳动生产率：是高还是低？》，《中国工业经济》2002 年第 4 期。

②　国家统计局：《行业分类标准》，国民经济行业分类，http://www.stats.gov.cn。

表 10 - 1　　　　与韩国 1991 年劳动生产率接近的制造行业

行业代码	行业名称	年人均产值（2010，美元）		
		浙江	韩国	浙江/韩国（%）
C24/C42/C43	其他制造	56631	30853	183.6
C16	烟草	1257243	856908	146.7
C17/C28	纺织化纤	84585	83729	101.0
C25	石油加工	1941461	1940239	100.1
C32/C33	基本金属	267789	299405	89.4
C20	木材	80988	100113	80.9

　　资料来源：联合国工发组织《国际工业统计年鉴》、韩国统计资料。韩国为 5 人及 5 人以上规模制造企业，浙江为 2010 年产值 500 万元以上的规模制造企业。

三　通信电子、机械制造等多数行业有较大差距

　　根据统计，15 类制造行业（对应浙江制造业有通信电子、机械设备、皮革、造纸等 20 个制造行业）劳动生产率，与韩国 1991 年即已经有较大差距。通信电子、家具、机械设备（包括通用设备、专用设备）等劳动生产率，甚至仅相当于韩国 1991 年的 50% 左右。分析发现，韩国制造业在追赶美国等先发国家的过程中，各个行业生产率提升不是直线上升，会出现许多淘汰产业；而淘汰转移的行业，大多由于生产率相对较低不再具有生产比较优势。

　　因此，在浙江制造业多数领域，随着劳动力成本快速上升，均将出现传统产业继续向省外境外大规模转移。不仅包括皮革、服装、家具、通信电子等已萎缩的制造业，还可能包括金属制品、机械设备、交通设备、仪器仪表等浙江着力培育的产业。如果未来不能及时提升行业劳动生产率，产业"空心化"真正将成为一个大问题。即产业"空心化"速度与劳动生产率增长两者之间的赛跑，中长期内已经成为浙江制造乃至浙江经济生死攸关的大问题。

表 10 - 2　　　　与韩国 1991 年劳动生产率有较大差距的制造行业

行业代码	行业名称	年人均产值（2010，美元）		
		浙江	韩国	浙江/韩国（%）
C39	电气机械	77871	104355	74.6
C23	印刷	59853	85343	70.1
C18	服装	37120	55698	66.6
C31	建材	95157	145188	65.5
C26/C27	化工医药	164626	251868	65.4
C29/C30	橡胶塑料	76147	122258	62.3
C41	仪器仪表	57647	94710	60.9
C34	金属制品	66941	110656	60.5
C13/C14/C15	食品和饮料	102458	170511	60.1
C37	交通设备	93186	157728	59.1
C22	造纸	92902	158298	58.7
C19	皮革	40810	73469	55.5
C35/C36	机械设备	70500	130985	53.8
C21	家具	46038	86341	53.3
C40	通信电子	78839	172762	45.6

资料来源：同表 10 - 1。

第二节　原因：人均资本、产业升级战略等差异是主要制约因素

　　数据表明，与工业化同期的韩国相比，依托庞大的国内外市场的浙江制造企业规模普遍更大。按照可比价格，2010 年浙江 6 万多家规模以上制造企业户均产值规模是 1991 年韩国 7 万余家制造企业的 2 倍，其中食品饮料、纺织化纤、皮革等行业，企业产值规模普遍是韩国同类制造业的 2 倍以上。因此，企业规模不是浙江制造业劳动生产率相对韩国偏低的主要因素，另有他因。

　　一是韩国制造业人均固定资产积累量更高。1991 年韩国制造业年人均固定资产拥有量达到 6.5 万美元（2010 年美元价格），是 2010

年浙江制造业人均固定资产拥有量的 3.7 倍。除了烟草业之外，浙江
其余制造行业都大大低于韩国同期水平，化工医药、橡胶塑料、基本
金属、金属制品、通信电子、交通设备制造业等行业人均固定资产拥
有量，均不及韩国 1991 年的 30%。

　　二是韩国制造业发展更多地依赖人力资本。1991 年韩国制造业
行业增加值率普遍在 40% 以上，而浙江仅为 20% 甚至更低，以至于
相关数据 2007 年后不再公布。这一方面说明浙江多数制造行业平均
工资被压得过低、产品附加值相对较低，更多地以量取胜和依赖低劳
动成本；同时也意味着韩国工业化更多依赖人力资本和技术提升等软
实力，持续提高劳动生产率和增强制造业竞争力。

　　三是韩国主导产业和技术升级路线更明确。与浙江相比，在劳动
密集型产业发展相对成熟的 20 世纪 80 年代初，韩国政府即大力实施
技术立国和经济结构调整战略，通过大量技术消化吸收和创新升级提
高产品附加值，着力培育精密机械、计算机电子、汽车船舶等主导产
业，制造效率快速提升。[①] 1991 年韩国制造业劳动生产率已经接近美
国的 50%，汽车、造船等产量位居世界前列。

第三节　对策：实施鼓励加大资本投入等若干举措

　　劳动生产率提升有多种途径。从政府、企业、社会及个人三个主
体，从战略、制度、激励三个方面为出发点考虑，对于当前浙江制造
业而言，应引导全社会增加资本投入提升人力资本、物质资本，进一
步优化资源要素配置，鼓励企业在全球化视野中提升自身实力和竞
争力。

　　一是优化要素配置和提高劳动者报酬。完善资源要素配置机制，
打破可能存在的行业垄断和各种隐性壁垒，在可获得的信贷金融资
源、科技资源、土地资源、能源资源等方面，营造各种所有制经济依

---

　　① 李廉水、吴先华：《江苏、香港和韩国制造业及其劳动生产率的比较研究》，《江苏
社会科学》2010 年第 5 期。

法平等使用各种要素的公平竞争的市场环境。减少企业进入、扩张和退出市场的各种阻碍，使制造业能够快速跟上技术变化步伐，促进具有活力的民营中小企业快速成长。积极实施城乡居民收入倍增计划，持续提高全社会工资水平，提高劳动者报酬占国民收入比重。鼓励企业优化重组人力资源生产要素，着重劳动用工规范和职业培训，提高劳动者素质和要素利用效率，鼓励新的更有效率的生产组织方式形成，持续推动企业和产业升级。强化知识技能对提高劳动报酬的作用，增加教育医疗投资，健全社会保障体系，依靠人力资本提高劳动生产率。

二是力促资本投入和技术创新升级。坚持工业强省战略，大力发展实体经济，抑制房地产泡沫等虚拟经济，推进主导产业升级。制定完善鼓励资本财货投入政策，鼓励企业新设备更新投入，甚至考虑以50%以上设备购进费用比例抵扣进项税等政策。制定实施科技研发投入翻番和设备更新计划，鼓励企业更多地使用工业机器人，更多地进行技术原始创新、模仿创新和引进创新。鼓励"创造性破坏"。正如世行报告所指出的，日韩工业成功升级和持续提高劳动生产率，关键是破坏性创新，比如日本工业化时期的便携式晶体收音机、随身听、紧凑型汽车和精益制造；韩国和中国台湾地区依赖技术追赶以及对制造业的大规模投资，并在工业成熟后进行了渐进性创新[①]。浙江制造业实际上正亟须这种破坏性创新的场景出现。

三是鼓励实施全球化战略。"跳出浙江发展浙江，立足全球发展浙江"。当前，对外投资、深入国际化分工和中高端产业链价值链，是浙江迈向高收入经济体和产业升级的主要驱动力之一，浙江未来很大程度上仍取决于对海外各种资源的获取和反馈。包括海外技术专利许可、海外制造基地；对外输出部分过剩产能以"腾笼换鸟"等。伟大的奥地利经济学家约瑟夫·熊彼特深刻指出，创新不仅包括新的产品、新的工艺和新的组织形式，还包括新的市场、新的原材料和基

[①]　"China 2030：Building a modern，haimonious，and creative high-income society"，世界银行、国务院发展研究中心联合课题组会议报告，2012 年 2 月。

地、新的设计理念和新市场营销方式。而后者大多依赖全球化深入和在世界各国尤其是发达国家地区获得灵感，创建形成大小不一的进行全球性生产经营的企业公司；并且有助于加入全球性研发网络，从而建立形成浙江的开放式创新体系。

第十一章

推进浙江出口导向发展型式转变

毫无疑问，出口导向发展型式给浙江带来了巨大的成功。改革开放30余年，浙江户籍人均GDP从1978年约200美元提高至2010年的8500美元左右，常住人口人均GDP也已经达7400多美元，处在世界银行划定的上中等收入国家地区水平区间内。但是，随着世界经济发展格局、环境资源、人口结构和储蓄率等一系列因素变化影响，以及土地、资源、劳动力廉价时代趋于消失，浙江经济越来越掣肘于原有的工业化发展路径，产业升级缓慢、通胀与资产泡沫、区域经济虚拟化等问题接踵而至，经济增长的不稳定性问题日益突出。

第一节　浙江出口导向发展型式及其不稳定性

浙江的出口推动经济增长型式，也即东亚各国工业化时期普遍采用的政府主导的出口导向发展型式，成功带领浙江进入上中等收入行列，人民生活显著改善，城乡居民收入水平居全国省区首位。根据测算，20世纪90年代至今对外贸易对浙江经济增长的贡献度达到20%以上，个别年份甚至高达40%以上。21世纪以来，浙江将这种增长型式发挥到极致，经济增长与出口增长两者的正相关性系数达到0.9321，出口繁荣即意味着经济增长较快，如果经济增长达到两位数则出口增长一般保持在20%及以上。但是，当前这种对净出口贸易尤其是劳动密集型出口产品依赖之深的发展型式，差不多已经使浙江经济掉入了一个"出口陷阱""产业陷阱"甚至是"美元陷阱"[1]

---

[1]　吴敬琏：《我们掉进了美元的陷阱》，新浪财经网（http：//finance. sina. com. cn/），2008年10月。

（国际贸易主要以美元结算），经济发展与贸易顺差之间的关系正所谓是"一荣俱荣、一损俱损"，致使浙江经济运行背后蕴藏着不小风险，发展极易受全球经济波动和人民币兑美元汇率的影响。

表 11-1　2010 年浙江贸易盈余比例远高于其他地区（%）

	出口依存度	进口依存度	贸易顺差占 GDP
浙江	50.0	21.4	28.5
广东	69.6	54.6	15.0
江苏	46.6	36.0	10.6
上海	68.3	75.8	-7.4
日本 1980 年	12.3	13.3	-1.0
韩国 1990 年	24.6	26.5	-1.8

资料来源：《中国统计年鉴》和世界银行数据库，按境内目的地和货源地统计进出口贸易。

与我国其他几个规模较大的进出口贸易主要省份相比，浙江经济增长对净出口或贸易顺差的依赖显然更强。2010 年，浙江贸易顺差占 GDP 比例高达 28.5%，高于广东、江苏和上海的 15.0%、10.6% 和 -7.4%，远高于日本、韩国工业化发展类似阶段的 -1.0% 和 -1.8%。① 自 2008 年金融危机发生后，在江苏、广东等其他主要出口省份经济出口依存度大幅降低（分别下降了 8.4 个和 8.1 个百分点）、在加快经济结构调整步伐的背景下，浙江的贸易不平衡状况和出口依存度（下降了 4.4 个百分点）并无很大改善，2010 年经济增长对外贸出口的依存度甚至大幅反弹，显示浙江发展对于外部市场尤其是欧美发达国家消费者的高度依赖性，反映了浙江经济结构调整的困难性。同时，过去大量的出口形成了大量的产能甚至是过剩产能。这也解释了为什么近年来在国家实施 4 万亿投资计划刺激下，浙江工业投资增长仍相对较慢，正是由于以前过度投资形成的大量过剩产能，需要在后危机时代慢慢消化。

高度依赖出口尤其是贸易顺差的出口导向发展型式，导致了经济

---

① 大约相当于 1990 年前后的韩国和 1960 年前后的日本。

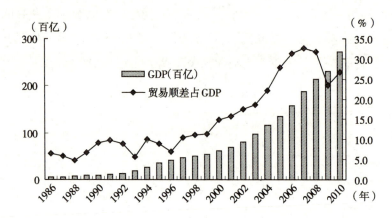

图 11 - 1　浙江经济增长的出口路径依赖

资料来源:《中国统计年鉴》和《浙江统计年鉴》,按经营单位所在地统计进出口贸易。

增长内在的不稳定性。众所周知,国际金融危机发生后,浙江经济2009 年出现大幅放缓和全年工业名义增长的收缩,经济各项指标增长出现巨大波动,一季度出口与进口同比分别负增长 18%、24%,一季度 GDP 增长仅 3.4%,在进出口基本恢复之后全年 GDP 增长达8.9%;全年月度进口增长最大波幅(月度增长波峰和波谷之差)为98.3 个百分点,月度出口增长最大波幅为 52.6 个百分点,月度工业增长最大波幅高达 20 个百分点。与全国各地相比,可以观察到浙江月度、季度经济增长的震荡幅度更大。究其原因,正是浙江这种经济增长过于依赖外贸需求的出口导向发展型式,导致了经济增长的巨大不确定性,也增加了经济调控和稳定投资的难度。可以预见的是,在未来世界经济或将长期不稳定和需求再次减弱的不确定性大背景下,浙江不可避免地将遭受多次需求侧疲软冲击和经济增长的大幅度震荡。一旦出口大幅度下滑,浙江经济也将随之大幅下探,犹如金融危机开始发生时的表现。

第二节　长期出口导向发展型式形成的诸多不利影响

在这种长期的劳动密集型出口导向型增长方式引领下,近年来浙江经济发展形成了一个很不利的局面，经济增长速度逐渐滞后全国及各地，经济杠杆化、资产泡沫化、产业低端化，并带来了一系列环境和社会问题。

首先，高贸易顺差依赖伴随着资产泡沫化和通胀倾向日趋严重，财富创造开始向自我实现的虚拟方式演进。大量的贸易盈余、出口创汇形成的货币（年平均 1 万亿元），在实体经济、工业投资增长疲弱的状况下，大大推高了浙江的平均资产价格水平，房地产和建筑投资强劲，并导致与房地产业密切相关的金融业开始膨胀，虚拟经济大大超越实体经济、杠杆化比例被快速推高。2010 年，浙江金融业资产规模（银行、证券期货、保险资产规模三者合计）超过 7 万亿，约占当年 GDP 的 270%（江苏同一比例不到 200%），相比 2000 年的 125% 左右翻了一番多，金融业资产规模远远高于实体经济规模。2010 年年末浙江全部金融机构本外币信贷占 GDP 达到 172.4%，远高于 2007 年的 129.5%，3 年内提高了 43 个百分点，速度之快令人咋舌，信贷扩张速度和 GDP 增长相比明显过快过深，经济杠杆化程度快速提高。如果计算银行承兑汇票、信托产品和民间融资等表外款项，全部信贷占 GDP 比例将至少超过 200%，实际杠杆化程度更高。①这种高信贷增长，发生在省内实际固定投资日益减少的今天，容易形成区域内资产泡沫和通胀居高不下。显然这是一个危险的倾向，日本、美国经济由高杠杆率导致的金融危机教训就在眼前。不过，浙江的金融信贷很多流向了省外国外，而且经济总量在统计上存在低估②，一定程度上夸大了实际杠杆率。

应指出的是，对于一个以制造见长和新型工业化为己任的省份来说，如果金融行业从业人员的平均工资水平持续长期超过制造业、服务行业的平均工资收入水平，那么经济发展将更倾向于制造泡沫而非

---

① 浙江民间借贷余额规模，根据相关资料估计至少在 4000 亿元以上。2009 年以来备受瞩目的浙江"吴英案"，其个人涉及的民间借贷资金就达到约 3.9 亿元，浙江民间借贷规模由此可见一斑。

② 杜平《探讨统计项下的"经济低估"》（《浙江经济》2012 年第 15 期）指出，2008 年浙江地区生产总值至少被低估了 10%。

实体财富增长。按照浙江省统计局公布数据，2010 年浙江金融行业年平均工资水平达 11.3 万元，是浙江及制造业行业年平均工资水平的 4.6 倍和 3.7 倍，与浙江行业平均工资绝对差距从 2007 年的 4.2 万元拉大至目前的 8.3 万元。可以说浙江经济的泡沫化程度是加重了而非减轻了，金融业发展已经背离了其为实体经济服务的本质（当然金融作为现代经济发展核心，大趋势应该是重要性与日俱增）。近年来，经济形成了增长越慢、信贷增长越快的一个怪圈。2005—2007 年浙江 GDP 年均增长 13.8%，信贷年均增长 19.0%；2008—2010 年浙江 GDP 年均增长 10.3%，信贷年均增长却高达 24.9%。

其次，高贸易顺差依赖导致的另一个后果是产业缺乏持续升级和经济发展后劲不足，形成了产业低端化、空心化局面。产业结构优化升级慢意味着产业投资更新慢尤其是工业投资慢，工业投资慢进一步拖累了第一、第三产业和全社会投资增长，产业升级缺乏动力。以出口为导向的低端产业"路径依赖"长期锁定，至今纺织仍是浙江制造第一大制造行业。同时，省内技术进步也形成了一种"路径依赖"，即"进口—落后—再进口—再落后"的产业技术设备购买利用的恶性循环，大量关键性和核心技术工艺及装备主要依赖进口。以浙江县域前三强、全国经济百强县前十位的浙北某县为例，全县产业发展长期以劳动密集型的纺织为主，常住人口以大量蓝领工人和年轻外来劳动力为主，工业结构 30 年如一日，形成了严重的产业路径依赖。

在这种产业发展背景下，2010 年拥有 5400 万常住人口的浙江人均 GDP，首次被拥有 7800 万常住人口、产业持续升级的江苏省超越。2005—2010 年，浙江工业产值从占全国的 9.2%，下降至 7% 左右；全社会固定资产投资从 2005 年年末占全国比重的 7.5%，下降至 2010 年年底的 4.5%。产业更新升级缓慢，经济发展亮点缺乏，民营经济生存空间进一步被央企、国企挤压，粗放的出口导向发展型式依然占据主导地位。如此下去，未来浙江 GDP 总量可能会落后河南省，人均 GDP 落后于内蒙古，在全国的经济位次进一步下降。而且，由于创新和实体经济投资机会越来越缺乏，进一步导致省内投资需求增长弱化，省内资金产业大量投向省外境外，虽然这本身是资本逐利的自然结果，但也是出口路径依赖形成的省内产业投资升级相对滞后的一个反映。

最后，最关键的是，高贸易顺差格局下形成的经济粗放增长方式、资源环境与社会关系紧张，已经不利于浙江可持续发展。有专家学者坦言，当前我国宏观经济流动性泛滥等之乱象问题，根本上是因为采取了一种靠资源投入和净出口（出超）拉动的粗放的经济发展方式。[①] 美元升值、双顺差和不断增加的外汇储备，已经造成了大量福利损失。长期压低汇率、激励出口导向战略，大规模的能耗、资源环境消耗和人力物力使用[②]，大量牺牲了环境资源甚至是下一代人的健康，最终换来的可能是一堆随时可能贬值的美元纸币和泡沫通胀。浙江 2010 年在所有贸易出超省份中的贸易顺差额最高，比 GDP 是浙江 1.7 倍的广东还要多 141 万美元，大量净出口虽然贡献了一部分地区生产总值，但消耗了大量资源能源、造成了大规模资产泡沫，创业创新能力反而弱化，经济发展活力减弱。长期看政府直接或间接主导的出口导向发展战略，是"为他人作嫁衣裳"，并非持久良策，须在一定阶段一定时期进行及时转换转变。20 世纪后期，韩国、日本等东亚经济体，曾经由于出口导向型发展模式与改革不及时，导致了巨大的资产泡沫并承担了泡沫破裂、经济衰退的严重后果。

而且当前这种发展型式已经严重恶化了收入分配结构和不利于社会稳定。在着力追求经济增长、追求出口规模和政府亲商亲资的背景下，浙江国民收入分配格局越来越倾向于资本所得或企业所得、政府所得，劳动所得比重逐步下降。2010 年，浙江国民收入初次分配中的劳动报酬比重进一步降至 38.9%，比 2000 年下降了 10.5 个百分点，比 1990 年下降了 14.1 个百分点。贫富差距进一步拉大，导致社会矛盾日益突出。同时，随着社会结构变动较大、利益格局日趋多元

---

① 吴敬琏：《关键在于转变经济发展方式》，国研网（http://www.drcnet.com.cn/），2011 年 5 月。

② 2010 年中国以占世界 20% 左右的一次性能源消耗，仅产出了约占全球 9.5% 的 GDP。

和大众自身维权意识增强，经济问题开始演变为部分社会问题，社会公共安全处于风险高发期，社会管理难度进一步加大。食品药品安全、安全生产、环境等各类重大事故频发，突发事件数量规模呈急剧上升趋势，社会资本倾向于瓦解，全社会信任度进一步下降，维护社会稳定开始成为经济社会发展的巨大负担。

第三节　加快出口导向发展型式向相对平衡增长型式转变

可以说，现在已经到了转变浙江劳动密集型出口导向发展型式的关键阶段，转型转变越慢，以后付出的代价越高。与其牺牲大量资源环境、人力物力换回不断贬值的美元纸币的高顺差出口，不如尽早转向可持续、进出口贸易相对平衡、更多依赖人力资本积累的稳健增长方式。着力转变经济发展方式，积极推进贸易自由化战略，争取在2015 年将贸易顺差占地区生产总值的比重降至历史平均水平（15%）以内，从而能给予本省人民更多经济实惠并提高内需消费，使得经济发展成果更多由人民共享。

——扩大消费需求。随着人口结构变化和储蓄率的下降，正如省"十二五"规划纲要所指出的，应建立健全扩大内需的体制机制，完善基本公共服务体系，大力拓展内需市场，不断提高消费比例。加快推进收入分配改革，提高居民收入水平和消费能力。转变政府职能，注重社会建设、公共服务而非过多参与干预微观经济行为充当"运动员"。

——贸易自由化。适当转变发展观念，逐步退出政府主导产业升级的战略路径，不以激励创汇越多出口越多为导向，而以贸易、经济平衡增长促进发展质量和生活水平提升为导向，弱化出口导向，完善资源定价机制，力求实现投资、消费、出口的适度平衡与协调拉动经济增长。按照国际贸易规则，减少或退出出口贸易激励措施政策，设立自由贸易区等。

——增强汇率弹性。按照经济学上的汇率、利率和资本管制的

"不可能三角"理论①，人民币汇率弹性的增加，近期将有助于改善通胀水平，提高货币真实购买力。虽然这一政策决定权在中央，但地方有必要呼吁增强人民币汇率弹性，降低对净出口和外部市场需求的依赖，从而达到改善区域贸易不平衡、转变经济增长型式的目的。

——保持投资增长。调整优化投资结构，强化产业投资更新改造，加强民生事业投资，强化重大项目建设对全社会固定资产投资的拉动作用。加强省内基础设施建设投入、产业升级投入，鼓励制造业向品牌售后、研发设计两端延伸，鼓励生产性服务业发展。在加强省内投入的同时，加快对外投资和项目合作技术引进，反哺本地产业升级。

——提升人力资本。诚如国际知名经济学家青木昌彦教授所言，提升人力资本，提高劳动者技能，更有效地利用和分配人力资源，引导经济发展从受制于资源环境约束的阶段走出来，并向人力资本投资创新型驱动转变，对中国的持续发展非常重要②。作为先发地区的浙江更是如此，加快改变发展型式，力争加快进入以人力资本积累为动力的更高发展阶段。加快推进城市化实质进程，将农民工"市民化"，这是未来一大挑战但也是必须解决的一个关键问题。年轻的城市劳动力人口增加，也非常有助于解决浙江正在出现的"未富先老"问题。

从历史长河来看，"十二五"应视为浙江一个经济结构调整、发展阶段转换的关键时期。固本强基，重点推进结构优化调整，提高资源配置效率，抉择实施正确的发展战略，强化人力资本积累创新推动，加快经济发展型式转变，适当放弃粗放式 GDP 增长追求，增加对发展质量更高的 GDP 增长追求，解决过度依赖出口的问题，以此来换取未来 30 年长期增长的一个牢固基础，进而期待跨入高收入国家和地区行列，应被认为是值得的。

---

① ［美］保罗·萨缪尔森等：《经济学》第 16 版，萧琛等译，华夏出版社 2002 年版。

② ［日］青木昌彦：《提升人力资本比出口转型更急迫》，财新网（http://www.caixin.com/），2011 年 8 月。

第四编　县市样本观察

　　转型升级是困难的，区域产业演进具有高度的黏性和惯性。应对传统产业、劳动密集型行业比重过高，要素资源消耗较高，劳动生产率较低，以及"路径依赖"难以摆脱等问题，浙江东部、北部、中部和南部4个典型的县市区（其中3个是全国百强县），为适应新经济时代、经济新常态变化，八仙过海、各显神通，艰难行进在转型升级的大道上。

第十二章

打破"路径依赖"发展模式
——转型期绍兴县产业升级研究探讨

绍兴县是全国和浙江县域经济最发达的县之一。[①] 20 世纪 80 年代绍兴县经济初始发展与纺织业起步同时,90 年代凭借集体经济苏南模式腾飞,21 世纪初通过规模化、企业改制产业化和民营经济,基本确立了全国前十强县的地位。"十五"规划期以来,在国内宏观环境稳定和国际大容量市场需求的烘托下,加之技术装备工艺不断更新改进和形成的增加投入与规模效益等因素,全县产业发展稳定高效、产品结构调整快速、经济总量规模迅速增长,并形成了以大纺织为特色的"路径依赖"发展模式。2008 年,大纺织产业占全部工业总产值达到 70% 左右。[②] 由于长期纺织产业比重高,而且一度以生产涤纶长丝为主,绍兴县曾被戏称为吊在一根涤纶丝上跳"迪斯科(涤丝高)"[③],确实比较形象。

2008 年,尽管户籍人均 GDP 达到 12283 美元,绍兴县仍旧徘徊在工业化中期阶段,国际金融危机则暴露了县域经济发展战略与结构转型滞后等问题。无论从产业结构、产业层次、劳动生产率和行业收入差距等指标看,绍兴县并没有达到中等发达国家地区应有的综合竞争力水平和均等化水平,产业层次低端、自主创新能力较弱、要素保障水平较低等。

---

① 2013 年 10 月,国务院批复撤销绍兴市绍兴县,设绍兴市柯桥区。

② 此处大纺织业,包括代码 C17 纺织业、C18 纺织服装业、C28 化纤业。

③ 《危机下绍兴纺织业一线报告:三月回暖五月成谜》,2009 年 4 月,中国纱线网(http://www.chinayarn.com)。

第一节　东亚比较：工业化同期发展比较

绍兴县改革开放完整的 30 年，即从人均 200—10000 美元以上的工业化阶段，可大致与日韩等国家和地区的工业化起飞至成熟的数十年时间进行比较分析。[①]

第三次产业结构调整迟迟未能展开

纵观 60 年发展史，绍兴县产业结构经历了两次大的调整转换，初步形成了具有自身特色的产业体系。但是，与发达国家或地区的工业化同期结构比较分析表明，绍兴县产业结构升级主要存在后期变动滞后问题，即工业化快速推进过程中发生的以服务业比重快速提高、以资本技术密集型或知识密集型产业发展为主要特征的第三次结构调整升级高潮迟迟未来。

单纯从名义人均 GDP 或人均国民收入水平出发比较，即人均约 200 美元至人均约 11000 美元的发展阶段比较，绍兴县三次产业结构变动调整幅度并不低。1978—2008 年，绍兴县三次产业结构变动幅度高达 84.6%，中国台湾地区以及韩国和日本，30 年结构变动幅度分别为 40.6%、64.0% 和 38.6%，但这是建立在这些地区服务业比重均已较高的基础之上相对而言的。

仔细分析，在同一时期最后一个 10 年工业化最关键阶段，绍兴县产业结构调整明显落后，第三次产业结构调整或产业结构革命迟迟未能有效展开，这大大影响了绍兴县工业化进程。工业化 30 年的最后一个 10 年段，中国台湾地区以及韩国、日本三次产业结构变动幅度分别达到 26.6%、12.6% 和 14.4%，纷纷完成了以资本技术密集型和知识密集型行业为主要带动力和为主要发展特征的第三次结构转换与升级。而这一时期，绍兴县的结构变动幅度恰恰最

---

① 即韩国 1965—1995 年，日本 1950—1980 年和中国台湾地区 1965—1995 年工业化发展时期。

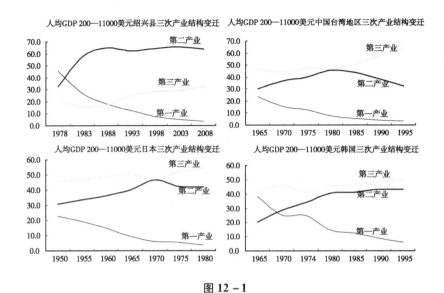

图 12 – 1

说明：均按当年现价计算人均 GDP。

资料来源：《国际统计年鉴》《绍兴县统计年鉴》。

慢，仅为 8.2%，较大程度上落后于这三个地区或国家，后期绍兴县产业结构转换确实存在"被锁定"问题。而历史经验表明，工业化这个 10 年时期往往是趋向更高级发展阶段的最重要时期，也是资本技术密集型工业、知识密集型服务业发展较快时期，并最终促进地区工业化进入发达水平。绍兴县结构调整和升级恰恰在这个关键时期掉了链子。

第三次结构调整升级迟缓，也表现在服务业发展滞后上。在工业化同期关键的最后一个 10 年内，即人均收入相对较高发展阶段，绍兴县服务业比重上升较少，1998—2008 年提升仅 4 个百分点。而同期我国台湾地区（1985—1995 年）以及日本（1970—1980 年）和韩国（1985—1995 年），服务业比重分别上升了 13.3 个、7.2 个和 4.1 个百分点。如果考虑三个地区从原有较高的服务业水准（三地平均为 48.1%）起步，比重本已偏低的绍兴县服务业（30.3%）上升幅度更显得可怜。这也是导致全县后期结构变动较慢和转型滞后的一个主要原因。

主导产业层次偏低和升级滞后

如果进一步地按真实美元价格的人均收入水平①比较，可以认为绍兴县（2008 年）差不多相当于 1990 年前后的韩国、1975 年的日本工业化发展水平，即处在工业化中后期向后期过渡的关键阶段。与之相比，绍兴县经济结构明显存在主导产业层次偏低、高加工度化不足和资本技术密集型行业发展较大滞后等特点，显示全县工业化进程和结构转换有待进一步深入。

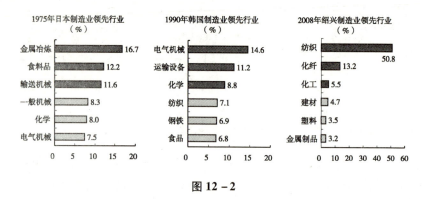

图 12 - 2

资料来源：日本和韩国统计年鉴、《绍兴县统计年鉴》。

1975 年，日本制造业前六位领先行业中，除了食料品业之外，金属冶炼、输送机械、一般机械、化学、电气机械均为资本技术密集型行业，五者占制造业比重高达 52.0%，这些行业附加值都均相对较高。1990 年工业化后期阶段的韩国前六位制造业领先行业，也是以电气机械、运输设备、化学和钢铁等资本品密集行业为主，四者占制造业比重高达 41.5%。而 2008 年绍兴县领先制造业中化纤、化工、建材和金属制品行业合计占制造业比重仅为 26.6%，纺织、塑料行业比重则占 54.3%，主要以劳动密集型行业为主，附加值相对较低。

尤其在工业化后期的关键 10 年阶段，日韩和中国台湾等地区通

---

① 2008 年绍兴县人均 GDP 为 12283 美元，相当于 1975 年的 4631 美元和 1990 年的 7215 美元。

过第三次产业结构调整也是最关键的一次，制造业纷纷成功地向附加值较高、资本和技术较为密集的行业升级，完成了工业化阶段的最后一次漂亮转换。1985—1995 年，在轻工业发展已经较好地带动石油化工等资本密集型产业的基础上，韩国政府果断提出积极发展技术密集型、知识密集型行业，最终实现了向结构高级化和高收入国家的转变；1970—1980 年，日本制造业在经历了石油危机的冲击，大力发展节能少耗的新兴产业和高附加值产业，成功实现了工业结构调整升级，进入后工业化社会。1985—1995 年，中国台湾地区制造业结构变迁中呈现一个梯度跳跃升级态势，低资本高技术、中资本高技术密集型产业发展最快，其次是高资本技术密集型行业，而在 80 年代以前一直是低技术劳动密集型或资本低技术型行业发展相对较快，并最终基本实现工业化、现代化。在这些方面，绍兴县是远远落后了。

支柱产业增加值率较低且呈结构性降低趋势

由于一直是以轻工业为主的产业结构，绍兴县支柱行业增加值率普遍偏低。对绍兴县制造业分析表明，纺织、化纤作为绍兴县的支柱产业，其行业增加值率大大低于同期工业化进程中的国家或地区水准，甚至低于行业整体平均水平（17.6%），化纤业增加值率仅为13.0%，几乎无利可图。按照相关资料，1975 年日本前六位制造业行业增加值率平均为 31.5%，其中电气机械最高为 42.6%，食料品业最低为 23.1%；1990 年韩国前六位制造业行业增加值率平均为36.8%，电气机械最高为 41.3%，工业化学最低为 33.1%。而绍兴县前六行业平均为 18.1%，最高的建材仅为 24.8%。

2007 年，绍兴县制造业平均增加值率仅为 17.6%，不及韩国同一工业化时期制造业增加值率（40.0%）的一半，农副食品、纺织、皮革、造纸、文教用品、化工、化纤、塑料、金属冶炼、电气机械等行业增加值率结构性偏低情况（低于 20%）普遍。在劳动力、土地、能源等要素价格普遍上扬的情况下，纺织等低附加值率行业，如果不进行行业技术革新、提高劳动生产率、生产管理成本控制或产品品质改良，几乎可以肯定已经失去了在本地进一步增长的空间。

表 12 − 1　　绍兴县和韩国工业化同期各制造行业增加值率比较（%）

绍兴县	增加值率	韩　国	增加值率
制造业平均	17.6	制造业平均	40.0
农副食品加工业	8.7	烟草	76.6
食品制造业	24.2	食品	35.4
饮料制造业	26.1	饮料	48.6
纺织业	17.6	纺织	38.6
纺织服装、鞋、帽制造业	21.7	服装	43.4
皮革、毛皮、羽毛（绒）	14.7	皮革制品	29.3
木材加工	20.3	木材制品	35.6
家具制造业	23.7	家具、装饰	47.8
造纸及纸制品业	15.1	纸及纸制品	33.9
印刷业和记录媒介的复制	19.3	印刷、出版	59.8
文教体育用品制造业	15.6	制鞋	44.4
石油加工、炼焦及核燃料	8.3	石油和煤制品	24.0
化学原料	15.6	工业化学	33.1
医药制造业	24.7	其他化学	52.3
化学纤维制造业	13.0	石油提炼	28.6
橡胶制品业	24.9	橡胶制品	42.1
塑料制品业	16.8	塑料制品	38.7
非金属矿物制品业	24.8	陶瓷	66.4
黑色金属	11.7	钢铁	35.6
有色金属	7.3	有色金属	25.9
金属制品业	20.7	金属制品	42.2
通用设备制造业	21.1	非电气机械	43.2
专用设备制造业	30.0	其他非金属矿产品	45.2
交通运输设备制造业	22.8	运输设备	36.6
电气机械及器材制造业	11.6	电气机械	41.3
通信电子设备制造业	29.4	玻璃及其制品	58.1
仪器仪表	22.0	专业和科学设备	44.0
工艺品及其他制造业	12.3	其他	47.0

说明：绍兴县为 2007 年规模以上工业企业数据，韩国为 1990 年数据。

资料来源：《韩国统计年鉴》《绍兴县统计年鉴》。

产业资源配置结构不合理与就业结构转换滞后

克拉克定理明确揭示了工业化进程中，第一次产业劳动力向第二次产业和第三次产业大规模转移的趋势，产业结构偏离度①逐渐减小。日韩工业化后期三次产业结构偏离度均下降了 10 个左右百分点，尤其是服务行业的结构偏离度较小（平均在 2 个百分点以内），达到相对的充分就业和资源配置状态。

随着绍兴县经济快速发展，不仅经济结构调整滞后于经济增长，而且就业结构调整转换也较为滞后。与同期工业化发展阶段的国家和地区相比，2007—2008 年，绍兴县三次产业结构偏离度约为 14.2%，这与同期日韩的 14.1% 和 15.6% 较为类似，但服务业结构偏离度高达 5.6%，远高于日韩同一时期的 0.3% 和 0.6%。而且结构偏离问题在工业化发达国家后期发展中逐渐得到消解，日本 2000 年三次产业结构偏离度降至 7.2% 的水平，美国结构偏离更是低于 5%，表明劳动力资源配置的结构性问题已经非常小。

从全县国民经济各行业内部构成看，行业间的劳动力资源配置仍有很大改善空间。计算结果表明，农林业、建筑业、住宿餐饮业、居民服务业、教育卫生等行业，结构负偏离现象突出，劳动力有待进一步向其他行业转移；而工业、交通运输、信息软件、批发零售、金融、房地产、租赁商务、水利、公共管理等行业，结构正偏离表示可以进一步安排大量劳动力就业。总体上看，第二产业、第三产业劳动力比重相对产值比重偏少，第一产业的劳动力资源相对产值比重严重过剩，这在较大程度上影响了产业结构的转型升级。

产业投资转移发展滞后

日本工业化时期产业对外投资起步于 20 世纪 60 年代，70 年代高速发展，80 年代末达到高峰。60 年代第一次大规模转移以劳动密集

---

① 产业结构偏离度为产业增加值（或产值）比重与其就业比重之差。一般而言，结构偏离度的值越小越好，表明资源配置效率较高，理论上讲结构偏离度为零乃最佳状态。

型的纺织等轻纺工业对外投资为主，对内吸引投资进入资本密集型产业，并逐步确立了本地钢铁、化工、汽车、机械等的主导地位；70年代中后期在石油危机等因素的倒逼下，开始进行化学、钢铁和其他资本密集型高能耗产业转移，腾笼换鸟，为电气机械、汽车、半导体等技术密集型产业发展挪出空间，并确立这些产业的主导地位。80年代伴随着日元大幅升值，日本在加速转移部分劳动和资本密集型与低附加值产业的同时，为减少贸易摩擦，转移服务密集型和部分技术密集型行业如电子、汽车等，实现全球市场扩张。

日、韩工业化中后期，在强化吸引利用各种外资的同时，对外产业梯度转移和直接投资趋势显著增强，并成功地实现了以对外投资促低层次产业转移和促本地结构优化升级的目的。绍兴县目前的产业对外投资和吸引外资入本地高级产业较少，主要停留在劳动密集型产业上面。

表 12 - 2　　　　　日本工业化时期三次对外投资和产业转移高潮

	第一次	第二次	第三次
	20 世纪 60 年代	20 世纪 70 年代	20 世纪 80 年代
主要投资目的	重点发展本国资本密集型产业	重点发展本国技术密集型产业	减缓贸易摩擦和发展本国知识密集型产业
主要转移产业	劳动密集型产业	资本或劳动密集型产业	资本或技术密集型产业
主要投向地区	亚洲四小龙	亚洲四小龙和东盟各国	北美、欧洲
其中：制 造 业 比重（％）	32.4	30.3	24.5
非制造业比重（％）	59.7	67.2	74.1

资料来源：吴宗杰：《中日韩产业竞争力的比较研究》，中国经济出版社 2007 年版，第227 页。

第二节　国内比较：重点与百强县发展比较

改革开放 30 年，绍兴县取得的辉煌成绩已毋庸多言。"百尺竿头，更进一步"，成为绍兴县下一步主要考虑。与全县经济同样较为发达、同样身为百强县市、同样民营经济特色显著，且同处有地理优势的沿海地区县市，比如苏州昆山、广东顺德、宁波慈溪余姚、浙江义乌等，尤其是无锡江阴，其发展路径和结构优化调整等方面，值得比较与借鉴。

与浙江和绍兴市的比较：第三产业发展较多滞后

改革开放 30 年，全县大的三次产业结构调整力度并不逊色浙江和全市水平，但在相对低的层次水平上调整，且服务业发展明显落后。30 年内绍兴县第一产业比重下降了 42.3 个百分点，比浙江、宁波和全市的同一下降幅度 33.0 个、28.1 个和 40.4 个百分点要高；全县第三产业比重上升 10.9 个百分点，大大低于浙江 22.3 个和宁波市 20.7 个百分点的上升幅度，也低于全市。2008 年，浙江、宁波和绍兴市的三产比重分别达到 41.0%、40.4%、35.0%，高于绍兴县的 32.6%。自 1981 年工业主导全县经济发展开始，绍兴县三产在经济中的份额提升全面低于浙江和全市水平。

同样，与县域经济实力排在全国十强的其他九个各兄弟县市相比，绍兴县三次产业结构调整力度和三产比重均偏低。改革开放 30 年，苏南兄弟县市和义乌等，总的三次产业结构调整幅度并不比绍兴县低，义乌第一产业比重下降幅度高达 54.3 个百分点，同期三产比重甚至上升了 30.1 个点。2008 年，全国十强县市第三产业比重平均为 37.4%，高于绍兴县 4.9 个百分点；第二产业比重为 60.0%，低于绍兴县 3.9 个百分点。其中，三产比重最高的义乌市，服务业比重高出绍兴县 19.1 个百分点；县域综合经济实力最强的江阴市，服务业比重高出绍兴县 4.0 个百分点；二产比重最高的昆山，服务业比重也高出绍兴县 1.4 个百分点。

服务业比重偏低，与全县现代服务行业如信息软件、租赁商务、科研技术等发展滞后有很大关系。与同类型的市场批发零售业务发达的义乌相比，绍兴县除金融房地产等以外的营利性服务业和非营利性服务业，占三产比重整整低了 10 个百分点。统计发现，与苏南部分兄弟强县平均水平相比，绍兴县的信息软件、租赁商务、科技研发、水利环境管理、居民服务、教育卫生、社会保障和福利、文化体育和公共管理等行业，不仅总量上不及，而且占比重也处于全面下风，这是造成全县三产发展滞后和结构转型慢的一个重要原因。

表 12 - 3　　　　2008 年全国十强县市三次产业结构比较（%）

序号	县市名称	GDP·（亿元）	一产	二产	三产
1	义乌	493.3	3.1	45.3	51.6
2	常熟	1150.0	1.7	58.3	40.0
3	宜兴	600.0	3.6	58.4	38.0
4	江阴	1530.0	1.4	61.6	37.0
5	太仓	528.0	3.5	59.7	36.9
6	张家港	1250.3	1.2	62.6	36.2
7	吴江	750.1	2.4	62.6	35.0
8	昆山	1500.3	0.8	65.2	33.9
9	慈溪	601.4	4.7	62.1	33.2
10	绍兴	608.3	3.6	63.9	32.6

资料来源：《中国县（市）社会经济统计年鉴 2009 年》。

与全国和浙江的比较：工业结构转型升级滞后

绍兴县工业结构转型升级滞后。目前，我国重化工业发展加速态势明显，均已形成了以重工业为主的工业结构。1952—2008 年我国工业结构变迁中，呈重工业比重上升、轻工业比重逐步降低趋势，并且重工业超过轻工业。尤其是 1999—2005 年，呈现跳跃性升级态势，我国重工业比重上升幅度分别达到 18.1 个和 10.5 个百分点，年均上升 3.0 个和 1.8 个百分点，工业结构随之快速升级。但绍兴县同期重工业比重仅上升了两个百分点左右，年均上升 0.3 个百分点，远远落后。

绍兴县重工业比重偏低。纵观世界各国或地区，几乎找不到像绍兴县一样人均 GDP 水平在 12000 美元以上，却以轻工业劳动密集型行业为主的地区。2008 年，我国重工业占全部工业比重达到 71.3%，浙江重工业比重为 58.5%，也较高于轻工业 41.5% 的占比，工业结

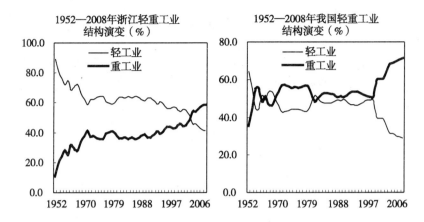

图 12 - 3

资料来源:《中国统计年鉴》《浙江统计年鉴》。

构重型化资本密集化趋势显著。但绍兴县工业结构恰与之相反,重工业比重仅为 27.9%,与我国轻工业的比重相当,整个工业结构偏轻型化和劳动密集化。1980—2008 年,重工业发展经历由快到慢再由慢到快的历程,占全部工业产值比重缓慢上升。

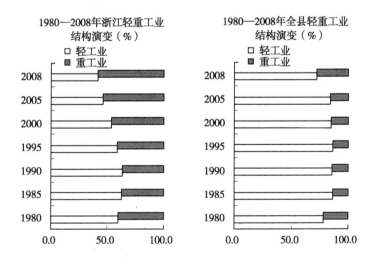

图 12 - 4

资料来源:《浙江统计年鉴》《绍兴县统计年鉴》。

与慈溪等兄弟县市比较：制造业结构层次相对低

绍兴县资本技术密集型行业比重偏低，在长三角的区域产业分工中处于不利位置。2008 年，与同为县域经济竞争力较强的余姚、慈溪相比，绍兴县制造业中轻纺工业比重较高，而资本技术密集型行业比重较低。余姚工业结构中前六位领先行业分别是电气机械（26.6%）、通用设备（9.0%）、有色金属（6.8%）、塑料（6.5%）、金属制品（5.7%）和黑色金属（5.2%）；慈溪前六位行业分别是电气机械（30.6%）、化纤（11.5%）、通用设备（10.0%）、交通设备（5.8%）、有色金属（5.8%）和服装（4.7%），基本上属于资本技术相对密集型行业。2008 年，绍兴县机械电子一组的比重，低于慈溪、余姚分别47.0 个和47.6 个百分点。

与苏锡常等长三角邻近地市工业结构相比，反映了同样的问题，而且这些地区的工业集中度（前六位行业比重）并不低、规模效益同样较为显著。下辖江阴、宜兴两个百强县的无锡市前六位制造业分别是黑色金属（19.7%）、通信电子（13.5%）、电气机械（9.8%）、服装（7.9%）、化工（7.6%）和交通设备（6.3%）；下辖常熟、张家港、昆山、吴江、太仓五个百强县的苏州市前六位制造业分别是通信电子（31.8%）、黑色金属（10.0%）、服装（8.8%）、电气机械（7.1%）、化工（6.0%）和通用设备（4.7%）。绍兴县机械电子一组的比重，整整低于苏锡这两个地区同一比重 44.9 个和 36.4 个百分点，而纺织和服装一组比重，分别高出苏、锡 41.1 个和 42.6 个百分点。

与江阴市的比较：结构高级化程度和创新能力落后

江阴市连续多年位居全国百强县经济综合实力之首，这与其较强的资本密集型行业制造能力、较快的工业结构升级速度、较好的企业规模效益、较突出的企业创新能力和政府较强的产业导向调整能力等有很大关系。

江阴轻重工业结构刚好与绍兴县相反，重工业占全部工业产值的

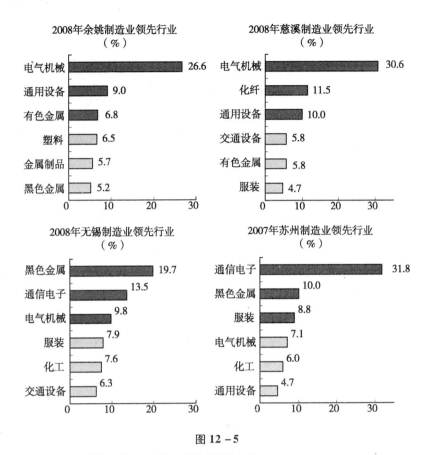

图 12 - 5

资料来源：余姚、慈溪、无锡、苏州等统计年鉴。

2/3、轻工业占 1/3 左右，以资本技术密集型的工业为主。而在 10 年前江阴也以轻纺为主、以传统劳动密集型产业为主，与绍兴县 10 年前的工业结构几乎一致。2008 年，江阴市制造业前六位领先行业分别是黑色金属（32.7%）、纺织（14.5%）、化纤（8.1%）、金属制品（7.7%）、运输设备（5.9%）和化工（5.7%）。其中黑色金属、金属制品、运输设备和化工比重分别比绍兴县高 32.0、4.5、4.2 和 0.2 个百分点，纺织和化纤分别低于绍兴县 -36.3 个和 -5.1 个百分点。同时，除了黑色金属主导产业比重较高之外，江阴机械电子行业比重高达 24.4%，显著高于绍兴县的 8.6%，工业结构明显相对绍兴县向高度化和高级化发展。

　　两县市服务业结构较为相似，但绍兴县服务业占经济比重显著偏

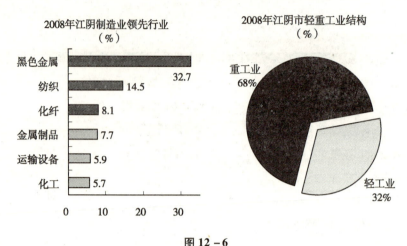

图 12 - 6

资料来源:《江阴市统计年鉴 2009》。

低。2008 年，江阴市服务业以生产服务业为主，其比重占全部服务业增加值的 65%，生产服务业又以批发、运输仓储和金融业为主，三者占服务业比重约为 57%，这与绍兴县生产服务业、三者占服务业比重的 67% 和 59% 较为一致。分行业方面，绍兴县运输仓储、金融房地产和租赁商务行业比重相对较高，江阴市批发零售、住宿餐饮和科研技术行业相对较为发达一些。两者最大的不同在于江阴市服务业占 GDP 比重为 37.0%，高于绍兴县 4.4 个百分点，农业比重、第二产业比重分别为 1.4% 和 61.6%，均低于绍兴县 2.2 个百分点左右，三次产业整体结构相对更为优化。

江阴市企业创新能力和对外投资能力较强。据统计，江阴市目前有上市公司 23 家，比绍兴县多 10 家。[1] 上市企业包括江苏中达新材料、玻纤股份、凯诺科技、申龙高科、长电科技、四环生物、舒卡特种纤维等科技型创新型股份有限公司，多以科技类重工业类为主，与绍兴县以轻纺工业类为主形成鲜明对比。较多的上市公司形成了江阴较强的对外投资能力，全市累计在册的境外企业 128 家，投资国家和地区达到 24 个，全年完成工程劳务营业额 1.82 亿美元，高于绍兴县

---

[1]　江阴市统计局:《江阴市统计年鉴 2009 年》，中国统计出版社 2009 年版。

的 1.04 亿美元。2008 年,江阴市大中型企业科研活动经费和 R&D 两项分别为 52.2 亿元和 30.9 亿元,远多于绍兴县;大中型企业 R&D 占其增加值比重高达 4.2%,远高出绍兴县。2008 年,全市拥有各类专业技术人员 113764 人,几乎是绍兴县的 2 倍。

而且,江阴市利用外资、政府主导推动本地产业结构升级能力较强。与江阴相比,绍兴县吸引的外商直接投资规模并不低,甚至还略高。但从投向来看,江阴大多将外资利用集中在附加值相对高的资本技术密集型行业,而绍兴县大多集中在纺织或与纺织相关的传统行业上面,对结构优化升级推动力明显较弱。2009 年,江阴市 68 个内外资重大项目总投资达到 175 亿元,主要集中在先进制造业和现代服务业,其中风电、光伏太阳能等新兴产业是江阴市主攻的招商选资产业,政府主导的产业政策导向非常强势。从互联网到物联网,从培育百亿新传感器产业到具有千亿元产值水平新材料产业群等,从新能源装备制造和新能源产业化等新兴产业到发展低碳经济①,江阴已经走在了全国县域经济前列,并为"十二五"再次实现产业结构优化升级和领先全国各地发展,奠定了坚实基础。

第三节 重要启示:打破路径依赖发展模式

不可否认,改革开放 30 年,绍兴县依靠主打纺织和较快速的行业结构调整,取得了辉煌成就。但"成也萧何,败也萧何"。近年来绍兴县部分纺织印染企业出现破产倒闭和重组,长期依赖纺织致使产业结构变动慢、转型升级滞后是不争事实。经济发展仍旧停留在以量增长取胜为主的模式中,尤其是近十年产业发展与结构调整升级较慢、陷入一种"路径依赖"式增长陷阱。经济结构、产业结构调整远较工业化同期国家或地区落后,甚至也落后于同一层次水平的长三角各县域经济体,后续转型发展处于不利地位。

---

① 江阴市委:重点打造四个"千亿级产业集群"、五个"百亿级新兴战略性产业园区",2009 年 11 月。

下一步绍兴县应结合自身实践，尊重经济发展规律，重点借鉴工业化发达国家或地区的已有发展经验，迎难而上、积极创新，大胆实施促进结构优化升级的各类产业发展措施和组织政策，加快发展资本技术密集型行业、知识密集型行业，加速对外投资和多元化发展，强化企业制度和产业组织建设等，以较快达到构建现代产业体系或产业结构转型升级的目的，走出一条具有自身特色的新型工业化之路。

重视服务业发展

主动的结构调整有利于经济更快速发展转型。工业化期间日韩等发达经济体结构转型升级均相对较快，与服务业不断提升和比重较高有很大关系。绍兴县在注重产业内产业链升级和优化制造业结构的同时，应注重发展服务业，来推动经济结构优化升级。即使达不到同期阶段发达经济体的服务业发展高度，但至少应提升相当的幅度，比如五年提高 7 个百分点以上。

生产服务业发展与产业结构升级唇齿相依。重视生产服务业发展，对于提升制造行业附加值、提高经济整体发展质量和推动结构升级有着至关重要的作用。发达国家生产服务业增加值占 GDP 比重普遍在 40% 以上，有的甚至超过了 50%。当前，绍兴县产业结构转型升级滞后的一个主要原因，是生产服务业占 GDP 比重低，而且幅度上升较慢，尤其是与结构升级高度相关的商务服务、信息软件、科技研发等行业比重较低。绍兴县的企业服务外包程度普遍较低，大量本应通过外包完成的服务业活动在企业内部消化完成，一方面大大增加了企业管理和运营成本，另一方面在较大程度上限制了全县生产服务业市场的扩大，从而导致工业化转型发展滞后的问题。

重视主导产业升级

工业化成熟经济体的发展经验与规律表明，绍兴县正处于提升优化工业结构的关键时期。回顾日韩、中国台湾等地区的工业化发展规律和产业结构调整经验，在工业化中后期阶段尤其是工业化后期向高收入水平门槛迈进时期，政府制定产业政策，鼓励技术知识密集型行业或资本密集型行业主导经济发展，非常重要。比如鼓励引导钢铁、造船、机械、化学、有色金属、半导体电子和电气机械等行业发展，着力提高重化工业比重，并以国际市场出口需求导向带动地区内行业优化，促进产业结构转型升级。

资本技术或知识密集型行业，应当成为今后绍兴县推动经济结构转型升级的主力军。前述分析已经表明，结构变动，与经济发展强烈正相关，高结构变动率带来高增长。因此，绍兴县在"十二五"时期的一个重点方向，便是应着力通过发展附加值相对高的行业，来推动经济发展与结构转型升级，那种依靠低附加值、低劳动成本和低层次产业推动经济发展的时代已经一去不复返了。而且依靠纺织等低端出口产品为主的主导工业结构，市场风险较大，易受国际贸易壁垒和反倾销等所累。今后应加快汽车、机械电子、石油化工等资本技术密集型行业发展。

进一步完善产业政策

日韩通过一系列制度建设、技术政策和中小企业发展等产业组织政策，有力地推动了工业化时期产业转型升级。国内比如为全国百强县首的江阴市也是如此。说到底，调整产业结构，很大程度上或根本上，需要依靠市场主体、政府导向的制度创新和科技创新。

一是加快现代企业制度建设。日韩等企业发展经验表明，随着公司规模扩张，建立完善经营权和所有权相分离、权责明确等为特征的现代企业制度，吸引大型金融集团和实力雄厚的公司入股，打破家族式经营管理垄断制度和改变人格化交易制度安排，必不可少。全国最大的印染企业江龙集团形成债务危机与资金黑洞直至破产停牌，与以家族式为主的企业内部管理制度弊端和相关经营管理监督机制不完善有较大关系，这是一个重要的经验教训。[1]

二是鼓励企业技术引进与技术创新。工业化后期日韩等国政府在

---

[1]　宗新建等：《绍兴最大印染企业江龙控股资金链断裂》，2008年10月，新浪财经网（http：//finance. sina. com. cn/chanjing/）。

技术创新和引进方面投入非常大，并制定一系列促进产业升级的法规政策。这个时期各企业也纷纷成立附属研究机构，采取技术引进和自主开发相结合的发展战略，配合政府的产业引导升级战略。据统计，1982—1990 年工业化中后期，韩国"五五"计划和"六五"计划共引进技术项目支付费用和给予税收、贷款、财政补贴等方面的优惠，相当于 1963—1981 年四个计划期的 2.5 倍和 7.7 倍①。绍兴县目前的低附加值、贴牌生产和低水平加工业，亟须进行技术创新和制度创新。

三是强化中小企业的作用。工业化中后期，政府既重视大企业发展领军作用，也重视中小企业发展，利用行政和市场两种力量，积极采取促进中小企业发展的措施。事实证明，中小企业快速发展，对于后期推动产业结构调整尤其是向技术密集型产业转变中，起到了重要作用，比如韩国高技术产业领域中小企业占企业总数的 95%，成为工业化中后期产业升级的重要力量。

跳出绍兴发展绍兴

工业化中后期 20 世纪 70 年代的日本和 80 年代的韩国，大量进行对外投资，向周边国家和地区转移部分劳动密集型产业，以此逐步实现结构优化。有研究显示，浙江在 A 股上市的上市公司对省外投资呈较快增长趋势。2006—2008 年，90% 以上的公司有对外投资行为，投资的领域主要集中在纺织、电器、电子、化工医药，以及房地产、批发零售等服务业。② 因此，对于拥有庞大产业资本的绍兴县而言，加强对外直接投资，尤其是以纺织业为主体的对外梯度转移和积极发展纺织总部经济，可以相对快速达到实现产业结构优化升级目的。当然，绍兴县同时需要加强对外开放，吸引境外省外县外资本进入电子、电力、机械、建材等行业，以及金融保险、商业贸易、租赁商

---

① 郑新立：《韩国工业化的经验及其借鉴》，《经济研究参考》1993 年第 3 期。
② 卓勇良、姚蕾：《浙江上市公司对省外投资研究》，《改革与发展研究》2010 年第 12 期。

务、科技研发等服务业，培育本地技术与经营管理知识型行业，提供全县必要的生产管理技术、高级劳动力资本和中间投入品，发展技术密集型产业，积极助推本地产业升级。

跳出产业升级产业

产业结构转型升级是多方面多因素作用的综合结果。不仅需要高级人才和高素质劳动力，而且需要均衡而较高的社会生活水平，需要城市化和工业化良性互动。从财政收入和居民储蓄存款等水平看，绍兴县已拥有较大的经济资源调配配置能力，但只有略高于全省范围中等偏上的社会发展水平。外来人口的生活水平和保障水平远低于本地人生活水平，贫富差异、地区差异和城乡差异降低了全县经济竞争力，阻碍了消费升级、产业升级和结构优化。因此，首先，需要促进基本公共服务均等化，促进社会公平发展，营造一个促进经济稳步发展的社会环境。其次，促进行业就业公平。对绍兴县三次产业就业结构的比较分析显示，不同行业间的结构偏离度偏差较大，消除行业壁垒和就业歧视，提高资源配置效率，需要深入推进。最后，重视城市化与工业化互动。历史经验表明，城市化与工业化相辅相成，没有一个较高的城市化水平，就不可能拥有一个较先进的工业化水平。

第十三章

拓展延伸和优化产业链
——转型期吴兴区工业升级路径探讨

湖州吴兴区（原吴兴县、乌程县）地处长三角地理中心、南太湖之滨，临杭濒沪接苏南，是环太湖产业发展带的重要节点。吴兴区历来作为江南鱼米之乡，气候宜人，烟火万家①，元代诗人曾有"行遍江南清丽地、人生只合住湖州"之赞，距离上海、南京、杭州、苏州等主要城市，均在一小时交通圈左右。

2011 年，吴兴区人均 GDP 超过 10000 美元，城市化水平超过 65%，工业化、城市化发展进入转型升级的重要战略机遇期，纺织、建材等传统制造业比重出现下降，机电装备、新能源新材料等中高端产业产品日渐增多，生产性服务业比重不断提高，产业升级迎来新机遇。"十二五"以来，全区紧紧围绕"经济强区、科技新城、生态家园、幸福吴兴"的建设目标，努力打造创新发展实验区、现代产业集聚区等。②

第一节　工业升级机遇与挑战

发展机遇

一是实体经济重振造就吴兴工业升级新机遇。实体经济是国民经济的根基，工业化是经济实体化的主体。浙江省委省政府提出将发展

---

① 乾隆《乌程县志》卷11《乡镇》。
② 《湖州市吴兴区政府工作报告 2012 年》，吴兴区政府网（http://www.wuxing.gov.cn/）。

实体经济作为今后重中之重的任务来抓，继续支持发展新兴产业，加快提升装备制造业，重点培育一批大型成套装备企业，适度发展钢铁、石化等临港重化工业，加快推进"四大建设"战略等，为吴兴发展以工业为主的实体经济带来了新机遇。① 同时，信息网络、生物新能源等新技术正在酝酿形成，迫于增长压力发达国家正在逐步放松高技术出口限制，新材料、节能环保、电子信息等新兴产业发展进入加速成长期。加强统筹规划、积极谋划、抢占先机，吴兴工业强区建设就有可能取得新突破。

二是产业转移浪潮激发吴兴工业建设新旋律。尽管遭遇百年一遇的国际金融危机，世界经济发展不确定性增强，全球需求结构发生明显变化，贸易保护主义有所抬头，但经济全球化仍持续深入发展，国际产业分工和转移大趋势并未改变。发挥长三角地理中心优势，加快淘汰落后产能、腾笼换鸟，积极承接国内外尤其是上海苏南等邻近产业转移和产业配套，逐渐成为吴兴工业发展建设新的主旋律。同时，随着信息技术和制造技术深度融合，数字制造、柔性制造、虚拟制造等生产方式越来越普遍，并成为世界先进制造业发展变革的主要脉络，为吴兴加快行业投资更新改造和制造升级，以及工业强区建设明确了方向。

三是城市化和消费升级形成工业强区新空间。未来数年，长三角及浙江城市化水平将达到 67% 和 65% 以上，湖州地区也将达到 64% 以上，城市化水平持续快速提升，经济增长的内生性动力不断增强，形成了对金属、能源、设备、建材等工业中间品内需的巨大空间。同时，长三角地区人均 GDP 将提高到 12000 美元以上，吴兴区人均 GDP 也将从目前的 10000 美元左右提高至 15000 美元，收入水平和购买力大大增强，推动着居民消费结构持续优化升级，逐步步入以高档消费品为主的升级阶段，汽车、智能手机、电子产品、高级化妆品、高档家电等的巨大消费潜力将释放，为吴兴工业强区提供了强有力支撑。

四是区域竞合倒逼吴兴推出工业升级新谋略。当前浙江各地纷纷开展工业强市强县建设，出台包括金融、财政、人才引进等在内的各种支

---

① 《浙江工业强省建设"十二五"规划》，浙江省人民政府 2012 年发布。

持实体经济的实质性举措，周边县市如长兴、南浔、嘉善等也已经或正在制定工业强县建设规划或方案，加之苏锡常地区吴江、宜兴、武进等的有力竞争，以招商引资为抓手的吴兴工业强区面临直接挑战，企业面临长三角乃至全球跨国公司的有力竞争。另外，国务院关于长三角发展指导意见、长江三角洲地区区域规划、皖江城市带产业转移示范区规划等，制定了各项推动区域协调发展政策，区域合作不断增强，吴兴工业升级迫切需要加快制定新的竞合发展方略。

五是转变发展方式提出了吴兴工业发展新要求。未来数年，我国尤其是浙江工业发展环境将发生深刻变化，长期积累的深层次矛盾日益突出，资源利用对外依存度较高与资源获取难度提高的矛盾不断加大，生态环境约束不断强化，粗放增长模式难以为继，已进入必须以转型升级促进工业又好又快发展的新阶段。与此同时，原材料、劳动力、土地等成本持续上涨，环境保护、节能减排任务更加艰巨，形成了加快转变经济发展方式的倒逼机制，科技创新、智慧制造、品牌建设等对经济发展的支撑作用日益凸显，给吴兴区工业发展提出了新的要求。

发展挑战

一是总量规模相对偏小，行业集中度有待提高。与其他县（市、区）相比，吴兴区工业规模相对偏小，规模以上工业产值列长三角全部142个县（市、区）倒数第29位，与苏南的高淳县、溧水县接近，仅为邻县吴江的15.7%。规模以上企业数量偏少，企业规模不够大，户均产值较低，缺乏具有国际竞争力的大企业。2011年按新口径统计的规模企业数量291家，分别少于德清、长兴、南浔、安吉的565家、518家、412家和310家，列长三角地区各县市区倒数第34位。

二是传统产业比重较高，结构优化升级有待提速。2011年吴兴区规模以上工业企业产值中，纺织比重高达22.8%，分别高出湖州和浙江8.4、12.0个百分点；按照全部工业计算的纺织产业比重超过50%，但其创造利税仅为全区20%左右，规模与效益不成正比。高新技术产业增加值占GDP的3.9%，远低于长兴、德清、南浔的11.7%、11.3%和12.6%，仅为浙江平均值的一半，机电装备比重也低于浙江平均水平。

三是技术创新能力不强，行业价值链有待提升。工业研究与试验发展经费占其主营业务收入比重偏低，低于全国和浙江平均水平，创新能力滞后。制造以代工为主，处于"微笑曲线"底部，研究设计和营销品牌能力不足，品牌附加值不高。2011 年，吴兴区全部工业增加值率为 14% 左右，规模以上工业增加值率为 18%，均低于开发区、安吉、德清、长兴等列较低位次，也低于浙江平均水平（19.3%）。

四是产业空间关系分散，土地利用效率有待提升。吴兴区织里镇、八里店、埭溪、东林、道场、妙西、环渚等乡镇街道均拥有工业园区或功能区，块状经济之间的空间关系不强，产业关联度低，空间分散，布局有待进一步整合优化。部分项目落实不到位，影响了土地资源集约利用和关联产业集中，土地、资金等资源集约利用水平有待提升，招商引资等相关产业政策和准入门槛有待进一步提高完善。

第二节　吴兴区工业升级发展重点领域

立足优势，结合实际，未来吴兴区应避免行业过度分散发展布局，坚持产业集聚集约导向，突出产业四大重点，拓展延伸产业链，推进工业升级，着力打造环太湖产业发展带乃至长三角地区的先进制造业基地。

做强先进装备制造业

——金属制品。着力发挥龙头企业带动作用，提升上游压延产品，扩展下游金属制品生产，不断拓展产业链、价值链，推进支柱产业做大做强，打造全国一流的工业管道生产基地、浙江领先的不锈钢管材和节能铝材加工基地。[①] 鼓励企业采用新技术、新材料、新工艺，加大技术改造和产品创新力度，研发生产核电装备、金属压力容器、

---

① 吴兴工业园区、省发改所编：《浙江吴兴工业园区产业发展和扩容规划》，2007 年 12 月。

有色金属新型合金品种等高性能新产品，做强关键基础零部件及基础制造装备。着力提升电镀、冲压、锻压、清洁高效铸造、新型焊接及热处理等基础压延加工制造能力，加强工艺装备及检测能力建设，不断提升基础部件制造过程的智能化、绿色化、数字化水平，提升行业关键零部件质量水平。

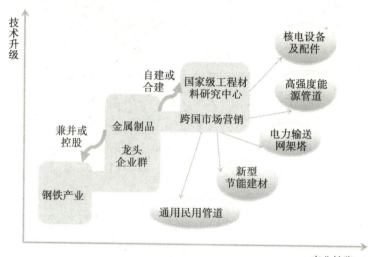

图 13 - 1　金属制品产业发展升级路线

——成套装备及部件。充分发挥长三角地理中心区位优势和长湖申航道优势，重点发展工程机械、物流机械、环保设备、数控机床等重大成套专用设备制造业，加快建设浙北临港重装产业园。抓住浙江建设智慧城市和实施智能制造装备应用工程示范契机，加快进入集散控制系统、数控加工设备、仪器仪表关键零部件等领域，发展数字化智能化成型加工设备、自动化信息化物流成套设备等智能制造装备业。围绕战略性新兴产业发展布局，着力引进新产业、新项目、新技术，提升潮汐能、海洋能、水电、风电、核电及生物质能装备系统等相关配件制造能力，择机引进发展海洋工程、能源装备等通用设备制造业。

——汽车及零配件。抓住国际汽车及零配件制造产业向中国及沿海地区转移的机遇，着力引进知名汽车企业及其研发团队，大力承接发展汽车整车制造。着力提高全区汽车零配件产业集聚生产能力，提

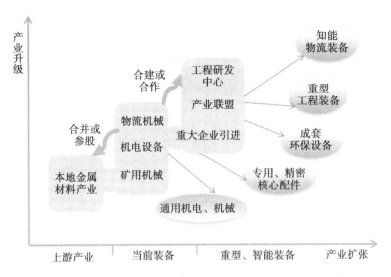

图 13 - 2　成套装备产业发展升级路线

高产品技术水平和档次，培育形成有较大影响力的浙北地区汽车零部件产业集群。依托汽车电子电器类龙头企业，重点发展轿车、中高端客车、专用车、特种车、摩托车等关键零部件，以及为汽车整车配套的动力、制动、承载、传动、转向等系统产品，引进包括汽车应用电子电器、电机马达、悬挂系部件、汽车空调、电池电控等汽车产品。抓住新能源汽车产业发展机遇，培育发展节能动力电池、驱动电机等节能汽车和新能源汽车项目。

做精特色纺织业

——差异化纤维。着力发展大型合成纤维及差别化合成纤维新品种，积极发展超仿真、功能性、差异化纤维，培育发展特种天然纤维和利用可再生资源的新型纤维，打造浙江知名的高性能差异化纤维制造基地。培育引进若干个主业突出、拥有自主知识产权、核心竞争力强的纤维大企业集团，提升产品开发、技术创新和市场开拓能力，发挥对产业发展的龙头带动作用。加强高仿真化学纤维技术的产品开发和应用，不断提高差别化、功能性纤维的产出比例，化纤面料质量档次达到国际先进水平，培育若干经编用优势产品。加大高新技术、绿

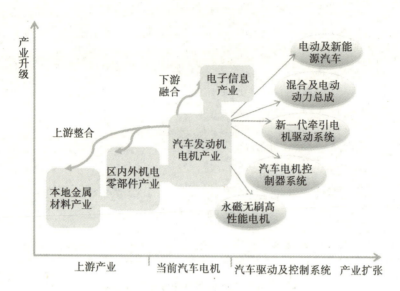

图 13 - 3　汽车及零部件产业发展升级路线

色循环技术改造应用力度，积极推动废旧纤维制品循环利用，不断提高再生纤维利用比重。

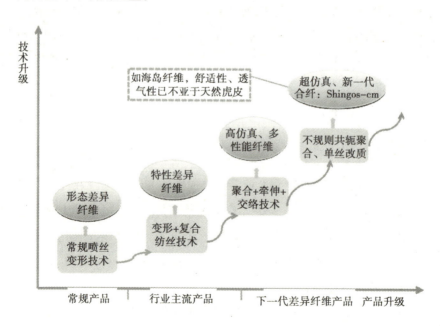

图 13 - 4　差异化纤维产业技术升级路线

——羊绒及真丝。围绕羊绒制品特色优势产业，拓展延伸羊绒产业链，增加高附加值、高科技含量、年轻化产能，强化产品设计、品牌和营销体系建设，培育国内知名羊绒制品设计、制造、营销、集散产业链基地，打造全国品牌羊绒制品基地。鼓励支持企业加大技术创新力度，积极拓展羊绒、羊毛、真丝系列产品，强化新品种开发设计制造能力，不断提高企业国际市场竞争力。在传统纺织业推广运用高新技术改造提升织造经编、印染、后整理等工序，推广高效节能纺纱、数码织造新技术，推广少水或无水印染、中水回用等新型印染后整理技术，提高加工技术和产品技术水平，提高高档家纺产品比例，推动吴兴区纺织向纺织强区转变。

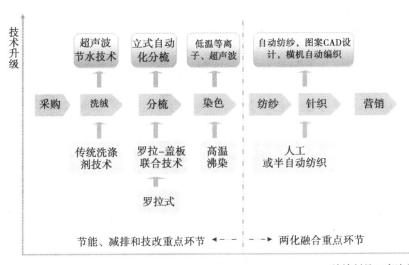

图13－5　羊绒制品全工序技术升级路线

——品牌童装。大力实施品牌战略，推进童装产业设计能力建设和自主品牌建设，引导企业和个体户提高对设计、研发、物流、营销等各价值链环节的掌控和整合能力。重点依托织里童装制造基地，引导产业集聚集约，从低端制造为主逐步向高端制造和总部经济为主转变，着力打造形成全国最大的品牌童装生产和贸易中心。加快整合中小童装企业，培育壮大龙头企业，积极支持企业开展技术创新、设备更新改造和新产品开发，加强营销创新和供应链管理，鼓励企业向研发设计和品牌营销转变，提高产品附加值。提升发展精品专业市场，建设大型棉坯布集散中心，巩固扩大品牌影响力、市场带动力和辐射力，着力提升"中国童装之都"的综合竞争力。

做大光能电子业

——光电新能。坚持"内外并举、多方联动、创新创牌、抢抓先机"的发展思路，以东部光电产业园建设为契机，重点发展太阳能光伏、光伏装备、光伏辅助材料和储能产业，以及 LED 电子生产、芯片制造、组件封装等，持续提升光电新能业，打造浙北光电新能示范基地。[1] 着力引进发展一批优质项目，依托龙头企业推动光电产业集聚和产业化分工，上下游整合硅片生产、电池制造、组件封装和产业配套项目，横向发展光伏设备、风电设备零部件等配套装备制造业，积极打造光伏新能源产业链。培育一批成长潜力较强、抗风险能力较强的光电企业，加强技术引进、消化吸收和再创新，不断提高生产设备和产品制造效率、可靠性和自动化程度。

——电子信息。围绕"智造强区"和"两化融合"，大力发展新一代信息技术、计算机网络、软件开发和应用、集成电路板制造等电子信息产业。积极引进通信器材、数字移动通信、数字视听、IT 产品和多媒体产品等信息智能化设备制造业，着力建设浙北电子信息产业集聚区。[2] 强化光电子、应用电子、计算机网络设备和数字化产品研发及其产业化，大力发展计算机网络设备关键配套产品、数字多媒体产品、光电子器件和光机电组件、新型电子元器件、新型应用电子产品等。积极支持云计算、物联网等产业发展，加强云计算平台建设，建设大容量数据库存储和高效智能数据处理系统，实施智能交通、智能制造、智能环保等一批示范项目。

——生物医药等。加大产业招商力度，着力引进一批生物医药、

---

① 《关于加快培育发展战略性新兴产业的实施意见》，吴兴区委区政府，2012 年 5 月。
② 同上。

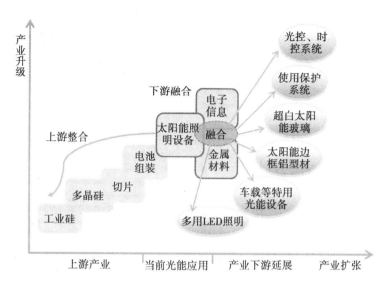

图 13 - 6　光电新能产业发展升级路线

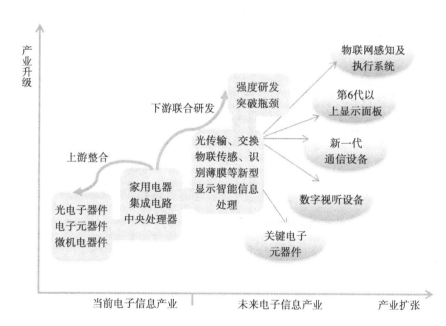

图 13 - 7　电子信息产业发展升级路线

精细化工、节能环保、新材料等高新企业，重点发展中高档化妆品、现代生物医药及生物医用材料、疫苗及新型诊断试剂、新型中药制剂、新合成药物、制剂或药用辅料、医用敷料产品和生物提取物等产品。面向工业、交通、建筑等重点领域，引进生产和开发推广各类高效节能技术装备及产品，积极发展节能环保产业。面向长三角乃至全球进行招商选资，引进培育高性能金属材料、电子信息材料、新型能源材料、先进高分子材料、新型无机非金属材料、高性能复合材料等高新技术产品，加快提升发展新材料产业。

做优生产性服务业

——工业设计及研发。引导企业加大设计创新投入，着力推进特色工业设计基地建设，加强工业设计知识产权应用保护，加快工业设计成果产业化，大力发展以功能设计、结构设计、形态及包装设计等为主的工业设计。依托童装生产性服务业集聚区，建设集创意设计、专业服务、总部经济功能于一体的生产性服务业示范基地[①]。依托湖州多媒体产业园，大力开展数据中心、云计算平台、人才培训与软件测试中心、湖州工业化和信息化"两化融合"公共平台等建设，加强与国际知名企业的节能技术创新中心、智能电网信息化建设合作，积极发展信息服务及服务外包。[②] 依托吴兴科创园等基地，扶持一批专业化的技术成果转化为服务企业，鼓励制造企业分离发展科技研发和信息服务业，进一步加快科技信息服务平台建设，支持外包人才培训和实训基地建设。

——总部经济。重点支持工业骨干龙头企业发展总部经济，支持骨干企业发挥龙头作用建立战略联盟，引导省外、海外湖商总部回归，建设集"研发设计、运营管理、集成制造、营销服务"为一体的企业总部和总部经济基地。围绕南太湖中央花园、总部经济园，集聚发展一批总部型跨地域企业集团，大力发展电子商务、金融服务等，支持生产企业拓展连锁经营、直营销售、特许加盟、生产外包等

---

① 省发改委编：《浙江省"十二五"规划纲要读本》，2011 年 1 月。

② 湖州多媒体产业园、市发规院编：《湖州多媒体产业园建设发展规划》，2011 年 7 月。

新型商贸流通业态，强化商务配套和生活配套，打造以总部经济为核心的城市商贸综合体。加快总部经济园引进设立国内金融机构，注重培育发展贷款公司、保险、担保、证券等非银行金融机构，积极发展会计、审计、法律咨询等中介机构。

——现代物流。充分发挥区位优势和特色产业优势，以织里童装市场、浙北山货市场等专业市场为重点，着力发展物流园区、物流中心和第三方物流，增强信息化配套功能，改造提升传统市场业态，推动专业市场向现代商贸城转型。大力发展制造业物流服务，引导工业企业加快物流业务分离外包，推进电子商务平台与物流信息化集成发展，培育建设临港物流产业园、祥瑞城乡配送等物流园区，构建完善仓储配送、流通加工、信息网络等功能在内的现代物流体系。鼓励物流服务和商业模式创新，加快信用、认证、支付和物流平台建设，积极发展企业电子商务，培育发展包括仓单质押、动产质押、保兑仓、开证监管等在内的物流金融。

第三节　加强政策措施保障和体制创新

保护环境和扩大投资并重

一是扭转传统投资理念。吴兴区资源要素制约严重和生态环境优美的并存形势，决定了传统的低成本、低价格和高排放的粗放型工业投资道路难以为继。坚决摒弃比拼成本、价格、能源、土地、政策优惠和以牺牲环境为代价的投资行为，鼓励既重视土地、厂房、设备等"硬投入"，又重视人才、研发、培训等"软投入"，建立专项资金用于淘汰落后产能。[①] 二是积极推进民间投资。精心推动光电新能、先进装备制造等战略性新兴产业项目引进，推进民间资本介入战略性新兴产业和高技术产业投资。加大优势产业转型升级力度，引导以智能化和信息化设备替代低素质劳动力的技术改造投资。三是强化有效激

———————
① 《关于加快淘汰落后产能的若干政策意见》，吴兴区委区政府，2012 年 5 月。

励。提高产业政策科学性和功能性，减小产业政策扭曲和激励偏差，完善工业投资社会化服务，加快形成推进工业有效投资的科学政策体系和社会化服务体系。

健全土地资金和人才保障

一是多途径开辟土地资源。积极推进土地二次开发，大力推广"零增地"技改，推进"腾笼换鸟"，加大闲置土地清理力度，提高土地利用率。提高项目准入门槛，优先保障"大好高"项目用地需求，为重大项目推进提供土地保障。[①] 二是多元化开拓金融资源。以缓解企业融资瓶颈为着眼点，深入推进金融服务创新，大力引进各类金融机构。探索建立政府主导的产业投资引导基金，积极引导社会资金参与对吴兴区鼓励发展产业领域的股权投资。三是多层次开发人力资源。深入推进"南太湖精英计划"和重大人才工程，切实加强专业技术人才、经营管理人才、高技能人才队伍建设，着力在创意人才、学科领军人才和创新团队建设上实现突破。

优化产业发展环境

一是优化政企协调系统。建立健全政府服务企业、推进项目建设的长效工作机制。进一步扩容企业信息数据，逐步建立辐射全区工业企业的服务网络。健全重大项目协调推进体制，完善重大项目推进机制和协调服务包干责任制，加强跟踪问效。二是优化行政服务环境。以减少审批部门、减少审批事项、减少审批环节、减少审批时间为重点，进一步简化和规范审批事项办事程序，下放产业政策规定的鼓励、允许类工业投资项目审批权限。三是优化行业共性服务体系。加快建设关键共性技术供给、质量检测公共平台、行业信息公布、工业预警监测等行业共性服务体系，体现集聚效应，降低企业外部运行成本。构建工业预警监测平台，建立并完善工业经济监测预警部门联席

---

① 《关于加强工业用地管理进一步提高土地利用效率的实施意见》，吴兴区委区政府，2012 年 5 月。

会议制度，切实做好运行监测预警。

加强体制机制创新

一是加强民营体制机制创新。深化投资体制改革，确立民营企业为主的主体发展地位，大力发展民营经济。充分利用民间资本丰厚、创业决策灵活、吸纳人才多样的优势，引导民间资本与外企、央企、名企对接，推动经济转型升级。二是切实增强产业发展内生机制。从技术进步、科技成果产业化、资源节约、淘汰落后等方面综合协调，依托现有产业资源，构建产业发展内生机制。通过政策和资金支持，链接学研机构和企业，拓宽"政产学研"合作模式，推进科研成果加速产业化，推动产业技术进步。三是深化对外开放合作体制。积极引进外资，大力推进战略性新兴产业的国际合作，鼓励区内企业对世界500强企业、跨国公司接轨合作，整体提升企业管理、技术等一揽子水平，加快企业"走出去"和国际化步伐。深度对接国际贸易规则，加快由以往的"事后补贴"向"事前补贴"制度转变，实施功能性产业政策，提高国际市场话语权。

第十四章

着力创新驱动产业升级
——转型期义乌市产业升级路径探讨

义乌是浙中地区一颗璀璨的明珠,古称乌伤。[①] 改革开放 30 余年,从一个相对落后封闭的农业小县一跃成为实力雄厚的全国百强乃至前十强县市,总人口由 1978 年的 55 万人增加至约 200 万人,市建成区面积由 3 平方公里扩大到 100 平方公里,经济发展、体制创新等可以说一直走在全国前列、浙江前列,"义乌模式"也常为人津津乐道。2013 年,义乌常住人均 GDP 达 1.1 万美元,户籍人均 GDP 接近 1.9 万美元,服务业比重达 57.0%,城市化水平高达 73%。国际贸易综合改革试点、国际商贸特区、市场新区,以及国际陆港城市、金融生态城市等建设日新月异。[②]

然而,义乌经济发展、产业发展等过多依赖低端产业、过多依赖低成本劳动力、过多依赖资源要素消耗、过多依赖传统市场商业模式、过多依赖低小散企业,多年来并没有本质变化。以传统劳动密集型产业为主(约占 75%)的产业结构和"农民企业家 + 中西部农民工 + 发达国家技术装备 + 低价土地"粗放型经济模式,以及相应的传统社会治理方式,越来越难以适应未来经济社会竞争需要,难以适应现代知识经济发展的需要,难以适应成为高收入经济体的需要。从中高收入经济体跃升为高收入经济体,义乌转型升级发展正处于一个重要关口。

---

① 吴世春:《义乌县志》,浙江人民出版社 1993 年版,第 21 页。
② 《义乌市政府工作报告 2013 年》,中国义乌政府网(http://www.yw.gov.cn/)。

第一节　义乌产业发展深层次问题与转型思路

2013 年，全球知名媒体《福布斯》发布中国最富有县级市排行榜，义乌市高居榜首。[①] 但富有不代表高端先进、发展永续和核心竞争力强大，产业发展存在的深层次问题，根本上制约着义乌下一步转型升级和实现大跨越。

义乌产业转型升级迫切性

一是适应世界贸易格局显著变化的迫切需要。当前我国外贸个位数增长或将成为常态，房地产泡沫风险在上升，内需增长不容乐观，投资缺乏新增长点，经济减速已成必然。经济潜在增长率降至 7% 左右，传统"快"字当头的发展时代已过去。发展实体经济，推进产业转型升级，寻求新的发展途径，培育新的增长点，义乌发展才有后劲和空间。

二是适应国内"三期叠加"转型变化的迫切需要。改革开放以来，义乌抓住计划轨向市场轨的转型机遇，"兴商建市"发展战略取得巨大成效。但是，自 2012 年以来国内"增长速度进入换挡期""结构调整面临阵痛期""前期刺激政策消化期"三期叠加的新常态，主要依靠大量要素投入的低水平低效益发展方式日益不可持续，各地未来发展模式面临又一次重大转型。

三是适应三个重大拐点形势变化的迫切需要。近年来浙江乃至中国劳动力市场发生重大变化，"人口红利拐点""刘易斯转折点""库兹涅茨曲线拐点"三点相继出现并叠加，劳动力成本、环境资源成本快速上涨。提高质量效益、劳动生产率等，增加劳动收入，促进经济内在升级，是义乌人均 GDP 达到 1 万美元后翻越中等收入陷阱的必然要求。

---

① 《2013 中国最富有县级市排名》，2013 年 7 月，福布斯中文网（http://www.forbeschina.com/）。

四是适应生态文明发展建设的迫切需要。"绿水青山就是金山银山。"改革开放以来义乌一路高歌猛进，但经济发展与资源环境的矛盾日益尖锐。庞大的人口规模和传统经济规模和社会管理压力，以及相应的资源生态承受力，已处在临界状态。以传统产业为主的发展结构和模式，越来越难以适应城市转型发展，难以适应现代生态文明建设。

五是适应经济发展比较优势升级的迫切需要。按照比较优势制定区域发展战略，符合最优经济原则。经过了 30 余年的快速发展和资本积累，义乌比较优势发生了显著变化，劳动力优势逐渐被资本比较优势取代。义乌城乡居民可支配收入，人均存款储蓄，均大大高于浙江平均水平，在全省 17 强县（市、区）中也是数一数二的。[①] 着力发挥资本、知识密集的新比较优势，提升产业层次，是下一步发展的必然选择。

义乌产业发展深层次问题

一是低产业层次。纺织等传统产业占据主导地位，总量大而不强、质量实而无名。2013 年，义乌传统产业占工业比重的 3/4 以上，纺织业比重约占 1/4，大纺织业占规模以上制造业比重在 50% 以上。战略性新兴产业、高新技术产业增加值比重偏低，全市 R&D 经费占 GDP 比重仅为 1%，企业创新意愿和能力薄弱，技术设备大量引进发达国家和地区的工艺设备，消化吸收再创新能力弱。

二是低劳动素质。增强产业竞争力，推进转型升级，人力资本是核心。低层次劳动密集型为主的产业结构，与劳动力素质较低相关。根据义乌第六次人口普查，全社会就业结构中初中及以下学历人员比例高达 75%，大部分集中在工业建筑业（占 63%）。专业技术人员比例 5.9%，从事商业服务业、生产运输设备操作人员等简单劳动为主

---

① 指萧山区、余杭区、富阳市、鄞州区、余姚市、慈溪市、平湖市、海宁市、桐乡市、瑞安市、乐清市、诸暨市、上虞市、绍兴县、温岭市、义乌市、永康市等浙江 17 个最发达的县（市、区）。

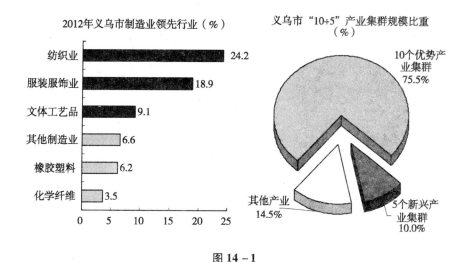

图 14-1

资料来源:《义乌市统计年鉴 2013》。

的职业比例高达 79.3%,劳动力资源配置不合理,阻碍了产业转型升级。

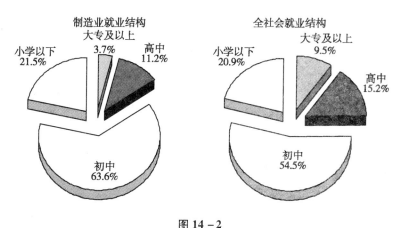

图 14-2

资料来源:《义乌市统计年鉴 2013》。

三是低资源利用效率。2000—2013 年,全市每度电消耗创造增加值不升反降,工业每度电消耗创造增加值从 10.2 元下降至 6.4 元,全社会每度电消耗创造增加值从 13.3 元降至 12.2 元,资源利用效率状况并无多大改善。2013 年,全市开发区园区用地 5 亩以上工业企业平均亩产税收为 6.5 万元,而全省开发区园区亩产税收约 15 万元;

亩均工业增加值大大低于 17 强县市平均水平。

四是低、小、散企业布局。工业经济仍是典型的低、小、散布局，多数企业凭借单纯规模扩展、产量提升和价格竞争等手段发展，产业集群同质化现象严重，缺乏具有核心竞争力、品牌影响力的企业，缺乏具有较高科技研发创新设计能力的企业。2012 年全市工业单位 2.7 万家，其中规上工业企业数量仅为 662 家，规上工业产值比重 44.6%，远低于其他地区和浙江全省平均，产业集中度在 17 强县市区排名较靠后。

五是低劳动生产率。劳动生产率是经济发展水平和经济发展方式转变的根本标志，是内生性增长的主要动力。破解目前义乌经济的一系列结构性问题，关键是提高劳动生产率。2013 年，根据统计，义乌全部工业劳动生产率仅为 6.2 万元/人、全社会劳动生产率 9.3 万元/人、规上工业劳动生产率 11.2 万元/人，而浙江分别为 10 万元/人、10.1 万元/人、15.5 万元/人，远低于浙江全省平均水平。不过，这也意味着义乌未来具有较大增长空间。

义乌创新驱动产业升级新思路

义乌产业转型升级，应立足于发挥本地优势。即积极发挥市场和资本积累的双重优势，以"鸡毛换糖"再出发的勇气，解放思想、深化改革、扩大开放①，以创业创新驱动为主线，加快资本转型，促进资本换人才、资本换知识、资本换项目，着力资本换代推动制造业转型，着力电商换市推动市场转型，着力空间换地推动要素转型，着力陆港联动推动物流转型，着力品牌创建推动"义乌制造"向"义乌创造"转变，加快经济结构优化调整，不断增强义乌国际竞争力。

义乌产业转型升级，首要任务是推进资本转型。即从本地化资本为主，向本地资本引进与资本输出结合转型；从农民企业家与中西部农民工的结合，转变为知识型企业家与高素质要素的结合；从人格化

---

① 义乌市委：《中共义乌市委关于解放思想　深化改革　加快推进转型发展的决定》，2013 年 8 月义乌市委十三届五次全会。

资本为主，向人格化资本与制度化资本结合转变；从以制造业和房地产为主体的产业资本，向制造业和服务业资本并重，以及与金融资本的结合转型。鼓励培育养成企业家精神，加快推进一大批经验型农民企业家转变为知识型企业家；鼓励企业加快研发创新和更新改造，用本土化制造研发工艺装备，替代舶来品；鼓励企业建立现代企业制度，完善公司法人治理架构和职业经理人制度；有序引导支持义乌产业资本省外、境外布局投资，跳出义乌发展义乌，跳出工业升级工业。

第二节 加强创业创新，推动产业转型

做强实体经济，推动制造转型

工业是本钱，也是义乌推进产业转型的重点难点。积极实施资本转型战略，强化产业链多元拓展和转型升级，培育本土化制造业优势，提高产业链分工水平，提高劳动生产率，做强实体经济，重构制造优势。

促进资本转型，着力本土化制造优势。一是以资本换人才，强化人力资本积累。增强经济软实力，培育本土化制造业优势，人力资本是核心。义乌已经具备低端要素驱动向较高素质人力资本驱动转变的条件。重视企业家尤其是新生代企业家、商人培养，将大量义商培育成为浙江乃至我国各行业突出型人才，力争形成万名科技新义商集群。二是以资本换知识，强化社会资本积累。"没有夕阳产业，只有夕阳技术。"加强政府对制造企业研发投入和技术专利购买引进支持，支持小微企业研发研究，加速企业（无形）资本积累。三是以资本换项目，强化物质资本积累。义乌袜子、饰品等产量占全球10%以上，然而织袜机等设备和零部件，均需从意大利、德国等地进口。着力构建资本对接平台，积极引导社会各类资本进入实体经济，加强本土化研发创新，逐步实现先进进口工艺装备的自主研发生产。

推进机器换人，着力提高劳动生产率。一是改造提升，加快提高

传统产业效率。义乌工业劳动生产率仅为浙江全省平均的 3/4、全国平均的 1/2，制造业大而不强。加快企业技术更新改造，"三个人干五个人的活、分四个人的工资"①，力争累计完成 1000 亿元技改投资规模，规上企业机器换人专项达 1000 家。② 二是两化融合，积极推广应用机器人。普及应用自动化机器人设备，是适应全球新工业革命的需要，义乌不能落后。加快发展符合本地产业的智能化设备制造企业、工业自动化控制软件企业，扎实推进企业两化深度融合行动。以 APEC 中小企业技术交流暨展览会和装博会等会展为平台，积极培育引进和推介全球各类工业机器人装备。三是强化职教培训，破解依赖低端劳动力难题。制造业劳动力素质偏低，专业技术人员、职业技能人才比重较低，教育培养与生产所需人才存在较大脱节。发挥义乌职业教育优势，"学中干、干中学"，切实抓好职业技术教育人才培育，培育一支现代化产业大军。

表 14 - 1　　　　　　　　机器人在义乌各行业主要应用领域

	工业机器人	特种机器人
内容用途	面向工业领域的多关节机械手或多自由度机器人，广泛应用于行业自动化生产线	服务机器人、水下机器人、娱乐机器人、军用机器人、农业机器人、微操作机器人等
应用领域	汽车及零部件、化工、纺织、电子电器、模具家具、金属制品、食品饮料等行业	物流、快递、商务、环保、居民服务、农业播种浇灌和收割等现代服务业和现代农业

　　说明：中国已经成为全球最大的机器人市场。德国世界机器人联合会数据显示，2013 年中国超过日本，成为全球最大的工业机器人买家，全球出售的每 5 台工业机器人中就有 1 台被中国买走。

　　加快腾笼换鸟，发展资本技术密集行业。一是以增量优化存量，大力培育发展新兴产业。较发达的经济体必定有相对高级的产业结

---

　　①　李强：《深入实施"四换三名"工程推进浙江经济转型升级》，《政策瞭望》2014 年第 2 期。

　　②　浙江省经信委关于贯彻落实浙江工业强省建设"十二五"规划的通知，计划未来 5 年即 2011—2015 年，每年推动实施 5000 个机器换人项目、实现 5000 亿元机器换人投资。

构。大力发展新材料、汽车及零部件、生物医药等五大战略性新兴产业①，引进高附加值、低能耗、低排放关联产业，切实淘汰纺织印染、电镀、制革、造纸、铅蓄电池等落后产能，加快推进产业结构战略性调整。二是加快科技成果产业化，助推产业转型升级。义乌是小商品的海洋，工业设计创新具有巨大的空间。加大政府财政和企业投入力度，重点支持中科院沈阳自动化所义乌中心、中国义乌工业设计中心等创新平台建设，积极推动织袜机及相关机械、模具、玩具、材料等科技成果产业化，为高新技术产业和传统产业改造提供强大的技术支撑。三是做精做优块状经济，提升产业链发展水平。一般而言，产业链、价值链的制造和加工利润率只有5%—10%，而研发设计、品牌和营销等上下游环节的利润水平可以高达50%，甚至更高。鼓励企业积极向产业链上下游拓展，积极发展创意产业、关联产业，建立研发公共服务平台，提升产业链附加值水平，提升块状经济产业分工地位和集群竞争力。

加快电商换市，推动市场转型

义乌是电子商务大市。推进产业转型，市场转型是重要推手。以资本运营为主，加快推进国际小商品城内贸市场拓展；积极推动电商换市，着力破解过多依赖传统市场和传统商业模式难题，大力发展新兴业态，促进有形市场和无形市场融合。

跳出义乌发展义乌，积极拓展内贸市场。一是构建"义乌市场"品牌准入机制。义乌市场当前面临诸多挑战，集中表现为专业市场运作"扁平化"，降低了义乌市场与其他市场紧密度，商品和物流渠道出现"去义乌化"趋势。应尽快争取"义乌中国小商品城"和"义乌国际商贸城"商标注册，并申报认定为中国驰名商标。二是策略性选择拓展区域。坚持以商城集团为主体自主经营，采取股份制形式吸引义乌商人参股共同开发。对市场拓展做全国统一布局。加强与中西部和东北地区

---

① 义乌市委、市政府：《关于深入实施工业强市战略　加快推进"制造业注地城市"建设的决定》，2012年8月。

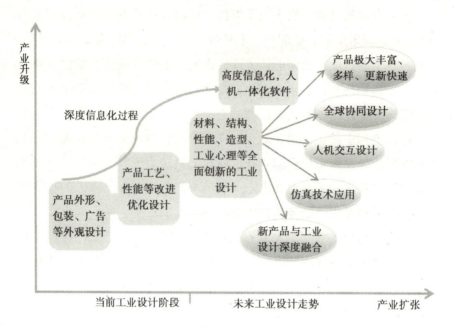

图 14 - 3 义乌小商品工业设计产业化路线示意图

合作，加强作为新丝路起点城市与中西部的对接。三是多元化推进市场拓展。立足于小商品市场品牌优势、义乌商人人脉优势、义乌资本优势，通过"义乌购"和"B2R"渠道，因地制宜拓展义乌市场。选择借鉴华南城模式、万达城市综合体模式、南昌隆鑫小商品市场产权式模式、海宁皮革城模式等开发模式实现"走出去"。

优化发展环境，建设网商集聚中心。一是加快电子商务园区建设。2013 年，义乌国内快递日均出货 63 万票，业务量和业务收入分别居全国城市第 6 位和第 8 位。以"全面优化网商发展环境"为核心，使义乌成为全国最适合开网店的城市，打造全国网商集聚中心和最高效完善的电子商务服务产业链。二是构建完善的电子商务产业链。加快服务于电商的快递物流园区和区域快递物流分拨中心，促进网络摄影、代运营、创意、商务秘书等电子商务服务机构落地并形成集聚发展态势，构建电商服务产业链。三是强化电子商务配套服务。加强信息基础设施建设，加快推进 4G 新一代通信网络建设。开展电子商务培训，举办世界电子商务大会、探索建立电商论坛等电商圈人士交流平台。

加快融合发展，打造网货营销中心。一是完善全球营销网货商品服务。巩固欧美传统销售市场，重点开拓非洲、拉美、中东欧、中亚、中东等新兴市场，打造线上虚拟仓库与线下实体仓库相结合的外贸货源开放库。二是完善全球营销交易服务平台。加快"义乌购"平台建设，完善交易保障、金融服务、跨境电子商务等多重功能，争取获批第三方支付牌照，打造义乌自有电子商务平台。三是构建线上线下联动的全球营销网络。进一步建设完善义乌国际商贸城、义乌国际生产资料市场等实体市场，完善中国小商品海外营销渠道，实体展销对网货商品的集散与展示支撑。四是提升义乌全球贸易地位和影响力。加快集聚国际商贸相关机构，强化国际商贸文化交流，全面打造义乌成为国家商贸重要机构驻地、国际商贸峰会和论坛举办地、国际客商高端生活配套服务中心，全面提升义乌在全球商品贸易、投资合作、服务贸易、文化交流等方面的影响力。

跨境发展交易[①]，打造跨境电子商务高地。一是探索实施"市场采购"的互联网监管措施办法。借鉴"市场采购"贸易方式做法，探索跨境电子商务管理体制，着力解决通关、结汇、免税备案和国际快递处理等问题。二是加快跨境电子商务园区建设。加快建设电子商务海关监管区、商务办公用房、仓储和智能化信息系统，推进义乌国际电商物流园区、义乌跨境电子商务规范化运作基地建设。三是打造跨境电子商务义乌新模式。义乌跨境电子商务日均出货 25 万票，70% 货物来源于义乌本地市场。鼓励本土平台、支付企业共同参与，积极联手敦煌网、速卖通、eBay、PayPal 等跨境电子商务平台和支付企业，探索"平台服务＋通关机制＋境外物流配送"的跨境电子商务新模式。四是提高跨境电子商务服务能力。加强跨境电子商务信息平台建设，探索制定跨境电子商务出口所涉及的相关基础信息标准和

---

① 跨境发展交易，就是借鉴国家跨境贸易电子商务服务试点城市经验，完善跨境物流体系，健全网络支付体系建设，优化通关监管模式，破解跨境物流的高运费、关税和安全性等难题。

接口的规范，实现标准化信息共享，争取发布小商品跨境电子商务指数，设立国家级跨境电子商务论坛。加强跨境电子商务金融创新，开展跨境电子商务融资和结汇业务。

加快空间换地，推动要素转型

当前，义乌亩均建设用地 GDP 仅约为 20 万元，建成区亩均产出排浙江 17 强县市区末尾，单位工业增加值废水排放、二氧化硫排放量却不低。推动产业转型升级，必须改变资源环境不计成本的工业模式，提高资源利用效率。

以亩产论英雄，建立完善倒逼机制。一是明确资源要素利用效率提升目标。以工业企业为主提高土地、能源、资金、环境容量等要素利用效率，提升发展质量和效益，形成集约、高效的要素市场化配置机制。力争至 2020 年新增工业用地亩均投资强度年均增长 15%，工业企业亩均税收年均提高 15%，工业企业亩均增加值年均增长 10%，单位工业增加值 COD 排放下降 20%。二是建立健全亩均效益综合评价体系。结合实际按企业规模设置评价体系，建立亩均税收、亩均增加值、劳动生产率、单位能耗工业增加值、每吨 COD 工业增加值等指标为主的工业亩产效益综合评价体系。三是建立差别化的资源要素价格机制。积极制定出台配套政策，对企业实施差别化的城镇土地使用税、电价、用能权、污水处理费、排污权等政策，更好地反映资源稀缺程度和生态环境损害成本，倒逼提高效率。

表 14 – 2　　　　　　　　义乌工业亩产效益综合评价机制

5 亩（含）以上工业企业		5 亩以下工业企业	
指标	权重	指标	权重
亩均税收	50%	亩均税收	70%
劳动生产率	20%		
亩均增加值	10%		
每吨 COD 工业增加值	10%	单位能耗工业增加值	30%
单位能耗工业增加值	10%		

资料来源：《海宁市要素市场化配置综合配套改革试点总体方案》内部报告。

退低进高提升，建立健全激励机制。一是建立低效企业退出激励机制。在建立差别化要素价格倒逼机制的同时，制定落后企业主动淘汰退出激励政策，促进结构调整和存量盘活。比如淘汰关停的企业，用能、排污权在规定范围内可交易或由政府按基准价回购；提升改造达标的企业，在享有原有政策基础上给予设备投资额最高至10%的奖励。二是建立公开公平的交易机制。加快推进配套改革，搭建一个一二级土地、排污权、用能权等为主要内容的资源要素公共交易中心，推动要素企业间交易、市场化配置，促进资源要素合理流动。三是健全严格的项目准入制度。从源头上控制淘汰类、限制类产能，建立以投资强度、亩均税收、单位能耗、单位排污为主的项目准入体系，并建立联席会议评审把关制度。

产城联动发展，优化升级产业布局。一是优化空间功能布局。加强各类规划衔接，将市域作为一个大城市进行规划，强化主城区及外围的产业发展和城市建设，优化乡镇辐射集聚，提升形成中心为主、东南西北四区块"星月型"空间格局。二是优化空间功能定位。中心区突出有形市场无形市场整合和现代综合服务功能，南区突出产业升级带动示范区和创新创意中心建设，北区突出国家新型工业化产业示范基地建设，西区突出仓储物流功能支撑，打造具有始发港和目的港功能的"义乌港"；东区着眼长远打造全球新兴市场经济体贸易区，积极参与海上丝绸之路建设。三是优化产业分工协作。中心城区重点发展现代服务业，经济技术开发区重点发展资本技术密集型工业，工业园区重点推进建设国家新型工业化产业示范基地，"义乌港"大力发展快递以及货代、订舱报关等服务业。

强化陆港联动，推动物流转型

2013 年，义乌被联合国亚太经社会组织列为中国 17 个国际陆港城市之一，国家二级物流园区布局城市之一。① 积极探索国际陆港发展模式和路径，加快国际陆港物流园区建设，提升 B 型保税物流区，以物流转型助推国际贸易和产业转型，并为设立综合保税区乃至自贸区准备。

大力发展现代物流，打造国际陆港新城。一是强化国际陆港城市发展规划和机制创新。突出国际陆港物流园区开发建设，加快形成国际陆港城市发展系列规划体系。创新国际陆港城市发展新机制，加快 B 型保税物流中心建设，开辟"义新欧"国际铁路运输大通道。② 二是推进"义乌港"重点项目建设。加快推进义乌内陆口岸场站、国内物流中心、铁路物流中心、空港物流中心以及空港经济控制区等建设，鼓励物流模式创新，再造义乌物流新优势。三是强化招商引资和行业优化。以国际陆港物流园区建设为契机，引进一批国际、国内知名物流企业，创新物流合作模式，大力发展第三方物流，打造国际物流产业链。四是完善国际陆港新城建设扶持政策。重点针对集装箱业务、快递物流等，修订完善现代物流业扶持政策，破解土地、人才等难题。

强化集疏运功能，建设综合型物流园区。一是加快推进园区重点项目。加快国际陆港园区配套道路工程等基础设施建设，加快推进内陆口岸场站三期、航空物流中心项目前期。二是构建高效畅通货运路网。加强重大交通基础设施与重大物流基础设施布局对接，强化货运枢纽集疏运功能，形成公路、铁路、民航等各种运输方式无缝对接的立体交通格局。三是加快发展铁路国际集装箱联运。进一步完善铁路义乌西站海关监管点启用和铁路国际集装箱运输试运行，加大"义新欧"扶持力度，推动义乌—宁波的铁海联运，开通更多的国际集装箱专列和铁海联运班列。③ 四是全力推进航空口岸开放。加强机场基础

① 义乌市物流办：《2013 年工作总结和 2014 年思路》，《义乌现代物流业发展基本情况》，2014 年 3 月。

② 同上。

③ 同上。

设施建设和飞行区等级提升改造。建立便利国际进出的渠道，进一步促进人员往来、居留便利化，扩大对外交流和合作。

提升 B 型保税区，构建全球新兴市场自贸区。一是提升完善保税区基本功能。义乌保税物流中心（B 型）获批，已经走出未来建设自贸区的重要一步。逐步强化保税物流区保税仓储、国际物流配送、简单加工和增值服务、转口贸易等政策性功能服务，降低企业运营成本。二是加快设立综合保税区。深入推进"跨关区快速通关"及"属地申报、口岸验放"和"分类通关"等模式改革，加快海关、商检以及外汇局等部门在保税区内设立办事处，构建大通关信息平台，提高通关效率，为设立综合保税区打好基础。三是打造全球新兴市场自贸区。抓住国家扩大开放新机遇，申报建设全球新兴市场自贸区，探索建立投资准入前国民待遇和负面清单管理模式，尤其是进一步扩大服务业领域开放创新，扩大海关特殊监管区范围、试验区范围。

第三节　强化品牌创建，推动向"义乌创造"转变

推动大企业培育和小微企业升级，着力改变义乌企业主体结构，破解过多依赖低小散企业的发展难题。推动自主品牌创建和区域品牌提升，以资本换知识产权、以资本换科技，着力实现"义乌制造"向"义乌创造""义乌智造"的转变。

加大品牌投入，培育大企业大品牌

一是推进"规改股"和"股上市"。加快推进规上企业股份制改造，完善上市绿色服务通道，明确上市企业培育范围和培育梯队，引导企业多途径多渠道上市。二是实施大集团大企业培育工程。重点引导龙头企业以兼并、重组、合资、合作、联盟等模式构建企业集团，打造 10 亿、50 亿、100 亿梯度企业集群。三是全面实施品牌战略。借鉴"晋江模式"等国内外品牌建设模式，打造一批具有较大知名度和较强竞争力的"义乌制造"品牌，创建一批区域产业集群品牌。完善品牌保护管理机制，营造品牌发展环境，积极创建国家商标战略

实施示范城市。

抓大不忘扶小，鼓励小微企业升级

一是全面推进"个转企"工作。深入推进商事登记制度改革，降低企业准入门槛和办理时限效率。完善个体工商户转企业扶持政策，强化工商、税务、农业、安监、金融等单位对接，共同推进。二是加快实施小微企业规范升级。大力推动"小微企业成长之星"培育计划，完善"小上规"金融、财税和专项资金扶持政策。完善小微企业服务体系，降低小微企业融资成本，支持符合条件的企业发行中小企业私募债、中小企业集合债等。三是培育科技型成长型中小企业。扶持一批专业特色鲜明、技术含量较高、市场前景较好的科技型中小企业，形成大中小企业科技协作配套的发展格局。

强化创新驱动，建设创新设计之都

一是大力发展义乌科技创新平台。义乌已进入创新体系持续完善、创新成果孕育待出的关键期。着重推进中科院沈阳自动化所义乌中心、义乌虚拟研究院、工业设计中心、高层次人才创业园等载体建设，规划建设科技城，广泛集聚各类创新要素。二是全力推进中国义乌国际小商品创新设计之都建设。加快小商品创新设计研发中心、信息服务中心、设计成果展示与交易中心、设计成果转化中心建设。加大财政投入，财政科技投入增幅明显高于经常性财政支出增幅。三是创新科研合作发展模式。加快国家级博士后科研工作站建设，支持企业与高校联合招收博士后开展项目研究。加强与上海、杭州等地高技术服务业合作，推进技术创新联盟、研究开发外包、产业创新集群等科技开发模式创新。

完善诚信体系，强化知识产权保护

一是完善义乌特色的知识产权保护。义乌虽设立有知识产权局，但仍需进一步强化行业知识产权自律保护，将知识产权管理纳入义乌重大科技攻关项目实施的全过程。二是加强知识产权信息技术保护。

健全小商品行业专利信息数据库，加强与上海市知识产权服务中心合作，加快开发袜业、无缝内衣等行业主力数据，构建基本覆盖义乌小商品行业的专利数据库。三是强化海关知识产权预警保护。继续实施知识产权侵权淘汰机制，积极运用知识产权海关保护备案制度，加强对报关货代企业的监管，及时遏制整柜侵权等恶性案件发生。四是增强知识产权保护意识和强化中介服务。强化市场经营户知识产权意识，实施国际商贸城市场经营户、知识产权强制培训制度和知识产权侵权信用扣分制度。完善义乌知识产权中介服务体系，强化知识产权评估、交易、融资、法律等多元服务。

第十五章

跨越工业化推进转型升级

——转型期泰顺县产业升级路径探讨

泰顺县位于浙江最南端的边陲山区，与福建福鼎、寿宁等县市接壤，明景泰三年置县，取"国泰民安、人心归顺"之意。[①] 并有"天下第一氡""廊桥国家公园"之盛誉。2013 年全县常住人均 GDP 略超 4000 美元，服务业比重为 51.3%，高于浙江全省 5.2 个百分点，工业比重仅为 21%，低于浙江全省约 23 个百分点。工业化率相对低、城镇化率相对高、服务业比重高。在工业化率持续走低的前提下，近五年县域经济年均增长仍保持在两位数约 10.1%，逐步形成了欠发达地区跨越工业化发展的独特模式。

根据第六次人口普查，全县户籍人口约 36 万人，常住人口约 23 万人，人口呈典型的三个 1/3 分布格局，即"1/3 外出打工创业、1/3 集中在县城、1/3 集中在乡镇"。"泰商经济"是其一大亮点，2013 年年底泰商在全国各地累计创办市场 850 多家，兴办和经营市场人数达 9 万多人，市场总投资超过 5700 亿元，获得中国商业联合会授予的"中国市场投资开发第一县"的美誉。[②]

第一节　泰顺县产业发展现状与主要问题

分析泰顺产业结构演进可以发现，全县的建筑、金融等产业重要性不断上升，产业升级持续推进。农业比重下降较快，2013 年第一

---

① 明朝万历《泰顺县志·序》。
② 泰顺县发改局：《推进泰顺县泰商商业地产发展的对策建议》，《省发改委系统信息》内刊 2014 年 9 月第 33 期。

产业占 GDP 约 10%，比 2002 年下降 8 个百分点；建筑业、工业、金融业和房地产业比重上升较快，比 2002 年提高约 11 个百分点，合计占 GDP 比重达 53.5%。2013 年，全县城镇化水平达 45%，比 20 年前提高了约 22 个百分点，但同一时期工业化水平仅提高约 6 个百分点，城镇化进程显著快于工业化进程。在这一背景下，全县 GDP、城乡居民收入等近 10 年仍能保持较快增长，城镇化快于工业化进程，服务业比重较高，工业比重开始趋于下降，形成了泰顺县相对独特的跨越工业化发展路径。

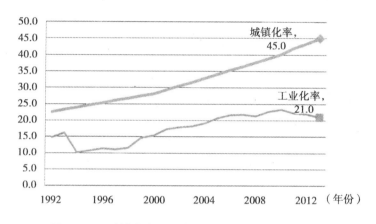

图 15 - 1　城镇化水平远高于工业化水平（%）

资料来源：《泰顺县统计年鉴 2014》。

但是，与其他地区相比，泰顺产业发展面临着要素集聚能力不强，资源优势转换能力不强，产业转移承接难度较大等问题，工业发展慢使得经济水平相对较低，户籍人均 GDP 和常住人均 GDP、城乡居民收入在浙江全省县市区均列倒数位。在保护好一方山水的基础上，如何促进经济和产业可持续发展、居民持续增收，成为当前和未来相当长时期的一个最重要课题。

一是经济与生态两难，工业培育难度较大。按照世界银行近年一份研究报告统计分析，中国的环境和自然资源退化及枯竭损失，占国民总收入的百分比接近 10%，经济发展的代价是巨大的。[①] 就泰顺而言，其所处的浙南山区是浙江的"绿色屏障"和"绿肺"，长期不允许发展有污染和不符合生态要求的产业，经济发展和生态保护两难选择中往往倾向于生态保护，在我国粗放型发展时代加大了泰顺产业发展尤其是工业培育发展的难度。比如，2013 年以来，县委调整发展思路，决定县内罗阳生态工业园和大安科技创业园两大工业园区停止引入工业企业，有可能对环境产生影响的企业也将逐步被淘汰或迁入温州市区"工业飞地"（产值属于泰顺县但地盘在市区），工业培育难度进一步加大。

二是发展水平较低，资源优势转换能力较弱。县域产业基础薄弱，尤其是工业领域。2013 年，全县工业总产值仅 41 亿元，平均每家工业企业产值不足 1300 万元，规模以上工业企业按新口径统计为 21 家，比文成还少；全县人均工业产值，与文成并列全省最低。泰顺虽拥有超一流水土气、廊桥、氡泉等旅游资源，茶叶、中药材等农业资源，种源天然基因库、叶蜡石、辉绿岩矿石等特色资源，以及百家宴、革命老根据地等人文历史资源，但由于配套设施差、资金薄弱，难以较快开发培育产业集群、形成品牌效应，资源优势难以转化为经济优势。而现有产业以劳动密集型、附加值较低的产业为主，服务业仍以传统的商贸为主，旅游、电子商务、养生养老等现代服务业发展不充分，制造行业生产工艺、技术水平相对落后，劳动生产率较低。

三是集聚能力不强，产业核心竞争力较弱。一般而言，县市产业集群或大或小，或工业或服务业基本上都有一个或数个，甚至欠发达山区也是如此。全省 100 个市县区大约有 120 个经济开发区或工业园区，泰顺是少有的没有经济开发区或工业园区的县，体现产业集聚发展能力不强。衢州、丽水等多数山区县市均有自身特色的产业集群或服务业集聚区，比如江山木业加工产业集群、缙云带锯床产业集群、

---

① "China 2030: Building a modern, haimonious, and creative high-income society"，世界银行、国务院发展研究中心联合课题组会议报告，2012 年 2 月。

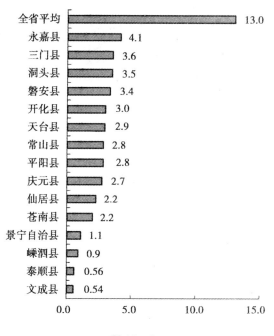

全省平均　13.0
永嘉县　4.1
三门县　3.6
洞头县　3.5
磐安县　3.4
开化县　3.0
天台县　2.9
常山县　2.8
平阳县　2.8
庆元县　2.7
仙居县　2.2
苍南县　2.2
景宁自治县　1.1
嵊泗县　0.9
泰顺县　0.56
文成县　0.54

0.0　　　5.0　　　10.0　　　15.0

图 15 - 2

资料来源：《浙江省统计年鉴 2014》。

遂昌金属制品产业集群等工业集群；比如松阳浙南茶叶市场、苍南浙闽省际专业市场群、文成文商回归旅游配套服务业集聚区、磐安浙江浙八味特产市场等服务业集聚区。由于产业集聚发展欠缺，产业特色不明显，优势产业不突出，信息沟通不畅，进一步导致对发展县域经济产生不利影响。

　　四是基础设施滞后和区位不利，产业承接转移较难。财政实力长期较弱加大了资金筹集困难，基础设施建设、运营水平有较多历史欠账，尤其是高速公路等骨干交通网络和城镇基础设施滞后严重制约了发展环境改善。部分区域水电气配套设施不足，排污及污水管网建设等基础设施滞后，成为招商引资、承接发展产业的一大瓶颈。宁波、温州等中心发达区域对外产业转移和资本输出时，首先选择区位优势相对好、交通便利物流成本低的地区，比如金华、丽水、青田、平阳等，使得泰顺一再错过产业尤其是制造业大发展机遇。事实上，泰顺的地形地貌和地理区位也决定了县域不具备大规模开发园区发展工业的空间。

　　另外，人才要素制约也是一大挑战。长期以来数十万青壮年劳动力输出，虽为发达地区提供了源源不断的劳动人口和人才，但也导致本地经济失血严重。本地以初中、小学学历为主的劳动力就业结构，各行各业中高级职称人才较少，创业创新能力较弱等，都对未来产业培育和发展形成了较大制约。

第二节　中长期产业发展机遇和培育思路

　　未来 10—15 年，是泰顺县结构升级和发展方式转变关键阶段，是泰顺县跨越中等收入陷阱、实现同步现代化的关键阶段，也是泰顺县能否成功走出一条跨越工业化的特色发展之路的关键时期。细细分析，县域产业发展面临着主要是基于省内经济转型升级的重要机遇期。

产业转型升级面临四大机遇

　　一是浙江着力旅游时尚等产业培育，形成泰顺转型发展生态旅游机遇。泰顺生态环境全省最优，县域林地面积 217 万亩，森林覆盖率达 76.7%。2013 年成功创建国家级生态县，境内拥有乌岩岭国家级自然保护区，被誉为"生物种源天然基因库"；泰顺享有"世界廊桥之乡"美誉，承天氡泉为国家级浴用医疗热矿水，资源独一无二。2014 年，浙江省委省政府提出要重点培育发展旅游、时尚等产业[①]，着力打造旅游经济强省，旅游业面对的消费需求更加旺盛，旅游业发展的政策环境更加有利，旅游业供给条件更加优越，这给泰顺等旅游资源丰富的县市带来极大的旅游经济发展利好，形成了泰顺将旅游业作为主导产业的发展机遇。

　　二是长三角人口经济结构"先富先老"，形成泰顺转型发展养生

---

　　① 《浙江省人民政府工作报告 2014 年》，浙江政务服务网（http：//www.zjzwfw.gov.cn/）。

养老等产业机遇。当前长三角未富先老、先富先老趋势明显，人口老龄化大大快于全国，60岁以上老年人口占户籍比重高达20%，2020年将达到25%左右，未来十年（2011—2020年）仅浙江老年人口将增加500万人。[①] 人口结构老龄化和经济发展进入高收入阶段，导致消费率进一步上升，第三产业占经济比重相应提高，将进一步释放生态养生、健康养老、医疗服务、个性化消费等高层次消费有效需求，推动个人消费性服务业加快发展，尤其是养生养老产业形成巨大市场需求。泰顺地表水高水质达标率、环境空气质量优良率长期接近100%，生态发展、绿色发展基础扎实，已为全省养生养老经济发展提供了广阔空间，全县健康产业发展迎来大好机遇。

三是现代服务业成为经济发展新引擎，形成泰顺转型发展新兴产业机遇。从全省乃至全国看，产业加速由以传统劳动密集型产业主导型的产业结构加速向以先进制造业和现代服务业融合带动转变，向附加值更高端、现代服务业升级，服务业比重达50%以上，服务业增加值增长快于GDP增长，"浙江制造"加速向"浙江服务"转变。泰顺正处于上中等收入发展阶段，经济发展规律表明，在人均5000—10000美元经济阶段，各种新兴产业投资和消费加速兴起，比如物流、金融、环境治理等生产性服务业，以及一些特定的新兴产业比如通用航空、影视文化、高级商务会展等中高端服务业，均有可能兴起并形成规模。

四是浙江抢占信息经济制高点，形成泰顺转型发展电商等信息产业机遇。全球新一轮科技革命与产业变革正处于由孕育向突破阶段转变的关键时期，互联网大数据、电子商务等行业重要性不断凸显。BATJ（百度、阿里巴巴、腾讯、京东）为代表的信息服务企业迅猛崛起，信息经济将对传统产业改造提升和新兴业态产生深远影响，电子商务、移动互联网、新一代移动通信、云计算、物联网等成为最有发展前途的产业，浙江正在积极抢占信息经济制高点，世界首届互联

---

① 杜平：《浙江"未富先老"的比较分析》，《浙江经济》2012年第8期。

网大会①在桐乡乌镇召开，信息经济或将成为全省支柱型产业，形成了泰顺发展电子商务等信息行业大好机遇。

中长期县域产业培育发展思路

从政府规划角度看，重点产业培育，需要考虑一个区域特色资源、区位、市场、商业环境、基础设施、宏观政策、投资导向、企业意愿等诸多因素，尤其是泰顺县生态文明示范建设的要求。一方面，重点产业选择必然要结合新的发展形势，错位发展；另一方面，产业项目培育引进需要兼顾生态文明建设，以及全省生态屏障建设和环境保护要求，有重点地选择性培育。从大趋势看，包括泰顺在内的浙西南山区，随着资源禀赋未来在全省的生态地位重要性日益上升，产业选择发展需要正确把握全省山区、边区转型发展的四个变化趋势。②

——物质生产比重下降，劳务、服务比重趋于上升。近十年来，浙西南等地区物质生产，无论在全省范围还是自身所占的经济比重均趋于下降，而服务产业经济在自身经济中的比重持续增加，服务业投资贡献度、从业人员、财税收入、增加农民收入等的带动效应不断增强。

——经济相对重要性下降，生态重要性趋于上升。泰顺等浙南山区经济多项指标在全省的比重逐步下降，相对全省经济发展而言 GDP的重要性下降，而生态功能强化。浙西南森林资源为全省年均创造生态价值在 3500 亿元以上，包括水气净化、水土涵养等，并提供了度假养生绝好去处。

——常住定居人口下降，旅游暂住人口趋于上升。随着人口内聚外迁，山区人口向外转移、外出就业趋势不变，常住人口、年轻人数量或将进一步减少。但与此同时，旅游暂住人口迅速增长，停留时间逐步延长，旅游人口大大高于常住人口，旅游人次和收入长期年均增

---

① 2014 年 11 月，以"互联互通 共享共治"为主题的首届世界互联网大会在浙江桐乡乌镇举办，旨在搭建中国与世界互联互通的国际平台和国际互联网共享共治的中国平台。

② 省发改委课题组：《浙江省山区发展模式研究》征求意见稿，2011 年 12 月。

长大于20%。

——传统高耗产业退出，新兴产业比重趋于上升。不仅全国范围传统产能过剩而且在淘汰高耗落后产能，浙江近年来也积极消化过剩产能和推进产业转型，大力推广绿色环保、资源集约型生态产业，把信息、环保、健康、旅游、时尚、金融、高端装备等打造成为全省战略性支柱产业。

因此，泰顺县重点产业选择和培育发展，要发挥比较优势发展本地产业，尤其是生态资源型产业。应在市场需求导向方面下功夫，在特色资源优势方面挖潜力，在经济效益较好的产业方面做文章，面向全市、面向全省、面向长三角乃至全国，跳出山区发展山区，跳出工业发展工业。同时，从创新驱动和区位商方面考虑，积极发展建筑业、制造业等相对优势明显的门类行业，但传统制造等行业在未来提升空间不大，应多考虑和谋划部分适应现代经济发展、具有投资拉动作用的新兴产业。综合考虑上述这些因素，重点产业选择培育，宜精不宜多，宜细不宜粗，关键是有较大潜力和发展前景、增长较快的潜在型产业，集中资源集中力量，着力发展旅游业、建筑业、电商业、健康业、现代农业等产业，以及部分面向未来的新兴产业。

第三节 以经济生态化推进产业转型升级

着力全域景区化，做大做强生态旅游业

泰顺旅游开发方兴未艾。按照"旅游主业化、全域景区化"和旅游兴县思路，充分发挥旅游业新的经济增长点作用，以创建国家廊桥公园为重点，以"廊桥之乡、温泉胜地"旅游品牌为抓手，大力创建高等级旅游景区，创新旅游发展模式，创新开发旅游产品，创新建设旅游线路，加强旅游规划营销，推进"廊氡、乌飞"等全域建设，着力打造长三角和海西区旅游目的地，把旅游业培育成为泰顺县支柱产业、主导产业。

一是以廊氡、乌飞板块为主，优化旅游空间布局。根据区位条

件、资源分布和交通格局，以国家重点生态功能区创建"国家廊桥公园"为契机，积极构建52和58省道生态景观轴，开发建设廊氡板块和乌飞板块，优化形成"一心一轴两大板块"的旅游总体布局。中期廊氡板块以廊桥、氡泉、养生为主题全方位建设省级生态旅游度假区，乌飞板块以森林旅游、水上运动为主题建设自然生态旅游度假区。远期廊氡板块重点培育剧本创作、影视拍摄、旅游观光、休闲度假为主的主题旅游产业区，乌飞板块重点培育以避暑度假、户外运动、高级商务度假为主的精品生态休闲旅游度假区。

二是积极开发十大重点旅游产品，丰富旅游产品供给。依托中国廊桥之乡、中国旅游文化名镇、革命老根据地①等金名片，以廊桥氡泉养生旅游为主体，拓展古道廊桥观光、山林养生、氡泉保健等多样化旅游业态、产品，丰富各类旅游产品。着眼于市场需求，重点开发休闲度假旅游、红色文化旅游、生态养生旅游、养老度假旅游等旅游产品，构建层次清晰、特色鲜明的旅游产品体系，形成生态观光旅游、休闲度假旅游、养生养老旅游为主题的旅游业集群。围绕旅游联动发展农业、制造业，设计生产绿色食品、泰顺石、廊桥模型、竹木根雕等旅游纪念品，打造旅游相关用品产业集群。

三是强化旅游规划营销，塑造特色旅游品牌。加大旅游招商力度，着力构建旅游产业招商平台，精心策划旅游活动、旅游线路、旅游建筑，包装推介一批重点景区和重点项目，积极吸引百亿社会资本参与旅游建设；鼓励农家乐发展，打响泰顺农家乐品牌。整合泉、桥、山、水、石等旅游资源，叫响"浙江最远秘境、中国最佳生态、世界最美廊桥"等品牌口号，打造"沐浴氡泉水、观光飞云湖、探秘乌岩岭、重温红军路、梦回古廊桥、休闲古村落"等旅游品牌②，打开长三角、海西区2.5亿人口大市场。

---

① 1936年创建根据地，主要属于中共闽浙边委刘英、粟裕领导的中国工农红军挺进师。

② 泰顺县委：《中共泰顺县委关于围绕"两美"目标按照"两个试点"要求全力打造"国家廊桥公园"的决定》，2014年8月。

着力养生养老领域，培育发展健康产业

健康产业是当前的"朝阳产业"。充分发挥冬暖夏凉、气候温润、青山绿水、"大氧吧"以及全省寿命较长县的比较优势，依托良好的山水生态资源，以养生养老领域为重点，以健康管理为配套，以运动休闲为延伸，优化养生养老空间布局，着力发展大健康产业，建设形成以养生养老产业为主，集运动休闲、生态养生、高端养老、健康管理、健康旅游等为一体，生态型、复合型、智慧型的健康服务业集聚区，打造浙江最适宜养生养老的县城。

一是着力发展养生养老经济。积极发展以中长期居住修养为特点的养生养老经济，市场定位和目标人群主要为上海、杭州温州以及周边地区退休中老年人、康复疗养人群、长期考察体验生活人群，以及避世隐居、崇尚慢生活节奏的乐活人士等。积极发展环境养生、饮食养生、保健养生等特色养生养老领域，注重养生养老产业和旅游、文化产业联动发展，配套完善相关基础设施，打响"泰顺养生"品牌。充分利用大氧吧资源和农林资源，大力发展生态养生农业、生态养生林业，加强养生资源保护。积极推出山珍系列、高山有机系列、野菜系列、农家特色系列、水果系列等本地特色养生菜系，吸引各地养生养老人士前来品尝。

二是优化养生养老空间布局。立足泰顺自然地理环境特征，确立集中弹性的空间开发思路，组团式发展、适当集中、弹性布局，构筑"一心四片多点"的养生养老格局。以县城养生养老中心为核心，沿省道景观交通轴和高速公路沿线，结合景区开发，建设旅游度假房产、养生度假房产、养老度假房产等，培育廊桥氡泉文化生态养生片、乌岩岭自然生态养生片、飞云湖山水生态养老片、交溪流域产业生态养生片等养生养老功能片区。综合考虑气候条件、区位条件、生态敏感等因素，前期科学选择、合理布局10个左右养生养老基地，积极开发畲族风情、摄影采风、驴友探险、自驾露营、户外运动、美食养生等风格各异的休闲养生活动。加强区域合作，依托重点生态功能区，推进庆元—景宁—文成—泰顺等区域性健康旅游、养生养老休

闲区联合建设。

三是鼓励发展健康服务业。长三角地区拥有全国最密集的相对富裕老年人口和高收入亚健康人群，老年人口约占总人口的15%，达2340万人，2030年将达到3000万人以上，亚健康人群则有4000万人左右。积极推进社会资本办医，引入社会力量，扩大服务供给，满足多样化、多层次健康需求，开发和推广科学合理、质优价廉的中医养生、保健服务及产品，建立有泰顺特色的健康服务体系。积极引进各类泰商资本，发展珍稀药材、山草药、健康食品等健康制造加工业，鼓励工业园区转型生产制造健康用品，投资开发健康产业区、健康城、养生基地、智慧养生园、浙南养生谷等项目。积极应对人口老龄化和旅游养生人口增长，与省市合作提高基层医疗卫生服务机构老年护理和服务能力，引导养老机构与医疗机构合作，推进医疗、康复、护理、保健能力建设。

着力绿色品牌化，积极做优现代生态农业

现代农业是发展生态经济和农民增收的重点内容。立足山区生态资源优势，以推进生产规模化、产品标准化、营销品牌化、经济生态化为导向，依托农业两区建设，提升改造传统农业，进一步优化农业经济结构，积极培育绿色有机农业、生态循环农业、休闲观光农业等新兴模式，提高农业科技贡献率，打造省市级生态优质健康农产品示范县，建设生态高效、功能融合、资源循环、集约经营等具有泰顺特色的农业产业体系，中长期高效、精品、生态农业等特色更加明显，基本实现农业现代化发展。

一是培育主导产业和优化农经结构。积极吸引工商资本推进农业规模化、标准化和产业化经营，加强农业基础设施建设，重点发展茶叶、油茶、蔬菜、水果、畜牧、毛竹、中药材、花卉苗木八大主导产业，加快高效生态农业增长，加快促进农民增收致富。加强种植业为重点的农业科技创新，推进产学研合作，大力发展生态循环农业，推广新型农作制度，推进农药化肥减量使用，完善强农惠农富农各项政策。不断延伸农业产业链，引进物流配送、电子商务等现代农业经营

理念，引进无公害生态种养技术、农产品精深加工技术和保鲜储藏技术等，培育集生产、仓储、保鲜、加工包装、运输销售于一体的农工贸产业集群。

二是加强农业两区建设和体制创新。鼓励采用"大型农业企业＋基地＋农户"运作模式，扎实推进飞云湖和万峰省级农业两区建设，积极发展优质茶叶、精品水果、中药材、毛竹和休闲农业，提升发展休闲观光农业、体验农业，打造集生产、科技示范、推广、休闲观光为一体，具有浙南山区特色的省级现代农业农合区。深化农村集体经济组织改革，积极培育农村产权交易市场，创新完善农村金融服务体系，扩大政策性农业保险覆盖面，着力盘活农业农村资源要素，促进农业发展和农民增收。深化农村土地承包权经营权流转制度改革，确权登记颁证流通，引导农户集中连片和中长期流转土地，向现代农业生产经营主体集聚。①

三是加强智慧农业和品牌农业建设。通过利用信息化智能化技术手段和基地企业智能化终端建设，提高农产品生产加工成本和质量可控性，加强农产品质量安全追溯体系建设。积极增加无公害、绿色、有机"三品"认证种类和面积，加强对特色农业认证基地和认证农产品管理，突出"三杯香"宣传保护，重点培育有机食品、水果、中药材、畜牧等品牌，鼓励注册农产品商标并申报知名品牌商标，建设猕猴桃等一批特色农产品品牌基地。鼓励建成一批具有规模和档次的观光农园、特色农庄、休闲农场、观光果园、观光茶园、观光菜园等生态休闲农业旅游品牌基地。健全营销网络，加强区域品牌、产业品牌和企业品牌策划包装，积极扩大泰顺绿色无公害农产品知名度，通过电商远销省内外市场。

着力增强综合实力，推进建筑业转型升级

建筑业是泰顺支柱产业之一。抓住房地产业、新城建设、农房改

---

① 浙政办函：《浙江省人民政府办公厅关于瓜沥镇等 36 个中心镇和淳安县千岛湖镇等 7 个重点生态功能区县城小城市培育试点三年（2014—2016 年）行动计划的复函》，《泰顺县罗阳镇重点生态功能区小城市培育试点三年（2014—2016 年）行动计划》，2014 年 6 月。

造、基础设施等建设大发展机遇，以保障工程质量安全为核心，深入实施"走出去、引进来"战略，通过市场机制和产业政策引导，积极推动企业优化产业结构，拓展产业终端，加强品牌建设，创新育才模式，增强技术研发，稳步提升行业素质，不断提高建筑企业劳动生产率，不断提高建筑业活力和竞争力，打造建筑强县，建筑业对国民经济的支柱贡献度进一步提升。

一是加快行业结构调整和转型升级。加快建筑业结构调整，鼓励企业通过改组、联合、兼并等形式做大做强，扶持和培育一批具有较强竞争力的建筑业企业集团，形成以总承包企业为龙头、专业承包企业为依托、劳务分包企业为基础的发展体系。大力培育和发展交通、水利、智能化等专业施工，支持有能力的企业拓宽工程勘察、设计、监理、招标代理、造价咨询等服务领域。鼓励建筑企业延伸拓展产业链，向多元化方向发展，兼营建业，形成"突出主业、适度多元"的产业发展格局。

二是加强技术进步和创新项目建设运营。建立以市场为导向、产学研相结合的技术创新体系，建立以专利、专有技术权属保护和有偿转让为动力的技术创新激励机制，引导企业通过校企合作、技术转让、技术参股等，鼓励企业创新。完善建筑节能减排管理体制，鼓励采用先进的节能减排技术和材料，推广使用建筑节能技术、工艺、工法，建立建筑低碳发展机制。强化质量安全监管，引导企业开展工程质量创优活动，助推企业资质升级。培育、引导和规范建筑劳务市场，提高劳务企业的整体素质；鼓励企业引进人才和加强教育培训，提升从业人员素质，强化人才支撑。创新投融资模式，鼓励引导企业以 BT（建造＋移交）、BOT（建造＋运行＋移交）、PPP（公私合营）等多种形式参与政府投资项目建设。

三是鼓励"走出去、引进来"发展。鼓励泰顺建筑企业加快"走出去"步伐，采取投资拓市场、联合拓市场、品牌拓市场等方式，积极开展省内外甚至国际劳务合作、国际工程承包，提高市场占有率；实行房建互动，加强与建筑咨询服务业合作，实现优势互补、资源融合，形成抱团闯市场的合力。加大对县外建筑企业入户泰顺招商力度，鼓励外地建筑企业尤其是品牌企业、施工总承包特级、一级资质等级企业落户或总部迁入。加快建筑业总部基地建设，加大对建筑业企业的金融支持，积极实现建筑业持续健康发展。规范市场秩序，加强行业协会建设，建立建筑市场监管体系，加大建设市场监管，建立健全建筑企业准入退出机制。

积极提升发展生态工业和新兴产业

一是提升发展生态型工业经济。工业是经济提质增效的重要一环。坚持经济生态化发展思路，积极提升改造传统优势产业，大力发展来料加工业，优先发展无污染低能耗的环保型、生态型和科技型工业，优化布局促进生态工业集聚发展，不断优化提升工业结构，大幅提升工业劳动生产率。

——提升改造传统优势产业。围绕产业转型和技术升级，加大技改投入力度，鼓励支持黑色金属铸造、金属制品、竹木制品、橡胶塑料、食品加工、矿产加工及小水电等传统企业向产业链上下游延伸，提高产品附加值。以"四换三名"为着力点①，强化"治旧控新"，建立完善低效企业倒逼退出激励机制，逐步关停和转移高污染、高能耗工业企业。

——培育发展节能环保等高新产业。围绕节能环保、新能源、新材料等领域，强化招商引资，积极引进水污染防治、大气污染防治、生态保护和修复等技术装备和环保服务，以及清洁能源电站、新型建筑装饰材料等项目建设，培育一批科技型中小企业、高新技术企业，加快高新技术应用改造，提高创新能力，增加高新产业比重，促进转型升级。

——大力发展来料加工业。围绕农民增收和产业集聚，探索适合实际的小微企业园建设模式，积极引进品牌鞋类、服装等农村来料加工企业，扶持引导传统竹木加工、农特产品、玩具等劳动密集型行业

---

① 2013年，浙江省委省政府作出的决策部署，"四换"即腾笼换鸟、机器换人、空间换地、电商换市；"三名"即知名企业、知名品牌、知名企业家。

以及成长型、清洁型小微企业入园集聚发展，打响"泰顺来料加工基地"的品牌。

二是培育发展通用航空等新兴产业。新兴产业未来或将雨后春笋般成长。产业发展有很大的偶然性，尤其是新兴产业。抓住机遇，重点培育通用航空、时尚文化等产业。力争通用航空、文化创意、影视等产业初步形成规模效应，对经济发展的拉动作用逐步显现，长期内培育成为县域主导产业。

——通用航空产业。广泛吸引民资和外资，引进泰商温商、浙商投资航空产业，争取国家和省市支持，在开阔地带选址通用航空机场，规划通用航空产业园，重点发展公（商）务飞行、旅游飞行、沿海飞行、休闲飞行等通用航空运营服务。研究制定适合泰顺的通用航空产业发展专项规划，力争成为浙南闽北通用航空运营、服务、培训和教育基地，与飞云湖国家水上运动休闲训练基地遥相辉映。

——影视文化产业。依托泰顺国际影视文化基地建设，积极培育发展影视动漫、影视服务、后期制作等影视文化业，全面开发廊桥圆梦、氡泉养生、原始探秘、运动探险等旅游影视文化产品，积极宣传打造"泰魅力""泰印象""泰养生""泰风采"等文化品牌。①

三是大力发展物流等生产性服务业。生产性服务业重要性正在不断上升。积极发展现代物流等生产性服务业，提高现代服务业从业人员和增加值比重，推进经济发展方式转变，推进产业转型。力争形成有泰顺特色的总部经济、物流、金融等生产性服务体系，生产性服务业占经济比重进一步提高。

——现代物流。积极对接高速公路、浙闽省际间交通网络建设与物流规划，规划建设物流园区物流节点，发展产业集群物流、城乡配送和快递物流等新型物流产业，引进和培育一批专业化物流企业，培育第三方物流、配送流通等业态。加强物流标准化、信息化，长期推进物联网、智慧城市建设。

---

① 泰顺县委：《中共泰顺县委关于围绕"两美"目标按照"两个试点"要求全力打造"国家廊桥公园"的决定》，2014 年 8 月。

——总部经济。积极实施总部经济战略，利用政策"洼地"优势推动温商泰商反哺家乡、参与家乡建设，推动泰商经济与泰顺经济融合发展。助推泰商"千市万亿"计划和泰商品牌推广，规划建设泰商总部经济楼宇，司前、筱村、三魁等有条件的中心镇总部经济园，集聚辐射带动片区发展。①

——金融服务。抓住温州金改机遇，推动设立信托、租赁、小额贷款公司、新型农村资金互助社、民间资本管理公司等金融机构，积极发展农村金融和小微金融，服务于三农、城镇建设、小微企业。推进金融业与制造、旅游、建筑、物流等产业联动发展，努力构建具有地方特色的金融服务体系。

着力信息网络经济，大力发展电子商务业

浙江正在全面进入互联网时代。电子商务等信息经济正在成为浙江支柱型产业，依托后发优势和区位交汇优势，以生态精品农业为根基，以特色旅游、养生养老和农产品电子商务为重点，加快推进泰顺"电商换市"，进一步优化网络经济发展环境，提高产业集聚效应，全面提升应用水平，逐步完善支撑体系，优化发展环境，推进电子商务发展及应用，实现电子商务跨越式发展，促进产业转型升级。

一是建设线上线下互动平台。以农村电子商务为主，着力发挥纯生态特色产品优势，积极培育"泰顺农特产网"等第三方展销平台，推广销售茶叶、山茶油、竹木制品、泰顺石、猕猴桃等县域优质农特产品，帮助企业和农民网上销售实现规模化、现代化、产业链式发展，带动农民、农林企业走向电子商务时代。推进传统商贸旅游业和网络零售融合发展，鼓励各类农家乐、商贸企业、旅游服务企业、饭店餐馆、工艺品等建立网店，开展网上预订、网上下单等服务，打响泰顺养生休闲旅游品牌。积极打造电子商务楼宇，推进电子商务创业园建设，搭建银企合作平台，鼓励大众网上创业创新，优化网商准

---

① 泰顺县委：《中共泰顺县委关于围绕"两美"目标按照"两个试点"要求全力打造"国家廊桥公园"的决定》，2014 年 8 月。

入、规范网商经营，加强网上信用体系建设，打造省级电子商务示范县。

二是强化网络经济扶持发展。积极培育网络经济经营主体，设立网络经济发展财政专项资金，用于扶持 B2C 和 C2C 电子商务企业平台的建设与发展，对通过信息网络以电子数据信息技术为主要手段实现经营活动的电商企业予以奖励，力争培育形成各类电商企业网点达1000 家以上，中小企业电子商务普及率达 90% 以上。鼓励电子商务企业向专业楼宇集聚，鼓励电子商务企业加大网络宣传投入，支持业绩较好企业赴外地参加网络经济展览会，提升企业知名度。积极开展网商企业示范评选及表彰奖励活动，加强网络经济、电子商务人才培训和服务工作，鼓励企业引进高层次人才，打造泰顺"网络经济大军"。

三是完善电商网络经济支撑体系。加强县域信息基础设施建设，积极应用新一代移动通信技术覆盖城乡、有线无线相结合的宽带网，积极推进广大农村地区和边远地区宽带互联网等信息通信设施建设，建立健全农村信息服务体系。加快高速公路、干线道等交通设施建设，配套建立健全快递物流配送网络，强化快递物流设施布局，每个中心镇、片区均设有快递网络节点达 36 个左右，着力解决农村"最后一公里"、城区"最后一百米"快递物流问题，降低物流交易成本。积极研究制定电子商务等信息产业发展规划，研究建设电子商务产业园，配套建设快递物流园，促进物流与电子商务融合发展。

第五编　劳动生产率红利

　　展望进入人口负利时代或工业化后期的浙江，重点应强化三个效应，注重积累三种资本，更加注重经济发展质量和效益，提高行业技术装备水平，提升产业核心竞争力，从"浙江织造""浙江制造"走向"浙江智造""浙江创造"，着力形成"劳动生产率红利"，加快推进经济转型升级，稳步迈向高收入社会。

第十六章

制造业劳动生产率国内外比较及建议

制造业劳动生产率国际比较，理论上应严格按照购买力平价即 PPP 生产法（其他如支出法、汇率法）。① 利用购买力平价作换算系数，计算国际相对价格水平，可以有效比较各国或地区制造业的劳动生产率差距，从而得知这些经济体的劳动生产率差异和竞争力强弱。②③ 但这种方法需要大量的普查数据，而且实际时隔数年才会普查一次，许多国家或地区并没有规律地提供相关年份普查数据，时常会中断，因此这种方法比较计算劳动生产率难度较大。④ 而且 PPP 法应用也需要谨慎，可贸易品的 PPP 与国内生产总值的 PPP 也不相同，制造业是可贸易品行业，在比较制造业的劳动生产率需要计算使用可贸易品的 PPP，而非国内生产总值的 PPP。⑤

那么，如何方便可行地比较制造业劳动生产率？并使之具有传递性呢？其实，基于现价汇率的制造业人均产值比较是一个不错且有效的办法，因为毕竟制造业制成品在国际市场上买卖是按照现价汇率折算。基于现价汇率计算人均产值的劳动生产率，并可用于长期趋势比

---

① Ark B. van, "International Comparisons of Output Productivity", Groningen Growth and Development Center, Monograph Series, No. 1, Groningen, 1993.

② 任若恩：《关于中国制造业国际竞争力的初步研究》，《中国软科学》1996 年第 9 期。

③ 郑海涛等：《多边比较下的中国制造业国际竞争力研究：1980—2004》，《经济研究》2005 年第 12 期。

④ Ren R. and A. Szirmai, "International Competitiveness of Chinese Manufacturing Industries", Presented at 24th General Conference of IARIW, Lillehammer, Norway, 1996.

⑤ 王燕武等：《基于单位劳动力成本的中国制造业国际竞争力研究》，《统计研究》2011 年第 10 期。

较分析，比如相对于美国（＝100）的劳动生产率增长趋势。因此，文中采用全员劳动生产率＝工业增加值/就业平均数，（名义）劳动生产率＝工业产值/就业平均数，计算制造业各行业劳动生产率，进行国内外比较。

第一节　与全国比较：浙江制造业劳动生产率低于全国平均水平

改革开放以来，浙江制造业劳动生产率有了较快提升，年均增幅保持在10%以上，然而仍慢于全国及沿海兄弟省市。当前浙江劳动生产率水平仅为全国的80%左右。

制造业劳动生产率提升相对较快

以制造业为主的工业全员劳动生产率提升较快，是浙江经济快速增长的重要原因。1978—2011年，按当年价格计算，浙江工业全员劳动生产率从约1500元提高至95000元左右，人均产值即名义劳动生产率由0.43万元提高至46万元左右，年均名义增长率分别约为13%和15%。1985—2010年，浙江独立核算或规模以上制造业劳动生产率增长较快，从1.2万元提高至57.6万元，年均名义增长率约21%，而同期GDP年均名义增速约18%。

分时段看，浙江制造业劳动生产率增长速度差异较大。20世纪八九十年代，浙江独立核算或规模以上制造业劳动生产率绝对值虽然不高，但增长较快，年均名义增长20.8%。2000年以来，浙江规模以上制造业劳动生产率绝对值虽然较前大幅提高，但增速放缓，年均名义增长10.5%，整体放慢约10个百分点，这很可能与浙江工业投资增长减缓有关。

传统产业劳动生产率优势仍较明显

与全国和沪苏两省市相比，浙江在一些传统行业优势明显。烟草、文教用品、石油炼焦、化工、化纤、橡胶、塑料、建材、有色金属九个

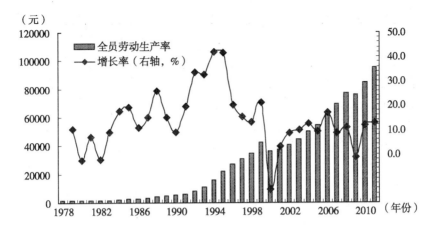

图 16 − 1　浙江以制造业为主的工业全员劳动生产率提升趋势（1978—2011 年）

　　说明：按全部工业增加值和从业人员计算，1985 年前无就业人员数据，全员劳动生产率数据为估算。

　　资料来源：《浙江统计年鉴》和历次经济普查资料。

行业，劳动生产率相当于全国或为沪苏两省市的 1.1—1.5 倍之间；食品、饮料、服装、纺织、皮革、木材、造纸、印刷等八个行业，劳动生产率也相对较高，相当于全国同行业的 0.8—1.1 倍不等。

　　除石油化工、有色金属等少数行业外，大部分传统劳动密集型轻工产业，不仅工人数量多、产量也较高，说明浙江传统产业的劳动生产率并不低。当前，浙江制造的印染布、化学纤维、洗衣机、自行车、塑料制品、橡胶轮胎等 14 种主要工业产品，产量占全国比重均在 10% 以上，其中前三位分别是印染布（占 58%）、化纤（占 44%）、家用洗衣机（占 29%），反映出浙江充分利用全国劳动力人口红利，将传统产业优势发挥得淋漓尽致，在国内外拥有较强的竞争力。

表 16 − 1　　　　劳动生产率领先或接近全国及长三角的行业

行业名称	浙江相当于以下地区的比例（%）		
	全国	江苏	上海
食品制造业	79.9	94.9	85.9
饮料制造业	98.4	76.2	67.6

行业名称	浙江相当于以下地区的比例（%）		
	全国	江苏	上海
烟草制品业	279.6	142.0	59.3
纺织业	101.0	88.5	131.3
皮革、毛皮、羽毛（绒）及其制品业	95.6	113.9	86.1
木材加工及木竹藤棕草制品业	97.9	102.3	111.3
造纸及纸制品业	94.2	75.5	97.6
印刷业和记录媒介的复制	99.4	105.4	101.0
文教体育用品制造业	132.6	132.5	99.4
石油加工、炼焦及核燃料加工业	451.0	257.7	247.8
化学原料及化学制品制造业	141.2	107.4	88.0
化学纤维制造业	145.8	146.0	197.8
橡胶制品业	84.7	305.1	122.1
塑料制品业	108.1	167.1	113.0
非金属矿物制品业	114.9	115.0	119.0
有色金属冶炼及压延加工业	124.2	382.1	116.8

说明：按 2011 年规模以上制造企业计算，下同。

资料来源：中国、江苏、上海统计年鉴，2012 年。

资本技术型行业劳动生产率相对偏低

与全国以及沪苏两省市相比，浙江大多数附加值率相对较高行业的劳动生产率偏低，这也导致了整体制造业劳动生产率偏低。2011年按规模以上工业企业比较，浙江制造业劳动生产率约为全国的0.8倍，仅相当于上海、江苏的61%和75%，这主要是由于资本技术密集型行业生产率偏低引起。30个大类制造行业中，黑色金属、通用设备、专用设备、交通设备、通信电子设备、仪器仪表等九个行业的劳动生产率，均低于全国和沪苏等沿海省市。从单个产品来看，汽车、微型计算机设备、显示器、手机、传真机等相对高附加值的耐用消费品，以及一些资源型产品，浙江占全国市场份额极少。从产业升级和产业竞争角度看，这也导致了今后一段时期浙江在长三角及全国处于不利的位置。

表 16 – 2 劳动生产率落后全国及长三角的制造行业

行业名称	浙江制造相当于以下地区比例（%）		
	全国	江苏	上海
农副食品加工业	81.2	65.0	103.6
纺织服装、鞋、帽制造业	87.8	85.8	81.2
家具制造业	75.8	82.7	65.2
医药制造业	86.2	67.8	90.8
黑色金属冶炼及压延加工业	111.2	32.0	27.4
金属制品业	75.3	100.1	86.8
通用设备制造业	70.6	43.9	58.9
专用设备制造业	74.3	51.4	70.3
交通运输设备制造业	69.0	41.7	45.9
电气机械及器材制造业	72.4	53.0	68.4
通信设备计算机及其他电子设备制造业	79.1	76.7	43.9
仪器仪表及文化、办公用机械制造业	76.9	45.2	66.2
工艺品及其他制造业	75.0	36.7	30.7

资料来源：中国、江苏、上海统计年鉴，2012 年。

第二节 与美国比较：浙江制造业劳动 生产率约为其五分之一

1978 年，浙江制造业劳动生产率仅为美国制造业的 2%，2010 年达到了美国的 20% 左右，30 余年间的进步非常明显。不过，浙江与美国的差距仍非常大，2010 年，根据美国人口普查局数据，美国制造业人均产值 44.0 万美元，根据浙江省统计局数据，浙江制造业全部人均产值仅为 8.4 万美元。

化纤等少数行业正在接近国际先进制造水准

浙江部分行业劳动生产率提升取得了巨大成绩。2010 年浙江化纤业劳动生产率 26.1 万美元，相当于美国同行业的 100.3%（2000

年为其 30.4%)，已达国际一流水平，这也是浙江目前唯一一个能与
美国媲美的行业。初级金属制造和木制品两个行业，劳动生产率相当
于美国同行业的 42.1% 和 40.1%，与世界一流制造业差距相对于其
他行业较小，已经拥有较好的规模化生产和标准化、专业化制造能
力；服装、纺织、印刷、石油制品、建材、金属制品六个行业正逐渐
接近，劳动生产率相当于美国同行业的 30% 以上。

表 16-3　　　　劳动生产率接近或相对接近美国的制造行业

我国行业代码	北美工业代码	对应的行业名称	2010 年人均产值（当年价，万美元）		
			浙江	美国	相当于美国（%）
C28	313	化纤	26.1	26.0	100.3
C32/C33	331	初级金属	26.8	63.6	42.1
C20	321	木制品	8.1	20.2	40.1
C18	315	服装	3.7	9.6	38.5
C31	327	建材	9.5	25.8	36.9
C17	314	纺织	6.9	18.9	36.6
C23	323	印刷	6.0	16.9	35.5
C25	324	石油及煤制品	194.1	597.4	32.5
C34	332	金属制品	6.7	22.3	30.0

说明：按北美工业分类系统 21 个大类制造行业，进行统计比较。

资料来源：美国人口普查局，U. S. Census Bureau: Annual Survey of Manufactures, *Statistics for Industry Groups and Industries 2010*。

交通设备、化工医药等多数行业差距较大

按照我国制造业分类，浙江有 20 个制造行业与美国的差距较大，
即劳动生产率小于美国同行业的 30%。2010 年，美国饮料和烟草人
均产值 95 万美元，是浙江的 5.7 倍；交通设备制造业、化工医药行
业是浙江的 5.6 倍；造纸业、计算机电子设备、机械设备制造业等是
浙江的 5 倍左右。即使浙江的一些传统优势行业，如食品、饲料、皮
革、家具、橡胶塑料和电气机械及器材制造等，美国亦大致是浙江的
3.5—4.5 倍。

表 16 - 4　　　　　劳动生产率与美国相差较大的制造行业

我国行业代码	北美工业代码	对应的行业名称	2010 年人均产值（当年价，万美元）		
			浙江	美国	相当于美国（%）
C21	337	家具	4.6	16.2	28.5
C29/C30	326	塑料、橡胶	7.6	27.2	28.0
C19	316	皮革	4.1	16.4	25.0
C39	335	电气机械	7.8	31.9	24.4
C24/C42/C43	339	其他制造	5.7	24.6	23.1
C13/C14	311	食品、饲料	10.1	45.7	22.1
C35/C36/C41	333	机械设备	6.9	31.8	21.6
C40	334	计算机电子	7.9	37.8	20.8
C22	322	造纸	9.3	47.0	19.8
C26/C27	325	化工、医药	16.5	91.5	18.0
C37	336	交通设备	9.3	52.1	17.9
C15/C16	312	饮料、烟草	16.8	94.8	17.7

说明："其他制造"一栏对应于我国的文教体育用品、工艺品制造、废旧回收加工业三个行业，下同。

人均资本投入、研发投入等差异或是主要制约因素

与美国制造业相比，企业平均规模并不是当前影响浙江制造业劳动生产率的主要因素。浙江化纤、印刷、石油、建材、金属制品等行业企业户均产值规模是美国的 2 倍甚至 6 倍。浙江制造业劳动生产率较多偏低，另有原因。

一是美国制造业人均固定资产新增较多。从数据上看，浙江制造业年人均新增固定资产大大低于美国制造业。以 2010 年为例，已有庞大资产规模的美国制造业年新增固定资产仍达人均 12108 美元，而基础薄弱的浙江制造业年新增固定资产仅为人均 4954 美元，饮料、烟草、造纸、石油及煤制品、初级金属、通信电子等制造行业年新增固定资产均不及美国人均的 40%。

二是美国制造业拥有更高的企业研发和人力资本投入。美国医药企业每年大量的研发投入（R&D 占销售收入 10% 以上），不断推进产

品更新和技术升级，使其拥有无可匹敌的全球竞争优势。① 再比如造纸业，美国造纸业是世界高质量、高产出、低成本的代表，拥有一支高技术劳工队伍，企业注重将大量资本投入用于机器设备升级、更新和安装新设备，并非常注意环境保护和产品回收利用。

三是美国制造业以自动化、高新精产业为主。比如机床业，美国机床业不仅自动化程度和精度高，而且掌控核心关键技术，门类齐全、质量高和可靠性能高。再如汽车制造业，美国以整车制造为主，拥有福特、通用、克莱斯勒三大巨头，而浙江目前仍以中低端零部件为主，像吉利汽车等品牌附加值还有较大提升空间。

第三节　与日本比较：浙江制造业劳动生产率约为其四分之一

日本制造仍是亚洲劳动生产率最高的国家。近年日本制造业国际竞争力有所下滑，但浙江制造业劳动生产率仍只有日本的 25% 左右，大部分行业劳动生产率存在着较大差距，劳动生产率在日本制造业的30% 以下。

纺织、有色金属等少数行业劳动生产率相对接近

与日本制造业相比，浙江制造业目前有四类（对应我国统计分类为六个）行业的劳动生产率已达其 1/3 左右或以上。根据 2009 年的数据，浙江制造业劳动生产率与日本差距最小的，是大纺织业，以及有色金属冶炼与压延加工业两个行业。日本的纺织业包括化纤、服装等，按同口径比较，浙江大纺织业劳动生产率已达日本的 42.9%；浙江有色金属冶炼与压延加工业的劳动生产率，为日本的 42.4%。石油加工、木制品两个行业，浙江企业的户均产值普遍为日本同行业1.5 倍以上，劳动生产率也达日本的 1/3 左右。

---

① 左世全、金伟：《美国重振制造业我们怎么办？》，《工信部赛迪专报》2012 年第15 期。

表 16 – 5　　　　　　　劳动生产率相对接近日本的制造行业

行业代码	对应的行业名称	2009 年人均产值（当年价，美元）		
		浙江	日本	相当于日本（%）
C17/C18/C28	化纤纺织服装	56966	132774	42.9
C33	有色金属	219464	517761	42.4
C25	石油加工	1427302	4401832	32.4
C20	木制品	71209	224406	31.7

说明：结合日本统计口径分为 22 类行业，日本按 4 人及以上企业，浙江按规模以上制造企业统计。

资料来源：日本总务省统计局，Japan Statistical Yearbook 2012。

交通设备、通信电子等行业与日本差距较大

与日本制造业相比，浙江制造业多数行业的劳动生产率与日本仍有较大差距，大多是装备制造、化工橡胶等资本技术密集型重化工行业。2009 年，浙江化工医药、通用设备、通信电子、交通设备等装备制造业，劳动生产率不及日本的 20%。塑料、金属制品、家具、印刷、皮革、电气机械、造纸等行业，由于国际产业分工大多仍处于"微笑曲线"低端，以 OEM 贴牌生产而非 ODM 和 OBM 产品为主，品牌附加值低，低端化、同质化竞争激烈等问题，劳动生产率普遍较低，仅为日本的 20%—30%。

表 16 – 6　　　　　　　劳动生产率与日本相差较大的制造行业

行业代码	对应的行业名称	2009 年人均产值（当年价，美元）		
		浙江	日本	相当于日本（%）
C14	食品	68756	232106	29.6
C31	建材	82213	283361	29.0
C32	钢铁	218151	774650	28.2
C30	塑料	70234	255883	27.4
C34	金属制品	61756	227308	27.2
C21	家具	42987	166562	25.8
C23	印刷	53418	213498	25.0
C29	橡胶	58454	243436	24.0
C19	皮革	37343	156334	23.9

续表

行业代码	对应的行业名称	2009 年人均产值（当年价，美元）		
		浙江	日本	相当于日本（%）
C39	电气机械	69530	307315	22.6
C36	专用设备	56646	270004	21.0
C22	造纸	80001	388131	20.6
C24/C42/C43	其余制造	47032	247676	19.0
C26/C27	化工医药	139458	747264	18.7
C35	一般机械	57832	325025	17.8
C40	通信电子	70582	414029	17.0
C37	输送机械	85929	531992	16.2
C13/C15/C16	饮料烟草饲料	128112	1023411	12.5

资料来源：同表 16-5。

技术、研发、文化等投入差距或是主要制约因素

与美国一样，浙江制造企业规模程度（相当于日本企业的80%），并不是导致劳动生产率低于日本制造的主要因素。与日本相比，关键在于物质资本和人力资本两大方面仍有很大差距。

一是人均资本差距。浙江制造业人均拥有固定资产，大大低于日本制造业。2009 年，日本制造业人均拥有固定资产已达 23.7 万美元，浙江制造业人均拥有固定资产为 1.95 万美元，仅为日本的8% 左右。

二是研发投入差距。日本制造业 R&D 投入占制造增加值比重长期在 3% 左右，大型制造企业更是将每年销售收入的约 10% 用于R&D，以保持技术革新和行业领先者地位，并由此积累大量技术、人才。企业在新产品开发周期、工厂占用土地等方面追求少而精，[1] 与浙江企业追求大而全形成鲜明反差。

三是企业文化差距。日本制造企业的"终身雇佣制""年功序

---

[1]　吕友晨：《产业结构的变化与日本经济发展的关系》，《东北亚论坛》1994 年第1 期。

列"等，以及稳定成熟的企业文化和技能培训制度，曾在追欧赶美时期发挥了巨大作用，培育形成了大量忠诚的熟练员工和积累凝聚了大量人力资本；而我们恰恰在这些方面较为欠缺，员工归属感低、"跳槽率"高、培养体系缺失，不利于人力资本积累。

第四节　与韩国比较：浙江制造业劳动生产率约为其四分之一

创造"汉江奇迹"的出口导向型经济体韩国，是浙江制造业劳动生产率一个较好的比较对象。分析表明，以人均产值衡量的浙江制造业劳动生产率，大约为韩国制造业的 1/4，半数行业劳动生产率达韩国的 30% 以上。

印刷、纺织化纤等传统行业较为接近

与韩国相比，浙江的烟草、印刷、纺织化纤制造业劳动生产率较为接近。尤其是烟草业，劳动生产率是韩国的 1.1 倍，印刷、纺织化纤劳动生产率约为韩国的一半，分别为 50.4% 和 45.7%。木材、橡胶塑料、食品饮料、金属制品、仪器仪表、其他制造等 11 个行业，劳动生产率也已经达到韩国的 30% 以上。不过，烟草业劳动生产率的领先，很大程度上是由于垄断水平更高和规模化效应更显著所致，浙江有 4 家而韩国有 10 家烟草公司；纺织化纤业的劳动生产率相对较高，主要是化纤劳动生产率较高。

表 16 - 7　　　　　　　劳动生产率相对接近韩国的制造行业

行业代码	对应的行业名称	2009 年人均产值（当年价，美元）		
		浙江	韩国	相当于韩国（%）
C16	烟草	1079017	950016	113.6
C23	印刷	53425	105987	50.4
C17/C28	纺织化纤	70575	154335	45.7
C24/C42/C43	其他制造	47039	121368	38.8
C20	木材	71219	199887	35.6

续表

行业代码	对应的行业名称	2009 年人均产值（当年价，美元）		
		浙江	韩国	相当于韩国（%）
C29/C30	橡胶塑料	67396	192507	35.0
C13/C14/C15	食品饮料	94146	285771	32.9
C34	金属制品	61765	188292	32.8
C41	仪器仪表	50140	160983	31.1

说明：结合韩国统计口径分为 21 类制造行业进行比较。韩国为 5 人及 5 人以上企业，浙江为产值 500 万元以上的规模制造企业。

资料来源：韩国统计局，Korea Statistical Yearbook 2011。

通信电子、化工医药等多数行业差距较大

通信电子、化工医药、石油加工、交通设备、电气机械、机械设备等，浙江制造业劳动生产率均不及韩国的 30%，更多地呈现出劳动密集型特征。服装、家具、皮革、造纸等传统轻工制造业，劳动生产率也仅为韩国的 20% 上下。当前在浙江制造多数领域，随着本地劳动力成本快速上升，出现了向中西部和东南亚等境外大规模转移的趋势；如果未来不能及时提升行业劳动生产率，将会形成不仅包括已萎缩的传统优势制造业，还可能包括基本金属、化工医药、金属制品、机械设备、交通设备等浙江着力培育发展的主导产业转移，出现程度更为严重的产业"空心化"现象。因此，加快提高劳动生产率，中期内已经成为浙江制造乃至浙江经济生死攸关的大问题。

表 16－8　　　　　劳动生产率与韩国有较大差距的制造行业

行业代码	对应的行业名称	2009 年人均产值（当年价，美元）		
		浙江	韩国	相当于韩国（%）
C32/C33	基本金属	218788	737861	29.7
C22	造纸	80013	275837	29.0
C31	建材	82225	301894	27.2
C35/C36	机械设备	58653	224997	26.1
C39	电气机械	69540	271355	25.6

续表

行业代码	对应的行业名称	2009 年人均产值（当年价，美元）		
		浙江	韩国	相当于韩国（%）
C19	皮革	37349	166849	22.4
C37	交通设备	85941	384000	22.4
C21	家具	42993	205195	21.0
C25	石油加工	1427511	6902632	20.7
C26/C27	化工医药	139478	682961	20.4
C18	服装	30859	160784	19.2
C40	通信电子	70592	456937	15.4

资料来源：同表 16 - 8。

人均资本拥有差异等是主要制约因素

与韩国相比，浙江制造业劳动生产率有较大差距，在资本、产业升级战略等方面存在着很大差异。与美国、日本类似，韩国劳动生产率较高的一个主要原因是制造业也拥有较高的人均固定资产，以及更多依赖于人力资本。2009 年，韩国制造业年人均固定资产拥有量达 12.1 万美元，是浙江制造业人均固定资产拥有量的 7 倍。通信电子、石油、化工医药、基本金属、金属制品、机械设备、交通设备制造、家具、木材等行业人均固定资产拥有量，韩国均为浙江的 5 倍以上。

第五节　注重"三个效应"：有效提升
浙江制造业劳动生产率

经济转型和力争成为高收入经济体，关键在于劳动生产率。劳动生产率相对高的国家或地区，才可能成为高收入经济体。当前浙江应抓住城镇化、信息化和全球制造生产方式变革机遇，注重技术追赶、产业优化和资源配置优化三个效应，努力缩小与发达经济体的绝对差距。

进一步强化技术引进及创新的"追赶效应"①

东亚经济体经验表明，欠发达国家和地区长期具有后发优势，可以形成长期的快速"追赶效应"，或者说是形成行业"纯生产率效应"。通过学习和借鉴先进国家的成功经验，在一个较高起点上推进工业化，大力引进先进技术和模仿创新，大量采用和借鉴先发国家成熟的计划、设备及其组织结构方式，快速培养本国人才，形成克鲁格曼（Krugman）等人所说的基于后发优势技术发展的东亚"蛙跳模式"（Leapfrogging Model），持续提升劳动生产率，达到追赶世界最先进国家——美国的目的。根据世界大型企业联合会的统计表明，20世纪50年代以来日本和亚洲"四小龙"（韩国、中国台湾和中国香港以及新加坡）劳动生产率持续快速追赶，并接近美国。

与东亚发达经济体对照，浙江已经形成了对发达经济体尤其是美国劳动生产率的追赶趋势，但仍然较为落后。分析表明，我国技术装备水平与美国的差距至少在10年以上乃至50年，行业投资更新改造和提升空间巨大。如果按照绝对值（1990年美元价格）衡量，当前浙江全社会劳动生产率水平，大体与日本1968年、中国香港1970年、中国台湾以及韩国1990年前后水平相当。如果按相对劳动生产率水平衡量（相对美国 = 100 而言），浙江仅相当于1960年左右的中国香港和日本、1970年左右的韩国和中国台湾地区。

长期的贴牌加工、劳动密集型产业"路径依赖"和相应制度变革滞后，使得浙江制造业的劳动生产率，相对于先进国家和地区的水平，与工业化同期水平的四小龙相比更低，存在着陷入所谓的"后发劣势"的危险。不过有利的一点是，如图16－2所示，浙江已形成了对美国等先进国家劳动生产率的"长期追赶趋势"。因此，加大技术

---

① "追赶效应"主要是指利用后发优势（Late-developing Advantage）形成的提升效应，即由于后发地区广泛的"替代性"的存在和技术差距存在，通过引进先发国家和地区的技术、设备和资金，学习和借鉴成功经验和吸取失败教训，降低创新成本、交易费用和成本，从而获得后发利益推动经济高速增长，达到追赶目的。与之相对应的是杨小凯等人提出的"后发劣势"。

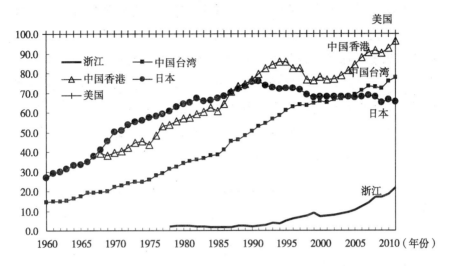

图 16 – 2　劳动生产率，东亚经济体的追赶步伐（美国 ＝ 100，%）

数据来源：The Conference Board Total Economy Database。按照 1990 年国际美元（Geary Khamis PPPs）的购买力价格衡量。浙江数据根据全国相应数据整理所得。

创新、专利引进和模仿创新力度，避免"后发劣势"，加快提升制造业价值链，努力强化劳动生产率"追赶趋势"，较为关键。

进一步强化产业升级的"丹尼森效应"①

研究表明，中国劳动生产率快速增长主要源于行业内部技术进步而非要素投入驱动，产业升级的"丹尼森效应"并不显著。② 对于产业结构变动相对更慢的浙江而言，更是如此。

对浙江 38 个工业行业劳动生产率计算表明，行业内部效率提升而非产业结构优化升级形成的"丹尼森效应"，对促进整个工业化发展起到了主要推动作用。因此，通过产业升级，降低传统劳动密集型产业份额，提高技术资本密集型产业的份额，提高要素资源利用效

① "丹尼森效应"（Denison Effect）指经济重心从生产率较低部门向生产率较高部门转变，即不同生产率水平行业间的再分配和产业升级，对劳动生产率整体提高的影响；也可被认为是行业转换效应。

② 李小平：《中国制造业劳动生产率增长的源泉及其特征——基于"结构红利假说"的实证检验》，《当代财经》2008 年第 3 期。

率，形成劳动生产率提升的"丹尼森效应"，相比依赖"纯生产率效
应"，具有更大空间。浙江正处在从低技术、低附加值向中高技术、
中高附加值产业转变的节骨眼上，产业升级需要大量的资本技术投入
跟进。对于浙江各地政府和企业而言，关键是发现和培育符合比较优
势的战略性新兴产业和中高端制造业，并形成规模气候。比如，中国
台湾工业化过程中不断推进主导产业升级形成的劳动生产率提升，可
以给浙江很多启发。

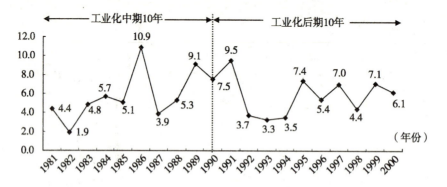

图 16 - 3　1981—2000 年台湾制造业劳动生产率实际增长（%）

资料来源：《台湾统计年鉴》。

20 世纪 90 年代中国台湾产业升级形成的"丹尼森效应"，表现
非常明显。1991—2000 年，尽管台湾传统劳动密集型产能大面积萎
缩，比如烟草、服装、皮革、木材、家具、印刷、金属制品共计七个
行业，无论是产值或劳动生产率总体均出现负增长，但产业升级形成
的台湾制造业总体劳动生产率，年均名义增长 10%、实际增长 5.7%
左右，与 1981—1990 年的年均增长 5.9% 相差不多。

主导产业持续升级，带动了台湾制造业劳动生产率大幅提升。主
导产业从食品、化纤、纺织等劳动密集型产业，成功转型为电子零部
件、电脑电子产品等技术密集型产业。1990—2000 年，由于产业持
续升级推动，台湾经济年均增长达到 6.5%，人均 GDP 从 8120 美元
提高至 14700 美元，越过了所谓的"中等收入陷阱"，一举跃升为高
收入经济体，其间还经受住了亚洲金融危机冲击。因此，鼓励企业加
大制造业资本财货投入力度，制定有利于中高端制造业和新兴产业发

展的政策，通过产业间升级，形成通常说所的"丹尼森效应"，对于浙江未来提升劳动生产率至关重要。

进一步强化人力资本提升的"鲍默效应"①

人力资本积累，将大大促进包括制造业在内的整个经济的劳动生产率的提高。劳动者在受教育、培训、保健、实践经验、迁移流动等方面投资而获得的知识和技能积累形成的优势，即人力资本提升，是亚洲"四小龙"劳动生产率快速提升和经济高速增长的一个关键。

从统计上看，增加值 = 劳动者报酬 + 生产税净额 + 折旧 + 营业盈余，在其他约束条件不变的前提下，表现为工资报酬增加的人力资本提升将提高全部增加值，直接促进劳动生产率增长，两者相辅相成。

以我国台湾为例，在产业快速升级时期，人力资本（工资）提升与劳动生产率增长，存在显著的正相关性，两者基本同步。人力资本（工资）下滑，劳动生产率增长放慢；人力资本（工资）上升，劳动生产率增长加快，工资平均增长总体要稍快于劳动生产率增长。②1986—1996 年，在向高收入迈进的工业化关键时期，中国台湾地区、韩国制造业名义工资增长，分别达 12.1% 和 16.7%；日本 1965—1980 年名义工资年均增长高达 18.5%，曾连续 30 年增长在 10% 以上。

2011 年，浙江制造业全社会单位在岗职工平均月工资约 383 美元，不仅远低于劳动时间相对少的韩国、中国台湾地区的当前工资水平（>1500 美元），也低于工业化同期一些经济体的工资水平（>800 美元）。当前浙江人均 GDP 约为台湾地区的 46%，而制造业工资水平仅为其 21% 左右，平均工资提升空间幅度可达 100%。

一方面，工资水平被压得过低，不利于产业升级和人力资本积

---

① "鲍默效应"（Baumol Effect）指当投入要素从低生产率或生产率增长较慢的部门，向高生产率或生产率增长较快的部门转移时，就会促进各部门组成的经济体的总生产率增长。要素流动增强，工资提升和人力资本积累，有助于形成"鲍默效应"。

② 王兴化、张锐钢：《台湾经济转型与制造业劳动成本变动》，《台湾研究集刊》2000年第 3 期。

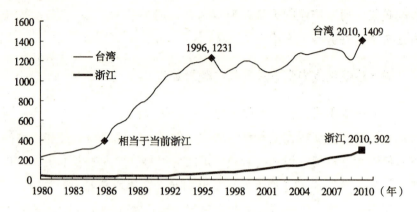

图 16 - 4　1980—2010 年浙江、台湾地区制造业工人月薪收入（美元）

资料来源：《台湾统计年鉴》。

累，不利于形成中产阶层和大规模的中高级消费品需求，更不利于形成长期软实力和竞争力；另一方面，工资水平提升在某种程度上反映了产业升级的程度，有利于摆脱对低层次技术、低端劳动密集型产业的依赖。我们难以想象一个普遍低工资水平的省份，能被称作全球先进制造业基地。

因此，加速人力资本积累，逐步提高工资水准，优化资源要素配置，形成劳动生产率提升的"鲍默效应"，是浙江制造业发展升级的一个有效之举。工资增长有助于促进劳动力资源配置优化和提高劳动者工作努力程度，也有助于人力资本提升和中高级消费产品需求增长，更有助于促进产业投资更新改造，并将成为对下一轮工资增长和产业升级的支撑，真正形成包容性增长式的"良性循环"。

第十七章

制造业技术水平国内外比较及建议

加快提升制造业技术水平，是实施创新驱动战略、建设创新型省份的重要支撑。实现从粗放增长到集约增长的转变、形成创新驱动发展格局，需要加速物质资本、人力资本、社会资本三类资本积累，尤其要加快提升技术装备和技术引进水平，重振制造业。

第一节　国内比较：浙江制造业技术仅处中上游水平

浙江制造业技术装备近十年来发展提升迅速。但量化浙江工业技术水平，大致为江苏的80%和上海的45%，也只有全国平均水平的85%左右，处于中上游。尤其是交通设备、通用设备、通信设备及计算机等装备制造领域落后较多，技术储备不足。

制造业装备水平进步较快但总体仍偏低

1990—2011年，浙江制造业人均拥有固定资产设备额，从人均1万增加到15.9万元，年均名义增长约14%，快于上海、广东等地。2011年，浙江的化纤、皮革、塑料、印刷、文教体育用品、服装、纺织、石油加工等11个制造行业，技术装备水平在长三角乃至全国处于领先者地位。纺织、化纤、石油加工业代表着全国最高制造水准，甚至已居世界前列。[①]

部分细分行业产品生产技术已较为先进。乙烯、化学原料药、光纤光缆、LED产品及封装、硅晶体材料切片、铜合金、有机硅和氟化

---

① 浙江省经信委：《2010年度调查研究成果汇编》，第33页。

工、纳米材料、纺织新材料，乃至数控设备、仪器仪表等一大批细分行业的产品生产技术，居全国领先水平。考虑到改革开放初期浙江制造业技术装备水平，从仅相当于发达国家和地区的1%，不足沪、苏等地的50%和不及赣、皖两省起步，取得当前成就相当不易。

表 17 - 1　　　　　　　　技术装备大体领先的制造行业

行业名称	人均固定资产相当于以下地区的倍数		
	全国	江苏	上海
石油加工	3.0	2.2	3.0
烟草	1.8	0.8	1.1
文教用品	1.7	1.2	1.3
服装	1.3	1.4	1.1
化工	1.3	0.7	1.1
饮料	1.2	0.8	1.0
印刷	1.2	0.8	1.0
建材	1.2	1.5	0.5
纺织	1.2	1.6	1.1
塑料	1.1	0.8	0.5
皮革	1.0	1.1	1.0
化纤	1.0	1.0	1.0

说明：按2011年规模以上制造企业计算，下同。

资料来源：《中国统计年鉴2012》等。

相比全国及沪苏两省市，浙江多数制造行业装备水平落后。2011年，浙江制造业人均固定资产净值约14万元，仅为全国的78%、江苏的74%、上海的61%，近2/3数量行业落后全国，并且与江苏、上海的绝对差距正在进一步拉大。2011年，有色金属、橡胶、黑色金属、金属制品、通用设备、交通设备等八个主要行业，人均技术装备水平明显落后沪、苏两地；食品、专用设备、木材、仪器仪表、通信电子等十个一般行业，人均技术装备也低于沪、苏和全国平均水平，装备自主化本地化、数字化自动化技术应用存在较大差距。

表 17 - 2　　　　　　　　　技术装备较为落后的制造行业

行业名称	人均固定资产相当于以下地区的倍数		
	全国	江苏	上海
医药	1.0	1.0	0.8
工艺品	1.0	0.5	0.8
家具	1.0	1.3	0.9
造纸	1.0	1.1	0.5
通信电子	0.9	0.6	0.7
仪器仪表	0.9	1.0	0.5
木材	0.9	0.9	1.0
农副食品	0.9	1.4	0.7
专用设备	0.9	0.8	0.6
食品制造	0.8	0.7	0.7
电气机械	0.8	0.8	0.6
交通设备	0.8	0.6	0.8
通用设备	0.8	0.6	0.8
金属制品	0.7	0.8	0.6
黑色金属	0.7	0.1	1.6
橡胶	0.7	1.0	0.9
有色金属	0.5	0.7	1.2
废旧加工	0.3	0.2	0.2

说明：按 2011 年规模以上制造企业计算。

资料来源：《2012 年中国统计年鉴》等。

制造业劳动力素质低于沪苏及全国

制造业万人 R&D（研究与发展）人员数、万人发明专利数，浙江两者均领先全国的行业有食品、木材、化工、饮料等八个，接近的有皮革、建材等四个，有色金属、纺织、电气机械等十八个行业存在较多落后。综合看，传统行业存在一定优势，装备制造、新能源、新材料等新兴产业落后较多；竞争性行业有所领先，垄断性质行业比如烟草、石油等行业落后较多；轻工行业人力资本积累较多，重工行业人力资本积累较少。

表 17 – 3　　　　　　　研发创新水平领先或接近的行业

行业名称	浙江为全国的倍数	
	万人 R&D 人数	万人发明专利数
农副食品	2.4	5.2
木材	2.2	5.0
文教用品	2.0	2.1
化工	1.4	1.2
医药	1.4	1.0
饮料	1.2	1.4
金属制品	1.2	1.3
印刷	1.1	1.0
皮革	1.8	0.9
建材	1.3	0.8
通信电子	1.2	0.7
食品制造	1.1	0.7

说明：万人 R&D 人数和发明专利数，均指万名就业人员中的研发人员数量、发明专利数量。发明专利，相比较其他两种专利（外观设计专利、实用新型专利），衡量一个行业或地区的科技水平更加实际客观。

资料来源：《2011 年中国科技统计年鉴》《浙江科技统计年鉴》。

　　制造业较高劳动素质人员的占有比例偏低。按照"六普"数据，浙江制造业就业人口中受过高等教育的人口比例仅为 5.9%，远低于全国 9.8% 的平均水平。2011 年，按照全部规模以上工业企业统计，万人 R&D 人员数和万人发明专利数，浙江为 347 人和 13.1 件，上海为 386 人和 31.5 件，江苏为 341 人和 20.3 件，万人发明专利数尤其落后较多，创新发明水平落后。每万名从业人员拥有的专业技术人员数和发明专利数落后，表明行业人力资本拥有量和高技能人才相对较少、劳动力素质相对较低，不利于技术消化吸收和技术创新，更易导致行业技术水平落后和地区间的"后发劣势"。

制造业技术研发与积累是一块主要短板

　　行业技术研发水平，可以通过技术服务经费支出反映，即购买技术服务经费支出①占主营业务收入比重。2011 年，按照规模以上企业统计，购买技术服务经费支出占主营业务收入的比重，浙江仅为 0.5‰，低于全国的 0.8‰，更是大大低于江苏、上海的 0.9‰ 和 2.5‰。技术引进落后，表明企业技术积累意愿和程度较低，知识产权重视程度不够；同时也表明未来制造技术差距将很可能加大而非缩小，这对处于沿海前沿地区的浙江制造业相当不利。

多数行业在技术专利经费支出和研发支出方面比重偏低。从 30 个制造行业看，当年浙江制造业购买技术服务经费比重超过 1‰ 的行业，仅有医药制造、通用设备、专用设备、交通设备、电气机械、通信设备等七个。其中医药制造、专用设备两个行业超过 2‰。R&D 支出占主营业务收入比重，超过 1% 的只有通用设备、造纸、黑色金属、有色金属、饮料、印刷等八个行业，技术创新储备严重不足。

第二节　与美国比较：浙江制造业技术水平仅为其约 20%

与美国相比，浙江制造业技术水平只有美国的 20% 左右。浙江制造业仍处于全球化产业链、价值链、技术链的低端，尤其是在控制生产成本水平、数字化信息化制造应用等方面差距非常明显。

一　制造业装备水平与美国差距仍在拉大

浙江制造业人均拥有固定资产约 2 万美元，仅为美国制造业人均的 15% 左右。从年度新增固定资产投资看，多数行业包括机器设备、工器具在内的人均投资额低于美国，反映出制造业本身技术装备水平差距继续拉大（美国 = 100）。2010 年，浙江制造业人均新增固定资产为 7028 美元，远低于美国制造业的人均 12108 美元，人均投资额不到美国制造业的 60%。

---

① 购买技术服务经费支出包括引进技术经费支出、购买国内技术经费支出两项合计。

表 17 – 4　　　　　　　　　人均新增固定资产与美国比较（美元）

行业代码		美国	浙江	相当于美国（%）
行业代码	制造业平均	12108	7028	58.0
C28	化纤	6271	14470	230.8
C18	服装	1242	2720	219.0
C20	木制品	5095	10174	199.7
C23	印刷	4373	8128	185.9
C21	家具	3012	4701	156.1
C17	纺织	3733	5292	141.8
C34	金属制品	6252	8682	138.9
C31	非金属矿物制品	10311	11449	111.0
C39	电气机械	7580	7127	94.0
C35/C36/C41	机械设备	8553	7102	83.0
C37	交通设备	14116	10975	77.8
C24/C42/C43	其余制造	6981	5047	72.3
C29/C30	塑料、橡胶	9384	6235	66.4
C13/C14	食品、饲料	10310	6584	63.9
C22	造纸	16446	10354	63.0
C26/C27	化工、医药	25676	14634	57.0
C19	皮革	3629	1779	49.0
C15/C16	饮料、烟草	22149	9291	41.9
C40	计算机电子设备	15533	6040	38.9
C32/C33	初级金属	20301	7885	38.8
C25	石油及煤制品	124644	39523	31.7

资料来源：《浙江省统计年鉴》、美国人口普查局产业年度调查统计。

说明：按照北美工业统计分类划分，按 20 人以上企业统计。

　　装备制造、化工医药等主要行业技术装备水平差距拉大。尽管浙江石油化工等行业技术装备水平领先全国，但远远落后于美国。2010年，包括交通设备、电气机械、食品饮料、金属冶炼、石油等在内的22 个制造业（对应北美分类为 13 个行业），主要用于更新机器设备资本的人均固定资产投资低于美国同行业，表明这些行业的技术装备水平与美国的差距继续扩大。同时，这些行业地位、作用突出，占美国制造业比重达到 85% 以上，在浙江制造业中的比重约为 70%。

化纤、纺织服装等少数行业技术装备水平差距缩小。2010 年，化纤、纺织、建材、印刷等八个行业，年人均固定资产投资（未提折旧的当年固定资本形成）高于美国同行业，表明这些行业技术装备水平正不断接近美国同行业，目前化纤、建材两个行业人均固定资产达到了美国 50% 以上。不过，除金属制品业外，其他七个行业占美国制造业比重已非常低，仅为 7.4%，属于转移型行业。

二　制造生产成本水平远高于美国同行业

万元增加值综合能耗或万元产值综合能耗大小，反映了制造业能源利用效率或生产成本技术水平高低。据经济第二次普查数据，浙江制造业每万美元增加值综合能源消费约为 3630 美元，而美国为 520 美元，能耗约仅为浙江的 14%。由于浙江制造业增加值率较低，这一数据一定程度上失真，按照产值计算相对客观，即浙江制造业每万美元产值能源消费 725 美元，美国制造业每万美元产值能源消费为 215 美元，总体能耗水平大约仅为浙江制造业的 30%。

从价值量角度看，浙江制造业多数行业能耗强度，是美国同行业的 2 倍以上，制造成本技术水平落后。建材、石油、纺织三个行业单位能源消费，相对于美国同行业最高，在 5 倍上下；而且这些行业也是浙江制造业主要行业和主要耗能产业（能源消费占 38%）。化工、造纸、黑色金属等高能耗行业（能源消费占 28%），也在美国同行业的 3 倍左右；电气机械、家具、皮革、木制品等劳动密集型行业，单位能源消费相对较低，相当于美国同行业的 2 倍左右。

表 17 - 5　　　　每万元产值能源消费与美国比较（美元）

行业代码		美国	浙江	为美国的倍数
行业代码	制造业平均	215	725	3.4
C31	非金属矿物制品	660	3851	5.8
C25	石油及煤制品	199	1042	5.2
C17	纺织	230	1110	4.8

续表

		美国	浙江	为美国的倍数
C35/C36/C41	机械设备	83	328	4.0
C22	造纸	571	2090	3.7
C15/C16	饮料、烟草	107	388	3.6
C37	交通设备	77	242	3.2
C26/C27	化工、医药	362	1087	3.0
C24/C42/C43	其余制造	76	225	3.0
C18	服装	78	228	2.9
C29/C30	塑料、橡胶	246	704	2.9
C40	计算机电子设备	79	214	2.7
C34	金属制品	153	374	2.4
C32/C33	初级金属	473	1129	2.4
C28	化纤	409	865	2.1
C13/C14	食品、饲料	185	386	2.1
C23	印刷	166	344	2.1
C20	木制品	262	520	2.0
C19	皮革	114	225	2.0
C21	家具	103	198	1.9
C39	电气机械	109	186	1.7

说明：浙江制造业综合能源消费量根据当量系数和当年油价换算成美元价格，美国制造业能源消费包括燃料成本、电力成本两部分。考虑到2008年以来浙江工业能耗水平年均下降6%左右，这一差距或有略微缩小。

资料来源：浙江经济普查资料2008年、美国人口普查局产业年度调查统计。

由于自动化连续化技术、绿色低碳技术、信息化水平、数字化制造能力落后，且能源价格机制扭曲和环境污染成本较低，企业利用新能源技术积极性较低，生产成本技术水平落后，能源利用效率不高，造成了制造业单位能耗较高，并成为以煤炭为主的能源消费对环境产生巨大影响的主要因素。当前浙江制造业能源利用效率，大约停留在20世纪60年代的美国，未来至少有100%以上的提升空间。

三 制造业技术研发积累大幅落后美国

制造业多为加工组装行业，产品自主知识产权比重低。2010年，浙江制造业购买技术服务经费支出占主营业务收入 0.85‰，美国为 5.6‰，浙江制造业仅为美国的 15% 左右。超过一半的行业，购买技术服务经费支出强度不足美国同行业的 10%，没有一个行业技术经费支出强度达到美国的 1/3，根本无法对美国同行业构成任何技术上的威胁或追赶，技术积累储备不足以推动普遍创新，只能在个别行业、单项产品上突破。

表 17-6　　　　　　购买技术经费支出占主营业务收入（‰）

行业代码		美国	浙江	相当于美国（%）
行业代码	制造业平均	5.62	0.85	15.1
C25	石油及煤制品	2.47	0.00	0.0
C23	印刷	5.44	0.14	2.5
C24/C42/C43	其余制造	16.03	0.42	2.6
C15/C16	饮料、烟草	3.01	0.08	2.7
C34	金属制品	6.66	0.23	3.4
C18	服装	8.30	0.30	3.6
C20	木制品	4.42	0.17	3.8
C21	家具	7.31	0.31	4.2
C29/C30	塑料、橡胶	4.74	0.27	5.8
C19	皮革	6.28	0.50	7.9
C31	非金属矿物制品	6.68	0.55	8.2
C22	造纸	4.41	0.41	9.3
C40	计算机电子设备	11.83	1.29	10.9
C32/C33	初级金属	4.02	0.55	13.8
C17	纺织	3.91	0.57	14.7
C35/C36/C41	机械设备	8.70	1.44	16.5
C26/C27	化工、医药	7.39	1.60	21.6
C13/C14	食品、饲料	2.53	0.56	22.0
C28	化纤	4.26	1.07	25.2
C39	电气机械	5.83	1.73	29.6
C37	交通设备	4.07	1.24	30.4

资料来源：同表 17-5。

　　分行业看，仅有电气机械、化工医药、机械设备、交通设备、化纤、计算机电子六个行业，购买技术经费支出强度达到 1‰；造纸、饮料、金属制品、印刷、塑料、家具等多数行业不足 0.5‰，这与美国的制造行业普遍超过 4‰形成较大反差，也远达不到提高行业核心竞争力和可持续发展所需的水平。无论是装备电子行业还是纺织轻工等传统行业，与美国同行业相比，购买技术经费支出强度仍然远远落后，技术积累差距仍在拉大；国家垄断性质的浙江石油业当年购买技术经费支出强度甚至为零。

第三节　与日韩比较：浙江制造业技术水平为其 30% 上下

当前浙江制造业技术水平，为日韩两国的 25%—35%。九成行业技术水平落后日韩且相差较多，仅食品、印刷和金属制品三个行业技术水平较接近。

一　制造业装备水平约为日韩的 20%

浙江制造业规模企业户均产值已经超过韩国，但从人均拥有技术机器设备等固定资产看，仅相当于日韩的 20% 左右。2009 年，韩国各类制造业人均拥有有形固定资产高达 12.1 万美元，电子、汽车、船舶、金属、石油化工等，更是达到了 15 万美元以上，在全球拥有非常强的竞争力。而浙江 30 个大类行业中有 26 个行业不足韩国的 1/3、12 个行业不足韩国的 1/4。

表 17-7　　　　人均拥有固定资产与韩国比较（万美元）

		浙江	韩国	相当于韩国（%）
行业代码	制造业平均	2.5	12.1	20.7
C13/C14/C15	食品和饮料	3.3	9.6	34.2
C16	烟草	28.0	20.1	139.0
C17/C28	纺织化纤	2.9	6.9	42.5
C18	服装	0.9	2.9	30.4
C19	皮革	0.8	4.1	18.9

续表

		浙江	韩国	相当于韩国（%）
C20	木材	1.6	10.6	15.0
C22	造纸	4.8	15.6	30.6
C23	印刷	3.3	5.6	59.8
C25	石油加工	32.3	102.8	31.5
C26/C27	化工医药	6.0	21.5	27.9
C29/C30	橡胶塑料	2.4	7.6	31.5
C31	建材	5.3	15.9	33.2
C32/C33	基本金属	6.0	27.6	21.8
C34	金属制品	1.7	7.9	21.0
C35/C36	机械设备	2.1	8.3	25.1
C41	仪器仪表	1.6	4.6	34.9
C39	电气机械	1.7	7.1	23.7
C40	通信电子	2.5	15.8	15.6
C37	交通设备	2.8	12.9	21.5
C21	家具	1.4	5.8	23.9
C24/C42/C43	其他制造	1.2	5.1	24.1

说明：按照制造业（有形）固定资产原值计算，按照韩国工业统计分类、10人及10人以上企业。

资料来源：韩国统计局：《韩国统计年鉴》。

不仅皮革、木材、服装、食品饮料等轻工行业技术装备水平存在不小差距，并且交通设备、通信电子、石油化工、机械设备等资本密集型行业差距也较大。这典型反映出浙江制造业"大而不强"，技术、生产处于产业链低端的尴尬现状。比如，浙江船舶制造低端产能严重过剩，处于行业链"微笑曲线"底部，与韩国的LNG船舶和日本海洋工程船舶装备等差距巨大，存在行业技术老化、研发管理人才少，基础研究、应用试验研究活动匮乏等问题。

二　制造业研发人员数比重滞后日韩较多

2010年，浙江制造业平均每万名就业人员拥有研发（R&D）人员264人，而日本制造业近700人，仅相当于日本的38%左右。浙江拥有研发人员数最多的是化工医药行业，达到了每万人 668 人，但与日本的 2145 人相比，存在较大差距；最少的是石油工业，仅为每万人 70 人（与中央垄断有关），大大低于日本，省内专门从事相关基础研究、应用研究、试验应用等研究与发展活动的人员较少。

表 17 - 8　　　万名就业人员 R&D 人数与日本比较（人）

		日本	浙江	相当于日本（%）
行业代码	制造业平均	697	264	37.9
C13/C14/C15/C16	食料品	130	230	176.9
C17/C18/C28	纤维工业	246	100	40.7
C22	造纸	143	112	78.3
C23	印刷	80	180	225.0
C26/C27	化工医药	2145	668	31.1
C25	石油	863	70	8.1
C30	塑料	202	119	58.9
C29	橡胶	789	198	25.1
C31	建材	311	187	60.1
C32	钢铁	317	187	59.0
C33	有色金属	625	291	46.6
C34	金属制品	110	224	203.6
C35	一般机械	467	415	88.9
C36	专用设备	965	496	51.4
C40	通信电子	2076	568	27.4
C39	电气机械	1094	407	37.2
C37	输送机械	1011	365	36.1
C19/C20/C21/C24/C42/C43	其余制造	225	92	40.9

说明：按照日本制造业统计分类。

资料来源：日本总务省统计局，按 20 人及以上企业统计。

　　食料品、印刷、金属制品三个行业万人研发人员数超过日本，这些均为浙江传统优势行业；但大部分资本技术密集型行业拥有高素质人员比例，明显低于日本同行业。化工医药、通信电子、输送机械、电气机械、专用设备、石油等重要行业，每万就业人员中研发人员数均在日本同行业的 50% 及以下，行业技术以依赖外源性技术为主。

三 制造业技术创新投入远低于日本

制造业技术水平偏低，很大程度上也是由于研究和发展活动投入过低引起。研发经费投入强度，即 R&D 内部经费支出占主营业务收入比重，2010 年浙江制造业为 0.9%，日本制造业平均为 3.9%，浙江仅相当于日本的 22%。浙江的通信电子、化工医药、一般机械、专用设备等六个行业 R&D 投入强度达到了 1% 以上，大部分行业不足 1%，而日本制造业多数行业在 2% 以上。

表 17 - 9　　　　　　　R&D 投入强度与日本比较（%）

行业代码		日本	浙江	相当于日本（%）
行业代码	制造业平均	3.9	0.9	22.0
C13/C14/C15/C16	食料品	0.7	0.7	103.4
C17/C18/C28	纤维工业	3.0	0.4	15.0
C22	造纸	0.6	0.4	63.8
C23	印刷	0.6	0.7	109.5
C26/C27	化工医药	8.0	1.3	15.6
C25	石油	0.5	0.0	2.2
C30	塑料	1.2	0.5	37.1
C29	橡胶	5.8	0.8	13.9
C31	建材	2.1	0.6	28.9
C32	钢铁	0.9	0.4	46.2
C33	有色金属	2.2	0.5	20.7
C34	金属制品	0.6	0.8	132.4
C35	一般机械	2.7	1.4	51.3
C36	专用设备	7.4	1.7	23.2
C40	通信电子	9.3	2.1	22.9
C39	电气机械	7.0	1.3	19.1
C37	输送机械	4.2	1.1	26.4
C19/C20/C21/C24/C42/C43	其余制造	1.8	0.4	21.0

资料来源：同表 17 - 8。

与日本相比，食料品、印刷、金属制品三个浙江优势行业研发投入强度接近。但是，纺织、橡胶、建材、有色金属、专用设备、电气机械等20个大类行业，研发投入强度不足日本同行业的30%。尤其在一些关键行业，比如日本的橡胶、专用设备、电气机械等行业R&D投入强度均在5%以上，通信电子、化工医药两个行业高达9.3%和8.0%，浙江更是远远弗如。

第四节　做实三类资本，着力提升浙江制造业技术水平

技术是能否实现可持续发展和推进产业转型升级的关键。多个国家和地区的比较，显示了当前浙江在自动化、信息化、数字化等技术，汽车和重工装备、计算机电子、能源生物等产业方面的落后。落后就要挨打，落后就仍需付出更多的环境资源代价。

对此我们应有清醒认识，但完全不必妄自菲薄。与沪苏粤、辽鲁等省市相比，浙江在国家支持科研机构建设、飞机汽车等重工技术装备方面，乃至国防科技工业等领域投入，向来较少，并时时遭遇央企垄断壁垒等竞争不公。浙江制造业的问题并不在于浙江自身。

落后意味着潜力，较多落后意味着较大潜力。展望未来，重点应强化物质资本、人力资本、社会资本三类资本积累，引导民间资本加强技术设备更新和技术储备投入，抓住发达国家放松高技术出口机遇，积极推进产业变革，大力发展生产性服务业，不断增强行业软实力，加快追赶型步伐，走出一条浙江特色制造业复兴之路。

一　增加制造业物质资本投入

提高制造业技术装备水平，物质资本积累是关键。从人均固定资产投资看，目前浙江制造业在技术装备方面的投入，仅相当于美国1975年、日本1978年、韩国和中国台湾地区1986年前后的水平，长期物质资本积累严重不足。按当前速度（约15%）至少要10年时间，浙江制造业装备才能达到韩国1996年的人均装备水准。

　　所幸浙江制造业技术装备提升已进入一条"快车道"。从韩国和中国台湾地区等经验看，制造业技术装备投资将迎来一波最高潮；制造业结构逐步趋向高级化、技术密集化，并将经济体送入高收入之列。结合浙江实际，应在大型成套装备、汽车设计制造、船舶设备、生物医药、金属压延、通用设备、石化建材和部分战略性新兴产业等行业，在新药创制技术、绿色环保技术、新能源技术、新材料技术、生物技术、新一代网络信息技术、海洋开发技术等技术方面，创新体制机制，加大政府政策引导和民间资本投资力度，进行重点突破。

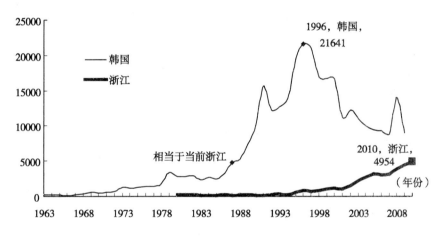

图 17-1　1963—2010 年制造业年人均固定资本形成（美元）

资料来源：韩国统计局：《韩国统计年鉴》。

　　加快企业技术设备更新升级。资本（知识）新优势无法得到有效利用或发挥，同时企业高税负和低利润进一步阻碍了制造业资本积累和技术研发。[1] 因此，考虑制定以 50% 的设备投资额进行折旧[2]等减税政策，加速折旧减轻企业负担，鼓励重点行业、重点技术应用发展和"机器换人"，推动"制造强省""智造强省"。

　　"跳出浙江发展浙江"。一方面，抓住国际金融危机机遇，发挥民

---

　　①　杜平等：《重铸浙江优势》，中国社会科学出版社 2012 年版。

　　②　20 世纪 60 年代日本实施国民收入倍增计划期间，也曾采用过此类产业政策，相当成功。

间资本优势，在全球范围内收购品牌、资产、技术等，充实本地母公司资本；另一方面，加强与跨国公司合作，建立更多的信任和利益互惠机制。强化资源环境倒逼约束机制，强制实施相关标准以产生对企业落后产能转移和技术升级压力，鼓励企业引进国内外绿色环保技术设备实现更新换代和"腾笼换鸟"。

二　强化制造业人力资本积累

增强制造业软实力，人力资本积累是核心。根据 2010 年第六次人口普查数据，浙江制造业就业人口中受过高等教育（大专及以上）人数比例仅为 5.9%，远低于电力（35.6%）、公共管理（59.0%）、卫生（64.0%）、金融（69.1%）、教育（72.4%）等垄断或行政事业性质社会行业；不仅低于江苏、上海，而且低于全国平均水平。

制造业劳动力平均受教育年限较低，相关产业研发人员不足。2008 年经济普查显示，浙江规模以上工业企业，开展科学研究与发展（R&D）活动的企业比例仅为 10.1%，占全部企业的比例则更低（0.7%）。[①] 尽管浙江人均 GDP 已超过 1 万美元，但万名就业人口研究人员数，目前浙江大约为 20 人，仅相当于 1959 年的日本、20 世纪 80 年代中期的韩国或中国台湾地区的水平。不过，从战后日本工业化快速推进时期人力资本增长经验看，未来数十年浙江有相当大的提升空间，加之浙江省中长期教育改革和发展规划纲要深入实施（2010—2020 年），值得期待。

增加企业人力资本积累。深化工学、校企合作，大幅增加政府在制造业职业教育培训、医疗保健、社会保障等方面投入，提高制造业劳动力平均受教育水平，鼓励企业开展研发活动和增加研发支出。适当抑制金融房地产等虚拟经济过度发展，引导人才流向实体经济、流向具有竞争力的民营企业，加速产业人力资本积累。

提高制造业劳动者报酬。工资是人力资本的价值体现，更多的是

---

① 浙江省人民政府第二次经济普查领导小组办公室：《浙江经济普查年鉴 2008 年》，中国统计出版社 2010 年版。

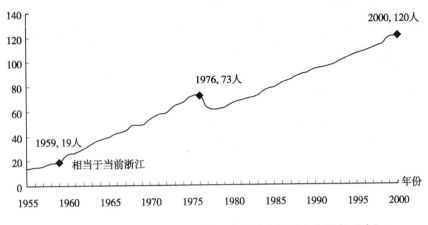

图 17 - 2　日本战后工业化时期万名就业人员研究人员数（人）

资料来源：日本总务省统计局：《日本统计年鉴》。

一种资本而非成本。浙江长期低成本、低工资竞争战略，导致制造业"微笑曲线"不断下沉，加工制造利润率越来越低，[①] 行业技术创新能力下降，不利于形成"后发优势"，反而有"后发劣势"危险。美日韩工业化过程制造业实施高工资、高劳动报酬战略，以人力资本积累和倒逼机制推动技术增长，事实证明较成功和值得浙江借鉴。

三　增强企业的社会资本[②]积累

发达国家的经验表明，经济社会越是发展，创造财富和财富的表现形式就越是体现在知识产权、品牌、价值观等社会资本积累上面。未来提升制造业技术水平，注重社会资本积累是一个重点。早就有学者指出，企业的社会资本，不仅包括企业的各种社会网络资源，也包括企业家精神、企业文化、企业技术创新投入等内部资本。研究表

---

① 比如，世界银行相关研究报告指出，一台苹果手机60%以上利润归苹果公司所有，日韩零配件企业的利润占30%—40%，而主要生产加工组装方——中国鸿海精密公司的利润仅占1.6%。

② 社会资本（Social Capital），最初由布迪厄、普特南、科尔曼、林楠等人提出，指社会资源诸如信任、规范、知识产权、品牌价值，以及社会网络等，是一种镶嵌在社会结构之中并且可以获得和流动的资源。社会资本与物质资本、人力资本一样，具有生产性、能促进资源有效配置，是社会财富的主要表现形式。

明，社会资本与技术创新及其扩散强正相关。制造企业社会资本积累，有利于促进制造业物资资本、人力资本投资，直接或间接地影响和决定着行业的技术发展和扩散。

鼓励企业注重内部社会资本积累。尤其是鼓励企业对知识产权的重视和研发投入，促进企业内部社会资本形成。从制造业企业购买技术专利经费或 R&D 投入强度看，浙江仍停留在 40 年前的日本、30 年前韩国的水平。应大力鼓励制造企业增加技术引进经费和消化吸收投入，加强政府对制造企业研发投入和技术专利引进支持，加速企业（无形）资本积累。

鼓励小微制造企业的社会资本积累。"小的是美好的"，这也正是浙江优势所在。相比大中型企业，小微企业在创新发明、专利技术上具有更高效率，具有更高的社会资本累积效应；单位研发支出和研发人员投入的创新发明，小微企业是大中型企业的 2 倍左右。因此，尤其要发挥小微企业作用，科技、财经等政策向小微企业倾斜，加强民营小微企业研发基础研究支持。

表 17 – 10　　　浙江工业按企业规模分组的创新投入产出（%）

	有 R&D 活动企业占比	研发支出占主营业务收入比重	研发人员占总就业人员比例	每花费 1 亿元研发支出获得的有效发明专利数（项）	每 100 名研发人员中获得的有效发明专利数（项）
总计	13.01	0.81	2.61	34.80	6.33
大中型企业	42.75	0.97	3.67	25.42	5.01
小型企业	10.56	0.61	1.78	53.70	8.47

资料来源：《浙江科技统计年鉴 2011》。

增强政府的社会资本积累，建设创新型社会。美国政治学者弗朗西斯·福山曾深刻指出，高信任度的社会，组织创新的可能性更大。信任度高的社会，意味着较高的社会资本、较强的创新活力。激发民间创造力，提高产业技术竞争力，首先应更多地增强社会信任，增加政府的社会资本积累，提升公信力。即强化法治和契约社会建设，自上而下加快推进政治经济和社会各项改革，力争打破各种非自然垄断和利益集团壁垒制约；与时俱进增加公共产品供给，增强社会流动性；加强知识产权保护、建设诚信政府、减少寻租腐败等，从而创造形成一个有利于资本积累和技术创新提升的环境，加速我们的技术进步。

第五节　关于制造业技术水平总体评价的说明

制造业或工业技术水平，从现有文献看，主要体现在技术装备、生产工艺、发明创造能力三方面，即行业现有的或潜在的硬实力和软实力。评价模型和指标选定可以遵从"TAI 原则"，即联合国开发计划署 2001 年公布的 TAI（技术成就指数）评价体系，这个体系仅包含四个方面 8 个指标，评价 72 个国家或地区的技术水平状况。[①]

本书从产品技术水平、生产技术水平、劳动力素质三个角度，选取人均有形固定资产（或以人均新增固定资产）、万名从业人员有效发明专利数（或万名从业人员 R&D 人数）、企业购买技术服务经费支出强度（或 R&D 投入强度）三类指标，分别对应决定制造业技术的物质资本、人力资本、社会资本三种资本，建立模型进行国内外比较，给出一种技术水平（L. TECH.）的评价方法。

$$\text{L. TECH.} = \prod \sum_i (X_i/Y_i \times 100\%)$$

其中，$\prod$ 表示平均加权，$\sum$ 为加总求和，X_i 为某行业项技术值，Y_i 为比较对象某项值，i 为某个指标。

TAI 指数由技术创新、新技术传播、传统技术传播和人类技能四个方面构成。本书考虑指标的可取性、通用性、可比性和简洁性，去繁就简，使用技术设备、技术创新、劳动力素质三方面 3 个指标或 6 个指标，建立简化评价模型，采用平均赋权法评价。虽然这在一定程度上降低了分析的全面性，但并不显著改变结论，并且避免了多个指标产生自相关的问题，因而可以相对便捷和客观地反映一个地区的制

---

① 国家统计局国际统计信息中心：《中国与世界主要国家技术成就指数比较》，2003年，中国统计信息网（http://www.stats.gov.cn/tjfx/fxbg/index.htm）。

造业技术状况。

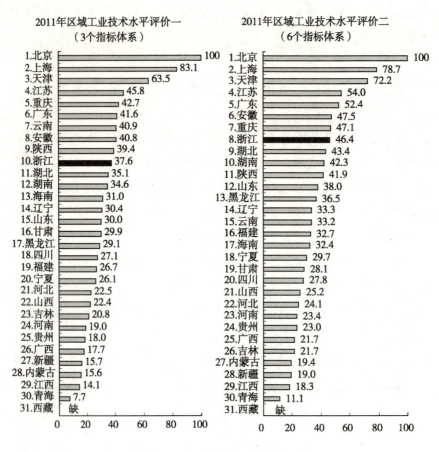

图 17－3　区域工业技术水平

说明：评价表明的是一种相对水平（相对于北京＝100。北京不仅是我国政治、文化中心，也是工业技术最发达地区），而非各地工业技术绝对水平。

资料来源：《2012 年中国统计年鉴》《中国科技统计年鉴》，按各地区规模以上工业企业统计。缺西藏数据。

　　两种评价方法均显示，浙江工业技术水平总体处于国内第二方阵。2011 年，浙江工业技术水平仅相当于北京的 1/3 强，排名中上游；北京居首位，上海、天津分居二三位，三市处于第一方阵。与京津沪相比，浙江工业技术"短板"在全社会对技术重视程度和投入方面，即技术专利支出占主营收入比重和人均固定资产（企业物质资本）较低，技术储备不足，中高技术产业产值比重低。与苏渝粤等地相比，浙江工业技术"短板"，主要是科技人员的有效发明专利数（企业人力资本）较低，反映浙江制造业创新成果不足。与国外先进制造业相比，在企业物资资本、人力资本等方面，即人均技术装备水平、每万人科技人员数量、专利发明成果等，浙江均存在较多落后。

第十八章

制造业竞争力国内外比较与建议

　　制造业竞争力，或产业竞争力对于区域经济发展具有至关重要的作用。随着劳动力成本等要素制约加剧，浙江制造业尤其是制造竞争力和竞争优势已大幅弱化。加快实现创造、人才、技术、改革"四轮驱动"，加速提高劳动生产率，升级制造竞争力，提升形成制造业核心竞争力，打造浙江制造乃至浙江经济升级版，实现长期可持续增长，仍是今后乃至很长一段时期的重大课题。

第一节　制造业竞争力比较：基于 ILO 的 KILM 项目评价体系

　　目前关于制造业竞争力的评价有多种方法。一是综合评价法，包括利润、销售收入等数项工业指标综合评价在特定区域范围内（比如全国或全球）的竞争优势；二是看工业制成品外贸出口占市场份额来判定竞争力强弱；三是依据克鲁格曼（Krugman）等人的区位基尼系数法来判断区域产业竞争力大小；四是依据单位劳动力成本的投入产出等来判定竞争力；五是通过劳动力和材料成本、人才驱动创新、供应网络、当地商业活力等一系列调查指标比较产业竞争力。[①] 本书采用国际劳工组织（ILO）用于国际比较的一般性方法，即上述第四种方法结合劳动力成本和劳动生产率，并考虑汇率等因素，比较分析制

---

　　① 王燕武：《基于单位劳动力成本的中国制造业国际竞争力研究》，《统计研究》2011年10月；Deloitte 德勤有限公司和美国竞争力委员会：《2013 全球制造业竞争力指数》电子版，2013 年（www.deloitte.com）。

造业竞争力。

关于制造业竞争力指数

20 世纪末，国际劳工组织和经合组织的有关专家一起建立"劳动力市场关键性指标"（KILM）框架体系。该框架对全球各国或地区劳动力市场多种指标和特征进行国际比较，包括劳动参与率、失业率、工时、工资、教育培训、劳动生产率等指标，并形成了一个全面评价各国劳动力市场的庞大的数据库，逐步成为国际公认的劳动力市场参考标准。[1] 借鉴任若恩等（1998）的多国制造业国际竞争力比较方法，[2] 利用 KILM 体系中两个关键指标，单位小时劳动生产率、单位小时劳动成本，可以计算一个国家或地区的制造业单位劳动投入产出水平，建立制造业国内与国际竞争力比较分析框架，即制造业竞争力指数 MCI（Manufacture Competitiveness Index）。

$$\mathrm{MCI}^{X(U)} = \frac{OH^{XX}/PPP^{X(U)}}{LCH^{XX}/ER^{X(U)}}$$

与单位劳动成本 ULC 等指标相比，使用制造业竞争力指数 MCI 的主要好处是更加直观，相互间的竞争力强弱高低和相对差距一目了然。其中，$\mathrm{MCI}^{X(U)}$ 是以美元表示的 X 国的单位劳动力成本产出，表示每增加一个单位劳动力成本所产生的增加值或产值，反映劳动力成本和劳动生产率相对变动情况。OH^{XX} 是以本币表示的 X 国制造业的单位小时劳动生产率，LCH^{XX} 是以本币表示的 X 国制造业的单位小时劳动力成本，$ER^{X(U)}$ 是 X 国本币与美元之间的市场汇率，$PPP^{X(U)}$ 表示 X 国本币与美元之间的购买力平价汇率。为保证数据可比性，PPP 汇率换算来自宾夕法尼亚大学世界表（PWT717 版，Penn World Table）给出的各国 PPP 数据。

进一步地，为了便于国内外区分比较，分别建立制造业（国内、

---

① 国际劳工局：《劳动力市场关键指标》（第 6 版）前言，中国财政经济出版社 2010 年版。

② 任若恩：《关于中国制造业国际竞争力的进一步研究》，《经济研究》1998 年第 2 期。

国际）竞争力指数计算模型如下：

MCI_o = 小时劳动产出/小时劳动力成本，即制造业国内竞争力指数

MCI_a = 小时劳动生产率/小时劳动力成本，即制造业国际竞争力指数

MCI_o 用于国内比较，MCI_a 用于国际间比较。由于没有制造业增加值数据，国内比较按单位劳动产出即小时劳动产出计算 MCI_o。国际比较则统一采用单位劳动生产率计算 MCI_a。根据结果，MCI 越大表示基于单位劳动成本的制造业竞争力越强，集聚吸引动力越大，MCI 越小表示制造业竞争力越弱，产业对外转移的动力越强。国际比较中，低估本币或高汇率显然可以增强本国制造业竞争力，但会降低产业转型升级动力；高估本币或低汇率将削弱已有制造业竞争力，但会增强产业转型升级动力。同样的，在名义汇率不变的前提下，通胀或通缩将增强（削弱）制造业国际竞争力。

制造业小时劳动生产率

由于拥有统一市场、同一个价格体系和相差不多的购买力水平，国内各省市之间比较可以采用制造业主营业务收入计算小时劳动产出。国内比较的难点主要是如何找出各地制造业行业周平均工作时间，计算单位劳动产出即小时劳动产出水平。本书统一使用 2010 年第六次人口普查资料数据，制造业就业人员调查周平均工作时间，扣除各种假日因素乘以 49 周，将周平均工作时间调整为年平均工作时间，计算单位小时劳动生产率。国际比较的难点则是如何按照购买力平价调整浙江制造业的单位小时劳动生产率，并具有传递性，从而可以进行国际比较。幸好不少国际组织比如世界银行、IMF、OECD 等提供各国货币与美元之间的购买力平价数据，综合考虑研究参照较权威的宾夕法尼亚大学世界表的 PPP 数据（Penn World Table），[①] 确定

---

① 宾夕法尼亚大学世界表，宾夕法尼亚大学网（http：//pwt. econ. upenn. edu/php_site/pwt_ index. php）。

国际之间比较时的浙江制造业小时劳动生产率（1990 年，国际美元）。

制造业小时劳动力成本

这里难点主要是如何解决制造业雇员的非工资部分费用的计算问题。按照国际劳工组织的定义，劳动力成本范围大于工资，包括工资薪水、社会福利等支出，包括雇主承担的职工住房成本、职业培训招聘以及雇员发生的相关税收成本等。即劳动力成本 = 工资薪水 + 非工资费用支出。但我国劳动力成本统计并没有涵盖全部用工成本，对于各种非工资费用，没有规范统计，也没有分产业或行业统计，只能根据一定比例推算。按照贺聪等人（2009）的说法，人均非工资费用和工资相加，可以得到制造业人均劳动力成本，人均非工资费用通过企业保险福利费用相当于职工工资总额的一定比例推算。[1] 辛永容（2010）认为，社会保险费等人均非工资费用约占我国劳动力成本的20%，并呈逐步上升趋势。[2] 唐庆银（2000）发现，上海企业每支付1 元工资，包括福利费、工会费、养老金、医疗金、住房公积金等在内的劳动力成本将增加至 1.53 元。[3] 对于浙江部分制造业企业的调查表明，劳动力成本在劳动法加大实施力度后，用工成本近年来快速上升，但是非工资费用部分占比重仍旧较小。

需要说明的是，关于本书选择比较对象的考虑，是与主要贸易地区、主要新兴市场、主要竞争对手的比较，比如欧美等先发地区，东南亚、拉美等新兴市场经济体，以及长三角和珠三角的广东、上海、河南等国内主要制造业基地和竞合伙伴。

---

① 贺聪等：《制造业劳动力成本国际比较研究》，《金融研究》2009 年第 7 期。

② 辛永容：《中国制造业劳动力成本的影响因素研究》，《价格月刊》2010 年第 2 期。

③ 唐庆银：《论劳动力成本核算与分析》，《立信会计高等专科学校学报》1999 年第 3 期。

第二节　国内比较：浙江制造业竞争力
在全国已处于下风

与一般认为浙江制造业仍有很强竞争力不同的是，计算分析表明，当前浙江制造业国内竞争力指数 MCI_0 约为 15.3，排名从全国 31 个省市区第 5 位跌至第 25 位。其中，8 个行业竞争力指数高于全国，5 个行业基本持平，17 个行业低于全国平均水平。从全国看，长三角、珠三角的制造业竞争力已经大大低于中西部地区，沪苏浙粤四省制造业竞争力指数均小于全国平均，显示产业转移向中西部省份趋势加强，尤其是长江中游流域、东三省和两湖等中部地区为主的省份。

制造业正在全面丧失劳动力竞争优势

近十多年来，基于单位劳动产出的浙江制造业竞争力有一定提高，表现在小时劳动产出增长略高于小时劳动报酬增长。但从竞争力指数可以看出，长三角和珠三角制造业竞争力已经明显今不如昔。2011 年，虽然浙江制造业的小时劳动报酬较低，但制造业总体竞争力指数较低，略高于上海、四川、贵州、广东等地。2011 年，浙江制造业单位小时劳动产出，在全国排名倒数第四位；单位小时劳动力成本，则属于全国第六低的省份，江西、山西、广西、西藏等五省低于浙江。竞争力高于上海、广东等地，主要由于浙江制造业小时劳动报酬（18.0 元/小时）相对较低，同期上海是 40.4 元/小时、广东是 20.4 元/小时、四川是 23.8 元/小时、贵州是 19.8 元/小时、宁夏是 23.0 元/小时；浙江制造业小时劳动产出为 276 元/小时，低于上海的 572 元/小时、四川 351 元/小时、贵州 280 元/小时、宁夏 314 元/小时。当前浙江制造业竞争力能保持在中下游水平而不是末尾，基本上是拜低廉的劳动力成本和大量使用外来农民工所赐。实际上，如果算上个体工业或非正规制造业部门，浙江全部制造业的竞争力指数更低（MCI_0 大约仅为 11.5）。

表 18 - 1　　2011 年部分省份制造业小时劳动产出、小时劳动成本

	小时劳动产出（元）	小时劳动成本（元）	MCI。
全国	376	21.3	17.6
上海	572	40.4	14.2
新疆	517	24.3	21.3
甘肃	505	23.1	21.9
安徽	475	20.6	23.1
河北	464	20.1	23.0
江西	408	17.3	23.6
江苏	400	23.9	16.7
河南	386	16.9	22.8
广西	356	17.5	20.3
四川	351	23.8	14.7
宁夏	314	23.0	13.6
贵州	280	19.8	14.1
浙江	276	18.0	15.3
广东	247	20.4	12.1
福建	238	15.3	15.5

说明：按城镇制造业部门和规上制造业企业计算。下同。

资料来源：《浙江统计年鉴》《中国劳动统计年鉴》。

多数行业竞争力指数低于主要竞争对手

与全国各地相比，浙江的烟草、文教体育用品、石油加工、化工、化纤、有色金属和废旧加工 8 个制造行业竞争力指数，高于全国平均水平，显示浙江的资本密集型行业发展更有前途。纺织、皮革、印刷、建材、黑色金属 5 个制造行业竞争力与全国平均持平；食品饮料、服装家具、医药制造、交通设备、通信电子等 17 个行业竞争力偏低，属于大多数。劳动密集型行业和资本技术密集型行业的竞争力指数，浙江均落后于全国平均水平，主要依靠相对较低的用工成本苦苦支撑。与国内主要的制造业大省相比，河南有造纸、皮革、电气机械等 22 个行业的制造业竞争力强于浙江；江苏有工艺品、饮料烟草、医药、仪器仪表等 14 个行业，四川有纺织服装、文教体育用品、通

信电子等 13 个行业，上海有黑色金属、通信电子、交通设备制造等 7 个行业，广东也有食品加工、文教体育用品、通信电子等 7 个行业的竞争力优势大于浙江。可以说，除了一个国家垄断性质的石油加工制造业具有绝对的竞争优势以外，其余 29 个制造业行业，浙江或多或少存在相对的地区竞争劣势。也就是说，分大类的浙江几乎所有制造业行业存在着较大的向外产业转移的空间和动力。

东部地区制造业相对竞争力大幅下滑

2000—2011 年，从绝对值看，除广东外，30 个省市区制造业竞争力指数都有所增长，全国制造业竞争力指数增长了 28%；增长幅度最大的是甘肃省和海南省，分别增长了 157% 和 141%。但是东部地区制造业相对竞争力大幅下滑，这可以从制造业竞争力位次变动反映出来。2000—2011 年，制造业竞争力下降位次最多的是广东省，排名从全国第 8 位降至第 31 位，下降了 23 个位次；其次是浙江（下降 20 个位次）、福建（下降 17 个位次）、江苏（下降 17 个位次）、上海（下降 15 个位次）、北京（下降 13 个位次）、湖北（下降 11 个位次）、天津（下降 11 个位次）等。可以看到，东部沿海地区制造业竞争力从全面占优变为全面劣势。十多年来，甘肃、内蒙古、江西、吉林制造业竞争力指数上升幅度最大，分别上升了 20、19、19和 16 个位次，海南、山西、湖南、安徽等地制造业竞争力也上升了十余个位次，制造业正变得日益富有竞争力。山东、贵州保持原有位次不变，山东制造业由于劳动力成本低而劳动生产率相对较高，仍保持全国第二位次，是传统制造业基地中唯一保持较大竞争优势的东部沿海相对发达地区。因此，基于单位劳动投入产出的制造业竞争力优势，中西部持续上升，并已超过东部。

需要说明的是，基于单位劳动产出效率的制造业竞争力比较，是决定一个地区制造业竞争优势的最重要微观因素，但不是唯一因素。科技、政策、品牌、环境等因素也对一个区域的制造业产生重大影响，如果综合人才优势、经商环境、金融财税、科技辅助政策、基础设施、产业集群效应等因素考虑，显然浙江等沿海地区仍具有一定的

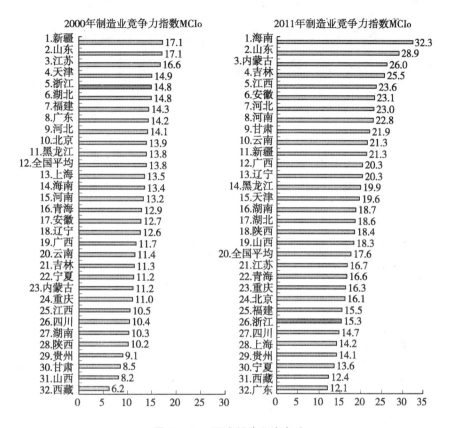

2000年制造业竞争力指数MCIo		2011年制造业竞争力指数MCIo	
1.新疆	17.1	1.海南	32.3
2.山东	17.1	2.山东	28.9
3.江苏	16.6	3.内蒙古	26.0
4.天津	14.9	4.吉林	25.5
5.浙江	14.8	5.江西	23.6
6.湖北	14.8	6.安徽	23.1
7.福建	14.3	7.河北	23.0
8.广东	14.2	8.河南	22.8
9.河北	14.1	9.甘肃	21.9
10.北京	13.9	10.云南	21.3
11.黑龙江	13.8	11.新疆	21.3
12.全国平均	13.8	12.广西	20.3
13.上海	13.5	13.辽宁	20.3
14.海南	13.4	14.黑龙江	19.9
15.河南	13.2	15.天津	19.6
16.青海	12.9	16.湖南	18.7
17.安徽	12.7	17.湖北	18.6
18.辽宁	12.6	18.陕西	18.4
19.广西	11.7	19.山西	18.3
20.云南	11.4	20.全国平均	17.6
21.吉林	11.3	21.江苏	16.7
22.宁夏	11.2	22.青海	16.6
23.内蒙古	11.2	23.重庆	16.3
24.重庆	11.0	24.北京	16.1
25.江西	10.5	25.福建	15.5
26.四川	10.4	26.浙江	15.3
27.湖南	10.3	27.四川	14.7
28.陕西	10.2	28.上海	14.2
29.贵州	9.1	29.贵州	14.1
30.甘肃	8.5	30.宁夏	13.6
31.山西	8.2	31.西藏	12.4
32.西藏	6.2	32.广东	12.1

图 18 – 1　区域制造业竞争力

　　说明：由于资料来源有限，2000 年各地制造业单位小时劳动产出按规模以上工业企业计算，制造业周工作时间统一取全国制造业周工作时间平均数据。

竞争优势。尤其是浙江具有各类产业集群和贴近各类市场的巨大优势，比如萧山化纤纺织、海宁皮革、余杭家纺、慈溪家电、平湖光机电、金华汽车及零部件、永康五金、东阳磁性材料、温岭泵业、瑞安汽摩配、乐清工业电气、衢州氟硅、江山木业、遂昌金属制品等产业集群，以及义乌小商品市场、柯桥化纤城、绍兴轻纺城、杭州四季青服装市场等各类生产和生活资料市场，从而降低了从生产到销售的成本，增强了国内竞争力。

第三节 国际比较：浙江制造仍保持
竞争优势但在快速下滑

21 世纪以来，与四组典型国家和地区的制造业国际竞争力指数（MCI_a）对比发现，由于相对低的单位劳动力成本，浙江制造业总体上仍保持着对先发国家和地区的竞争优势。但这种优势正在被大幅蚕食，印度、泰国等东南亚新兴市场的制造业竞争力已超过了浙江，制造业工资水平相对较高的中国台湾 MCI_a 也已经与浙江持平。

第一组与世界三大制造业霸主美、德、日比较：浙江制造业仍保持着较强的制造竞争优势

2012 年，浙江制造业小时劳动生产率达到 13.4 美元/小时，[1] 分别约为美国和德国的 1/4、日本的 1/3，相比 2000 年提高了 6 美元/小时；制造业小时劳动力成本为 3.4 美元/小时，分别仅为美国、日本的 1/10 和德国的 1/14，但相比 2000 年已经提高了 2.7 美元/小时。2012 年，美国、德国、日本制造业小时劳动生产率达 60.0 美元/小时、50.0 美元/小时和 48.0 美元/小时，小时劳动力成本高达 35.7 美元/小时、45.8 美元/小时和 35.3 美元/小时，均位居世界前列。因此，基于单位劳动生产效率的浙江制造业国际竞争力指数即 MCI_a 在 4.0 左右，仍显著高于美国的 1.7、日本的 1.4 和德国的 1.1。2012 年中国 MCI_a 达到 5.5，相对美、德、日制造业的生产优势更为明显，制造业小时劳动成本分别约为美国和日本的 1/9、德国的 1/12。这也解释了为什么金融危机以来中国制造并没有丧失多少腹地，反而在一些领域有所增强，承接产业制造的能力变得更强。

2000—2012 年，由于劳动报酬上涨相对较快，浙江制造业竞争力相对美、德、日的制造优势正在快速缩小。2000—2012 年，制造业小时劳动生产率年均增速，浙江、美国、日本、德国分别为 5%、

---

[1] 已经按照 PPP 换算为 1990 年国际美元，下同。

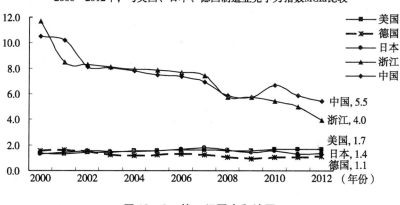

2000—2012年，与美国、日本、德国制造业竞争力指数MCIa比较

图18－2　第一组国家和地区

资料来源：国际劳工组织 ILO 和美国劳工部数据库。下同。

4.9%、3.1% 和 1.9%，制造业小时劳动报酬年均增速分别为 14.9%①、3.0%、2.9% 和 5.0%，浙江制造业小时劳动生产率增速远低于小时劳动报酬增速，美国、日本制造业小时劳动生产率增速高于小时劳动报酬增速。因此，浙江对美国的 MCI_a 领先优势从 2000 年的 10.3 缩小为 2012 年的 2.3，对日本从 10.4 缩小至 2.6，对德国从 10.1 缩小至 2.9。21 世纪以来，美国、日本的制造业竞争力持续增强，而浙江等地的制造业竞争力则持续走弱。而且，部分行业 MCI_a 已经低于美日等，比如纺织化纤等，美国、日本等的 MCI_a 已经高于浙江，也就是说，企业在浙江生产纺织品还不如在美国、日本生产的效益高；但化工医药、电气机械等行业，浙江制造的相对优势仍然存在，这些环节在美国日本生产制造没有在浙江生产制造划算。

同样地，基于单位劳动生产效率的制造业竞争力国际比较，并没有考虑人才科技、供应商网络、基础设施、创新支持等方面差异，发达国家制造业的核心竞争力仍相当强大。比如德国，非常注重将机械、电子、控制理论和电脑技术融合起来，改善和优化产品设计制造，注重推进技术进步和创新，而且在基础设施、人力资本、知识产

---

①　其中有 3 个百分点是由于人民币升值形成的。如果新世纪以来人民币兑美元的汇率保持不变，国际比较时的浙江制造业小时劳动报酬增速约为 12%。

权保护和完善的供应商网络等方面具有较大优势。美国人才科技、技术创新独步天下,拥有健全的供应商网络,拥有全球最高的制造业劳动生产率;日本制造业则拥有先进的研发和精益制造能力,自动化制造技术历来领先全球。如果将这些因素一并考虑在内,美国、德国、日本三大制造业霸主,当今竞争优势仍无人可比,并牢牢占据着产业链高端位置。

第二组与亚洲制造强手韩国、中国台湾地区比较:两地制造业竞争力持续上升,并在许多生产领域已经比浙江更有吸引力

2012 年,韩国、中国台湾地区制造业小时劳动力成本为 18.0 美元/小时和 9.5 美元/小时,远低于美国、德国和日本,但高出浙江不少,尤其是韩国。2012 年,浙江制造业小时劳动生产率,分别为韩国的 1/3 弱、中国台湾的 1/3 强;制造业小时劳动力成本,约为韩国的 1/5、中国台湾的 1/3。基于单位劳动生产效率的浙江 MCI_a,虽仍旧高于韩国的 MCI_a(2.1),但与中国台湾的 MCI_a(3.8)已经非常接近。因此,即使基于纯粹的劳动力成本优势,浙江制造业也不再有对中国台湾的相对竞争力。当然,整个大陆地区制造业仍然对亚洲制造强手——韩国、中国台湾地区有较大竞争优势,MCI_a是中国台湾地区的 1.4 倍,韩国的 2.7 倍。

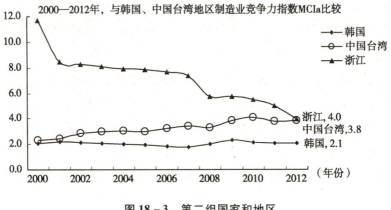

图 18-3　第二组国家和地区

资料来源:同图 18-2。

浙江与韩国、我国台湾的制造业竞争力指数不断趋同，差距不断缩小。2000—2012年，中国台湾制造业小时劳动报酬年均增长仅为2.2%，但制造业小时劳动生产率大幅提高，年均增长达到6.6%，高于浙江的5.0%，MCI_a快速提升；韩国制造业小时劳动报酬年均增长6.6%，制造业小时劳动生产率年均增长6.6%，两者基本同步，制造业竞争力指数MCI_a基本保持在2.0上下。当前台湾地区制造业小时劳动生产率和小时劳动报酬均为浙江的3倍左右，许多我们认为的传统行业MCI_a已经超过浙江。21世纪的第二个10年，浙江不仅要面对东南亚、南亚等诸多新兴市场竞争对手，现在还需要面对中国台湾等地制造业复兴的强有力竞争。且相比之下，台湾制造业拥有更强的科技人才、市场环境、政府创新投资政策、知识产权保护健全等优势，是全球公认的半导体等电子产业全球研发制造中心。

同样地，与韩国相比浙江虽然在制造竞争指数上暂时领先，但其他几乎所有方面的劣势均非常明显。21世纪以来，韩国制造业小时劳动生产率在较高基础上（接近浙江3倍），年均增长仍然快于浙江，达到42美元/小时，是四组国家和地区中增长最快的地区。韩国制造业创新能力也比较强，政府一直在制定产业政策激励本地和外商直接投资方面扮演着积极角色；同时制造业劳动力素质较高，80%的就业人口受过良好高等教育，每百万人口中研究人员数量达约6300个，而浙江这两个数据为6%和不足千个。当前，韩国在LCD、智能手机、船舶设备等生产制造方面领先全球，虽然造船造汽车的从业人员少于浙江，但其造船规模长期雄居世界第一、汽车制造规模世界第五。

第三组与东南亚新兴市场经济体比较：浙江制造业国际竞争力指数首次落后该地区，正在崛起成为全球新的制造中心

很大程度上，当前浙江制造业结构、生产制造水平和行业就业机会竞争，是与东南亚、拉美、非洲等后发新兴国家和地区的直接竞争，包括印度、泰国、印度尼西亚、越南、菲律宾、马来西亚，甚至是埃及、南非等。以泰国和印度为例，2012年浙江制造业小时劳动生产率，与泰国的11.4美元/小时较为接近，是印度的6.3美元/小

时的 2.1 倍左右；制造业小时劳动力成本约为泰国 2.6 美元/小时的
1.3 倍、印度 1.5 美元/小时的 2.3 倍。因此，2012 年基于单位劳动
生产效率计算的浙江 MCI_a，低于泰国 MCI_a（4.4）、印度 MCI_a
（4.3）。全国范围内看制造业仍然有竞争优势，全国 MCI_a 是泰国的
1.2 倍，印度的 1.3 倍，国际间生产制造环节的承接转移在中国仍然
是最有利可图的，但这主要将集中在中西部地区。

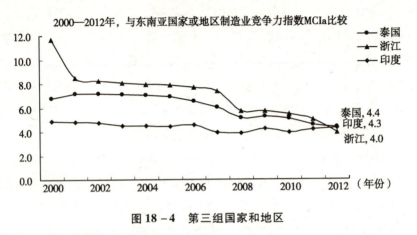

图 18 - 4　第三组国家和地区

资料来源：同图 18 - 3。

相比南亚和东南亚地区，浙江制造业的劳动力优势不再。2012
年，浙江 MCI_a 低于印度、泰国等南亚和东南亚地区，这是近二三十
年来的首次，之前浙江制造业竞争力指数一直高于印泰等地。2000—
2012 年，印度制造业的小时劳动生产率增长 5.2% 高于浙江，小时劳
动报酬增长 6.3% 却低于浙江；同期泰国制造业小时劳动生产率增长
2.4%，小时劳动报酬增长 6.3%。大约四五年前，浙江制造业按美
元计算的小时劳动成本，与印度、泰国等相近，但现在已经超出，这
说明产品在浙江的生产制造已经变得没有在印度、泰国、印尼、马来
西亚等南亚和东南亚地区富有吸引力。① 加之未来这些地区的基础设

---

① 韩国贸易协会国际贸易研究院研究报告指出，2012 年按照全球出口产品市场占有
率第一衡量，印度有 144 种第一产品，排全球第 6 位，印尼有 60 种第一产品，排全球第 15
位，仅次于韩国。2012 年，泰国则是东南亚汽车制造业中心，全球排名第 9 位，印尼排名
第 17 位。

施进一步完善，物流成本下降，劳动力供应充足和处于人口红利上升期，制造业竞争相对浙江等地的优势肯定将继续提升，从而在中低端生产制造环节的竞争力更加领先于浙江、领先于我国东部沿海地区，使得全球部分制造产能向这些地区流动转移。事实上，近些年已经有不少工厂企业包括耐克、阿迪达斯、彪马，以及本田、丰田、通用等一些跨国公司的生产制造基地在转向东南亚，甚至是非洲地区。

第四组与拉美国家和地区比较：浙江制造业继续保持对墨西哥、巴西等拉美地区的竞争优势

墨西哥、巴西等劳动力资源较为丰富的拉美地区，同样是包括浙江在内的我国制造业的竞争对手之一，而且他们更贴近欧美市场。2012 年，巴西、墨西哥制造业小时劳动生产率达到 10.9 美元/小时和 8.8 美元/小时，稍低于浙江，与泰国印度等东南亚国家和地区较为接近；但两国的制造业小时劳动力成本偏高，分别为 11.2 美元/小时和 6.4 美元/小时，约为泰国、印度等的 3—5 倍，为浙江的 2—3 倍。因此，2012 年基于单位劳动生产效率的 MCI_a，墨西哥为 1.4，巴西为 1.0，大大低于浙江以及东南亚地区。与拉美地区相比，浙江乃至全国范围制造业竞争优势较为显著，制造业仍然不是亚洲的对手。

尽管墨西哥、巴西等拉美地区制造业竞争力相对较弱，但前景被普遍看好。2000—2012 年，墨西哥制造业小时劳动生产率年均增长仅为 0.8%，巴西年均增长 0.9%，制造业劳动生产率增长缓慢；墨西哥、巴西制造业小时劳动报酬年均增长 2.6% 和 8.2%，相对较快，从而使得制造业竞争力指数 MCI_a 略有下降。不过，拉美地区制造业竞争力仍不可小视。巴西是全球主要的钢铁和汽车制造大国，全球第二大乙醇燃料生产国，主要出口鞋类、汽车及零部件和机械产品；墨西哥是全球主要的汽车制造业基地之一，主要生产电子零部件、建筑材料、航天产品等，两者都拥有丰富的年轻劳动力和自然资源，以及相对发达的研究设施。一旦基础设施得到大幅改善和产业金融政策调整刺激外商直接投资，拉美地区制造业竞争力将会得到有效提升，制

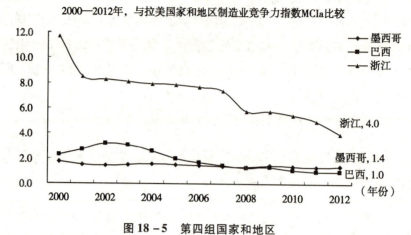

图 18 - 5　第四组国家和地区

资料来源: 同图 18 - 4。

造业占经济比重将会逐步提升。因此, 未来其对浙江制造乃至中国制造业的影响不容忽视。

第四节　趋势和建议: 着力打造浙江制造升级版

浙江制造业过去蓬勃发展, 很大程度上是基于全球化生产贸易下的低廉劳动力成本优势和中国大国优势。然而, 当前随着各类成本快速提升, 浙江制造业劳动力成本拼不过兄弟省份和东南亚, 附加值、品牌、技术创新能力拼不过美日, 劳动力素质、供应链拼不过韩台, 人力和自然资源优势拼不过墨西哥、巴西等拉美地区, 环境资源消耗约束却越来越强, 实体产业流出大于流入意愿。[①]

若干趋势: 短期"流出效应"大于"流入效应"

从国内比较看, 在人口红利拐点和劳动力成本优势丧失的大背景

---

　　① 事实上, 浙江与国际比较, 主要针对现有城镇正规部门或规模以上企业, 如果将一些非正规部门比如乡镇企业、小微型企业包括进去, 由于这些企业的劳动生产率更低 (仅为规模以上企业的1/2 左右), 从而使得整体制造业竞争力有所削弱。并且随着市场竞争日趋规范和劳动者法律法规意识增强, 这些企业要不做强, 要不就被市场淘汰。

下，随着中西部地区基础设施、市场竞争等日臻完善，浙江制造业竞争力将进一步下降，本地低端产能转移仍在继续，而承接先发国家的制造产能转移机会在减少。

一是短中期制造业竞争力指数继续下滑。中西部地区快速崛起，加之产业层次低、进入门槛低、劳动力流动性大等的特点，浙江中低端制造业很容易遭受打击。另外，从国际上看，浙江制造业虽仍有竞争优势，但在其他国家地区货币对美元贬值、人民币升值背景下，当前以劳动密集型为主的制造业继续保持较高的竞争力已经非常困难。相比 2012 年，在收入翻番背景下，2017 年制造业小时劳动力成本也很可能翻番（工资增长本身具有刚性），假设保持现有 10% 的劳动生产率增速不变，则浙江制造业国际竞争力指数 MCI_a 将下降至 3.0 左右。进一步地，制造业小时劳动成本与现在的中国台湾、巴西等地持平，将远高于印度、越南等东南亚和南亚地区，如果劳动生产率提升步伐不加快，MCI_a 将下降至约 2.5。除了对少数极发达国家仍有制造优势之外，对多数国家和地区均没有制造比较优势，制造业空心化趋势加剧。

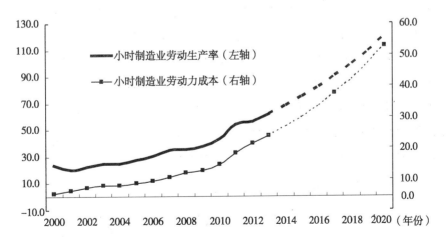

图 18 - 6　对浙江制造业小时劳动生产率、小时劳动成本的一种估计（元）

说明：均按照前十年增速测算。非工资部分费用占工资比例逐年增加 1 个百分点。

资料来源：《浙江统计年鉴》。

二是纺织等向中西部地区转移或将加速。2012 年，随着用工成本上涨快于劳动生产率增长，浙江制造业国内竞争力指数 MCI_o 再次降至 15 以内（14.3），浙江制造业国际竞争力指数 MCI_a 降至 4.0，制造业竞争力绝对优势开始趋于下滑。2000—2011 年，尽管浙江制造业竞争力指数提高了 0.5 个点，而内蒙古、吉林、云南、甘肃、安徽、江西等均提高了 10 个点以上，全国平均提高了 3.8 个点。浙江目前的产业竞争力，很大程度上是建立在劳动力成本中相对较低的非工资费用比例，从而使得劳动力总成本低于中西部省份，如果劳动法严格实施和行业竞争更加规范，那么许多制造企业竞争力将更落后于兄弟省市，由此形成的产业转移将加快，尤其是纺织、服装、造纸、工艺品、皮革、家具，以及仪器仪表、文教体育用品、通信电子等不具竞争优势和进入门槛较低的劳动密集型行业。

三是长期看制造业竞争力仍可谨慎乐观。根据中长期教育规划纲要，2020 年浙江主要劳动年龄人口受教育年限达到 12 年（受过高中教育），其中受过高等教育比重达 20.6%。人力资本和熟练技能工人增加，使得依靠人才驱动的制造业发展模式有可能形成。另外，根据工业强省规划，R&D 经费支出占工业企业主营业务收入比重年均提高约 0.5 个百分点，专利授权量年均增长 25%，装备制造业、现代临港工业、新材料产业、电子信息产业得到有效培育支持，企业创新能力有所增强，中长期承接资本技术密集型、劳动技术密集型产业能力增强，使得浙江制造业竞争力尤其是某些行业领域的竞争力大幅增强。当前，随着"四换三名"工程持续深入，规模以上制造企业甚至全部制造业就业人数将持续减少，劳动生产率增长有望比预期的要快。不过这一切，都有待于今后付诸实施和切实深化工业领域改革开放，开启经济转型模式。

若干建议：实现"四轮驱动"，着力打造浙江制造升级版

制造业是实体经济的基石和区域核心竞争力的源泉。无论已发达国家还是发展中国家，历来遭受金融危机重创的地区，恰恰是大面积丢失制造业和实体经济领域的区域。制造业重要性并不仅仅是占经济比重多少的一个数字而已，经济复兴和永续增长还得依赖制造业竞

争力。

近些年，浙江制造业转型升级已经失去了一次较好机会，全国排名不断下滑，未来不能再失去一次。增强浙江制造业国际国内竞争力，重点在于加快应用先进适用技术改造提升，两化融合，做精做优，深化改革，实现"四轮驱动"，推动产业升级、技术升级，着力打造浙江制造业升级版，奠定迈向后工业时代的坚实基础。

一是创新驱动，提升产业链价值链分工位置。工业经济领域的各类创新创造力，已经事关浙江制造业竞争力和浙江经济长远兴衰。加快工业化信息化"两化融合""机器换人"，向数字化、网络化、智能化制造转变，推进工艺装备创新。规范化、标准化、绿色化生产制造、设计和销售，培育提升本地本土品牌，以品牌效应提升产业集群效应，推进集群创新。深度融入全球化进程、全球市场分工，加快海外投资合作，① 更深程度融入全球产业体系与先进技术市场，提升供应链，着力增强产业国际竞争力，推进市场创新。适应互联网时代新的商业模式，积极运用柔性制造、虚拟制造、集成制造等自动化先进技术，小众化、个性化、人性化、多品种生产制造，提高产品附加值，推进制造业互联创新。

二是人才驱动，全面提升劳动力就业质量。德国制造业竞争力长期位居前列，与该国高度依赖人力资本驱动制造业发展紧密相关。2010年人口普查显示，浙江制造业就业人口中受过高等教育（大专及以上）人数比例仅为5.9%，万名从业人员研发人员数，不到德国韩国等制造业发达经济体的1/5，而日本在职人员中约有1/3是工程师，浙江目前的就业结构无法支撑产业升级。优化制造业结构，需要大力提升现有制造业就业人员素质，强化社会和企业人力资本投入，鼓励工程师、技师人才培养，减少低端就业比重，提高万名就业研发

---

① 由于我国至今仍是一个无法获得欧美认可的市场经济国家，发达国家技术市场不对我们开放，对我国的技术壁垒一直非常严重，这大大影响了国内获得技术资源和推进产业进一步升级的能力。在当前一般制造技术日益趋同的情况下，浙江等各地企业须主动"走出去"，以获得进一步的更高端的技术资源人才，然后反哺发展本地更高级的产业。不过，按照世贸规定2016年中国将自动获得市场经济地位。

人员比重；打破制造业"路径依赖"，减少政府干预，保护企业家精神，鼓励市场"创造性破坏"，转移淘汰低端落后产能，承接中高端技能产业和高效产能。

三是技术驱动，"做精做优"重于"做大做强"。美、日等制造业竞争力强大，与他们较强的技术创新能力和众多高品质中小企业技术驱动息息相关。当前浙江制造企业户均产值规模，人均拥有大中型企业数量等指标，已经不输美国、日本、韩国等先发国家和地区，甚至略超。如何鼓励企业做精做优，而不是一味鼓励做大做强，调整"龙头企业百强工程""千百十工程"等的相关政策，重点支持中小企业技术创新能力和竞争力提高，[①] 是浙江制造业未来需要考虑的真正问题所在。在各种技术方面，机电一体化制造技术可以学德国，精密精益制造技术可以学日本，3D 打印、虚拟制造等技术可以学美国，资讯与通信技术 ICT 可以学韩国及中国台湾，加速提高劳动生产率增长率，使其快于劳动成本上涨速度。

四是改革驱动，制定完善有利于增强竞争力的产业政策。与先发国家和地区相比，浙江制造业劳动者报酬占增加值比重严重偏低，企业所得比重略有偏低，而政府生产税比重有较大程度偏高，这样直接削弱了企业竞争力和人力资本竞争力。政府减税，降低初次所得比重，减少对国有企业的生产性补贴，让出政府生产税净额占制造业GDP 约 10 个百分点，用于减免企业税收、个人所得税收，提高企业设备折旧水平和劳动所得占比，提高企业职工各类保险福利补贴，从而双双增强人力资本和企业竞争力，提高私有企业竞争力，从而可以达到提升浙江制造业国际竞争力的目的。当然，这极大程度上有赖于政府提高行政效率、精简机构和减少支出、完善财政预算和社会保障制度等体制改革配合。

---

① 根据《浙江科技统计年鉴》，2011 年单位研发支出和研发人员投入的专利发明数量，小微工业企业的效率是大中型工业企业的 2 倍。

第十九章

劳动生产率红利是转型升级的关键

劳动生产率增长，是经济内生增长的决定性因素，也是实现经济发展方式转变的主要内容，更是经济转型升级的关键。

第一节 "劳动生产率红利"是东亚经济体
转型升级的关键

劳动生产率增长，不仅是决定一个国家或地区经济潜在增长速度的主因子，也综合反映了制度变迁绩效、政府管理创新成效、资源配置效率改善程度、城市和产业集聚效应、技术进步成果等。经济升级成功与否，归根结底是劳动生产率增长。而且，保持一定的经济增长速度，也需要不断提升劳动生产率。东亚经济体之所以能跨越"中等收入陷阱"，实现经济升级成为高收入国家和地区，主要是由于技术进步、组织创新、劳动力素质提升等形成的"劳动生产率红利"。劳动生产率每隔10年左右实现翻番，持续快速追赶最先进国家——美国的步伐。

东亚各经济体经济升级时期有不同表现。日韩的技术资本密集型产业快速发展，技术跟进美国较快，组织效率和企业制度不断优化等，从而实现产业、技术、市场等升级，实现快速提升劳动生产率。我国台湾、香港以及新加坡的全球化程度、信息化程度和市场自由化程度较高，资源配置效率不断改善，促进劳动生产率飞速提升并形成红利效应，从而成功升级成为高收入经济体和迈入现代化社会。

东亚各经济体经济升级有一个共同原因，即"劳动生产率红利"。根据世界大型企业联合会和世界增长力委员会统计核算，1960—1990

年，日本、中国香港、新加坡的劳动生产率，从相当于美国的20%—30%起步，提升至美国的50%以上乃至75%。1970—2000年，韩国、我国台湾的劳动生产率，从相当于美国的20%左右起步，也成功提升至美国的55%—65%，迈入发达地区行列。经验上看，美国劳动生产率的45%—50%，是衡量一个经济体发达与否和转型升级成功的标志性水平。

第二节 劳动生产率增长是保持浙江经济持续较快增长的动力

国内外发展实践表明，经济增长具有显著的阶段性，在不同发展阶段，经济增长的重点和支撑动力也不同。同时经济增长更多是一个长期现象，长期增长主要依靠劳动生产率的持续提升，依靠短期需求刺激能制造短期繁荣，不能产生长期增长动力，反而可能制造泡沫。当前，由于"人口红利拐点""刘易斯转折点"和"库兹涅茨曲线拐点"三点叠加，国内经济"增长速度进入换挡期""结构调整面临阵痛期""前期刺激政策消化期"三期叠加，加之世界经济贸易格局显著变化，依靠需求拉动的出口导向型、粗放型传统发展型式日益式微。近年来，随着发展环境的变化，浙江投资、出口对经济增长的贡献不断弱化，经济增速趋缓、下行压力加大，前期刺激形成的产能过剩仍处于消化阶段，工业经济仍处于下行趋势，房地产销售额和面积均出现负增长，转型阵痛加剧。特别是自2009年以来，GDP增速已连续5年列沿海四省末位，这几年一直在8%—7%徘徊，与广东、江苏、山东的差距逐年扩大。

与此同时，经济发展中的结构性问题和深层次矛盾依然突出，特别是"三个"过多依赖没有得到根本改变，增长质量和效益偏低，与经济社会发展水平不相适应。2012年浙江人均GDP突破1万美元，按现价汇率大约相当于美国的20%、日本的21%和韩国的44%，而同年全社会劳动生产率只有美国的8.4%、日本的9.1%和韩国的20.0%，台湾的34.1%，不到人均GDP相对水平的一半。即使与兄弟省市比较，浙江的劳动生产率水平也明显偏低。2012 年，浙江全社会劳动生产率为 9.4 万元/人，分别是上海的 54.7%、江苏的 82.5% 和广东的 98.9%。

在要素资源投入完全不变的情况下，如果 2012 年浙江全社会劳动生产率提高 1.0%，当年 GDP 就可以增加 9.3%。浙江劳动生产率水平上的差距，也反映出未来发展的巨大潜力和空间，特别是随着经济发展阶段的变化，劳动力、资本等要素投入对增长的边际贡献会不断下降，要确保经济持续较快增长必须劳动依靠生产率提升。因此，只要我们着力在提升劳动生产率下功夫，推动经济增长向效率提升驱动，不仅能够进一步提升经济增长的质量和效益，而且也可以为经济持续较快增长提供强劲动力，保持经济社会长期增长。

第三节　努力建立有利于形成"劳动生产率红利"的体制机制

因此，实现经济转型升级，关键是提高劳动生产率，重中之重是建立有利于形成"劳动生产率红利"的体制机制。

第一，建立健全有利于人力资本驱动的发展机制。

知名国际经济学家青木昌彦教授研究表明，经济发展可以分为五个阶段，即 M 阶段、G 阶段、K 阶段、H 阶段和 D 阶段[①]。与日本所处的 P 阶段和韩国的 H 阶段不同，中国目前正处于 K 阶段向 H 阶段转换的时期。浙江也是如此，处在 K 阶段向 H 阶段（人力资本驱动）转型发展的关键时期，经济增长日益受制于资源环境约束，而人力资本的重要性已经超过资金、土地等其他经济要素。

因此，政府和社会各界应转变思维，共同努力将浙江从库兹涅茨

---

① 五阶段为人口出现过剩直到拖累人均 GDP 增长的马尔萨斯阶段（Malthusian—phase），政府主导产业升级与"赶超"的 G 阶段（G—phase），经济增长受制于资源环境限制的 K 阶段（kuznets—phase），人力资本积累为动力的 H 阶段（human capital—phase），"后人口因素"的 post—D 阶段（post—demographic phase）。

K阶段推向人力资本驱动的H阶段，而不是走回头路重回政府主导产业升级的G阶段。科教文卫是最重要的人力资本投资。加快推进社会事业体制改革，大幅增加教育医疗投资，加强对科技研发投入和产权保护；加快服务业管理体制改革，大力发展金融、公用事业、信息软件、工业设计、现代物流等现代服务业；加快农村产权制度改革，进一步加大对农业人力资本投资，尤其是加大农民教育和在职培训等投资，推进土地确权流转，进一步提升农业生产效率、增加农民收入，实现农业现代化。

第二，建立健全有利于产业技术升级的市场机制。

目前浙江迫切需要大量引进专利、数字化与集成制造技术、智能制造技术、3D打印等先进成型技术和各类高新设备，推进设计、制造技术和装配环节的全面升级，力争在某个专有性领域实现浙江重大突破。① 优化产业政策导向，鼓励大规模使用工业机器人、自动化技术装备等，并在设备税费抵扣、折旧等方面政府给予财税支持，通过大规模资本投入提高劳动生产率。

优化财税激励机制，积极落实企业开发新技术新产品研发费用抵扣政策，对符合条件取得、受让国内外发明专利的企业，给予一定专利购买经费补助，鼓励企业引进专利技术和技术创新，对于设备工器具投资或技改投入达到一定规模的企业加大补助等。调整优化投资结构，积极发挥重大项目推动工业技术集约化、传统产业改造提升的作用，慎用政府各类主体直接或间接参股投资发展新兴产业的方式（无锡尚德破产是一个明显例子）。深化资源要素配置市场化改革，打破行业垄断，优化形成"腾笼换鸟"长效机制。

第三，建立健全有利于政府职能转变的治理机制。

制度变迁等新制度经济学理论，较好地解释了制度作为一个内生

---

① 某个领域重大技术突破，对于劳动生产率增长和进入高收入地区，显得非常重要。2012年的世行报告指出，以韩国三星集团1998年生产的265M DRAM、中国台湾的台积电公司（TSMC）1987年首创的芯片专业代工为重大根本性标志，两个地区实现快速技术进步，使得它们能够升级成为高收入地区。

变量对经济增长的巨大促进作用，以及到一定阶段改革滞后、大量特殊利益集团形成对经济社会发展和创新的巨大阻碍作用。在经济起飞时期政府"看得见的手"干预甚至某种程度主导是必要的，弥补市场发育不健全缺失和保护幼稚产业，创造发展所必需的外部环境和条件，维护秩序稳定、打破壁垒降低交易成本等。

美国经济学家和社会学家曼瑟尔·奥尔森（Mancur Olson）认为，到了中等收入发展阶段，随着社会结构发生深刻变化和社会转型，这种政府主导型模式使得政商利益结合固化，改革活力意愿迅速下降，产生大量不共容的分利集团，将扼杀大量中小企业及其全社会创新活力，抑制经济发展、效率提升与产业升级。因此，改革应不断推进、强化和创新方式，保持经济社会发展活力，促进提高劳动生产率。重点厘清政府与市场、政府与社会的边界，充分发挥市场机制作用，强化改革设计和政府改革，转变政府职能，减少政府对经济事务的过度干预；进一步简政放权，放宽限制鼓励发展社会组织，打造一个经济"弱"政府和服务"强"政府，增强政府提供公共服务和保障公共安全、社会进行自我管理的能力。

第四，建立健全有利于增强社会流动性的社会机制。

人力资本驱动提高劳动生产率，需要依赖要素充分流动和社会转型，增强社会信任，促进人的全面发展，激发社会创新活力，尤其是社会流动对人力资本积累和推动社会转型的正反馈激励。当前，中国社会流动性有减弱趋势，计划经济时代遗留下来的一些制度性障碍阻碍了社会流动。[1] 有浙江知名学者也指出近些年浙江社会流动趋于固化，贫富差距扩大，社会地位倾向于倒"丁"形分布倾向[2]，导致全社会发展活力下降。

增强社会的流动性，关键是增强代际流动性、人口流动性、社会阶层流动性、城乡流动性等，为人力资本驱动产业升级和劳动生产率

---

① 陆学艺：《培育形成合理的社会阶层结构是构建和谐社会的基础》，中国社会学网（http：//csa. cass. cn）。

② 杨建华等：《浙江社会流动现象透析》，《浙江经济》2012 年第 2 期。

增长创造良好条件。应加快推进教育、户籍、社保等制度改革，着力消除劳动力流动障碍和身份歧视障碍，推进"农民工市民化、外来人口本地化"，落实农民工尤其是新生代农民工"企业公民"和"社会公民"身份（清华大学课题组，2012）。[①] 坚持教育优先发展战略，切实推进义务教育，强化教育公平、就业公平，打破"代际锁定"促进社会流动。

---

① 清华大学"新生代农民工研究"课题组：《新生代农民工的困境与出路》，《中国改革》2012 年第 9 期。

后　记

　　转型，生活在当今互联网信息技术日新月异的时代，很容易在方方面面得到体现和感受到。梳理近十年浙江省人民政府工作报告，"转型""升级"，逐渐成为政府工作报告的高频词汇。2000—2014年，从出现一次、两次到出现 10 次、20 次，从无到有，从少到多，乃至频繁。比如 2012 年的浙江政府工作报告，两者出现次数累计甚至达到 43 次，仅次于"改革""创新"等关键词汇的曝光率。这在以前是无法想象的，20 世纪 90 年代初转型在中国还不是一个可以公开讨论的话题。确实，21 世纪在全球化、信息化、互联网大数据等引领下，全球开始出现新一轮技术革命和产业变革，浙江也被深深卷入其中，因而对转型升级的全方位需求也越来越迫切。可以这么说，浙江不推进转型升级就会被历史潮流抛弃，不推进转型升级则增长无以为继，不推进转型升级则会丧失发展活力。实践发展永无止境，解放思想永无止境，改革开放永无止境①，转型升级也永无止境。

　　那么何谓转型升级？如何推进转型升级？当前转型升级的关键在哪里？仁者见仁，智者见智。转型升级，应该不仅是产业结构、要素结构、社会结构等转型，也是各行各业技术、收入、消费等的升级，乃至粗放型增长转向集约型增长的经济模式升级。笔者认为，未来相当长一段时间，浙江经济转型升级的核心是实现要素驱动转向创新驱动，关键是要形成"劳动生产率红利"。即从制度经济学和发展经济学的角度看，通过技术创新为引领，制度创新、管理创新、市场创

---

　　① 中国共产党十八届三中全会报告：《中共中央关于全面深化改革若干重大问题的决定》，2013 年 11 月 12 日。

新、理论创新、理念创新等一系列创新为支撑，抓住当前第三次产业革命大机遇，进一步解放和发展生产力，优化资源配置效率，着力提高浙江乃至全国的全要素生产率、劳动生产率，着力形成"劳动生产率红利"。

产业转型升级，是浙江经济转型的重中之重。从低层次产业到高层次产业、从低技术水平到高技术水平、从低附加值产品升级到高附加值产品。我们知道，成功迈入高收入经济体的一个主要标志，表象上是购买力平价人均 GDP 达一个既定衡量水准（比如美国实际人均 GDP 的 45%—50%），实质上是背后要有相应的高层次产业和技术结构支撑，即产业结构的高度化、高级化，以及较高的劳动生产率水平相对应。除石油等资源禀赋型国家外，放眼全球高收入经济体或发达国家和地区，均有较高的劳动生产率和较健全开放的市场体系支撑，有高层次、高附加值的产业及其技术结构支撑。比如包括英美、澳洲等西海岸盎格鲁撒克逊国家，日韩新加坡等东亚国家和地区，德法意等欧罗巴国家和地区。因此，经济转型升级，核心是产业转型升级，关键在于劳动生产率。包括各类创新形成的全要素生产率提高、全面改革形成的资源要素配置效率改善和资本劳动比率提高。

本书形成是作者多年的点滴积累，讲述 21 世纪以来 15 年左右时间浙江经济发展图景，不仅想为浙江产业升级做些研究和推动，也想为以后更长时间的研究提供一些浙江发展史料。必须感谢省发改所领导和诸位同事。深深感谢研究所所长、国务院政府特殊津贴专家卓勇良研究员，没有他事必躬亲的指导、关心和帮助，本书不可能顺利完成和出版；感谢研究所同事提供了大量支持和帮助，《加快促进新时期浙江民间投资发展》《着力创新驱动产业升级——转型期义乌市产业升级路径探讨》两篇文章，孙娜同志提供部分资料并参与撰写，《转型期吴兴区工业升级路径探讨》一文是与浙大经济学院宋学印博士合作完成的，同时与费潇、明文彪等同事的探讨也让作者受益匪浅；感谢本书责任编辑宫京蕾女士，感谢她细心校对和提供的诸多帮助；最后要感谢我的家人，她们的体谅和默默照顾永远是我背后强大的支撑。

　　得益于当下互联网时代发达的大数据、统计资料和媒体信息，可以让作者比较便利地获取海量的数据、统计信息，请原谅文中不能一一列出；书中引用和计算数据力求客观准确，部分数据是作者推算而得，也可认为大致准确。当然，文中出现的任何错误，全部文责在作者本人，敬请读者批评指正。

杜平

2014 年 10 月